生きる力を育む特別活動

個が生きる集団活動を創造する

新富康央/須田康之/髙旗浩志
|編著|

ミネルヴァ書房

まえがき

　第2の学校——「人種のサラダボウル」と称され，公民教育が大きな教育の柱となっているアメリカでは，日本でいう特別活動は，こう呼ばれてきた。特別活動は，日本においても，個性の伸長や社会性の形成及び人間関係形成力に深く関わる活動であるだけに，これからの教育の核となるはずである。今次の学習指導要領改訂における「資質・能力」の育成にとって，特別活動の果たす役割は，さらに大きくなったといわなければならない。

　以下の文章は，ある学生の水泳大会（健康安全・体育的行事）での思い出のレポートの要約である。「教育は人間づくり」としばしばいわれる。まさに人間づくりとは，人と人との間の「じんかんづくり」なのである。

　　小学校6年の水泳大会での写真を，今でも机の上に大切に飾っている。それは，「がんばれ」と書かれた大うちわの前で，クラスの級友がプールサイドで笑顔一杯の彼を囲んでいる写真である。実は，自分は左手が不自由で，まっすぐ泳げない。その自分を，クラスの皆が，プールのふちを一生懸命たたいて方向を教えてくれた。そのおかげで，自分は25メートルを泳ぎきることができた。人生の一コマ。だが，感動の思い出である。

　こうして，明日に向かって精いっぱい生きようとする，一人の人間を育て上げたのである。次は，ある新採教師が語ってくれた，特別活動にかける思い出の一コマである。

　　小学校5年生のクラスを持った時のこと。子どもたちは，勤労生産・奉仕的行事（学校行事）として，米づくり体験に挑戦した。この体験活動で，子どもたちは自然の偉大さを体得した。田植えをした時は頼りなかった早苗が，自然の力で，たわわに稲穂をつけてくれた。子どもたちは担任教師に願い出た。「JA（農協）のおじちゃんはすごいな。こんなすごいことを何十年もやっている。おじちゃんの手，触っていいかな」。子どもたちは，JAの指導員さん

に群がり，手を離そうとしなかった。彼らは，働くことの尊さや意義，生産の喜びを体得した。米づくりには八十八の手がかかるなどと，黒板を背に知識理解として教える必要はなかった。

この若手教師は言う。子どもたちの「成長（人間変容）のドラマ」に出会える職業に就くことができて良かった，と。子どもたちは，米づくりの体験活動のなかで，自然と人に主体的に向き合う姿，すなわち新学習指導要領のいう「学びに向かう力」で，農業（自然）の偉大さとそれを担う熱き人々の思いという「感動」を創造し，新たな「人間性」を育んだ。

それではなぜ，特別活動が子どもたちの心身の発達と成長にとって，不可欠なのであろうか。ほぼ10年ごとに学習指導要領は改訂される。その度に，その内容表現については，大幅な変更もあり，ダッチロールと揶揄されることもある。

今回の改訂では，「教えるから学ぶへ」「暗記から探究へ」「コンテンツ（内容）からコンピテンシー（能力）へ」などの転換点が強調されている。また，「資質・能力」の育成に向けて，「主体的，対話的で深い学び」の実現（アクティブ・ラーニングの視点）により，一人一人の個性に応じた多様で質の高い学びの保障をめざすものとなった。

実は，これら学習指導要領における力点の転換は，特別活動においては，その存立根拠として長く追求し，期待されてきた事項でもある。個人的にも「教科の論理」対「教育の論理」として，長く主張してきた事項である（本編著書・第1章）。したがって，今回の改訂について，「ゆとり教育の復活」「教科の特別活動化」などと，その方向性を危惧する声も，すでに出始めているほどである。すなわち，これらの「改訂」による転換・変革も，特別活動については，長期的展望からみれば，ある意味「不易」ともいえる変革なのである。

教育課程全体をみても，「不易と流行」という言葉があるが，少なくとも平成に入ってからの改訂の趣旨は変化していない。すなわち，「不易」の部分は，「生きる力」の育成なのである。特別活動は，個性の伸長や社会性の形成および人間関係形成力に深く関わる活動であるだけに，今回の学習指導要領改訂の

要としての役割をなすものである。

　今回の改訂にあたって，中央教育審議会では，「予測困難な激しい社会を生き抜く力」として，「生きる力」について，「生きて働く知識・技能」「未知の状況にも対応できる思考力・判断力・表現力」「学びを人生や社会に生かそうとする学びに向かう力・人間性」の3点を定義している。この「生きる力」の育成を基礎にして，本編著は構成されている。

　本書は，4部14章から構成されている。第1部（第1章～第3章）は，特別活動の基礎理論編，第2部（第4章～第6章）は，実践編（特別活動の内容とその展開），第3部（第7章～第11章）は，特別活動と他の教育活動との関連，第4部（12章～14章）は，特別活動の実践的課題と具体策である。第4部ではとくに，特別活動の今日的課題として，キャリア教育（第12章），命の教育（第13章），健康（食育）・安全指導（第14章）を取り上げた。

　これらを全体として横軸としてつなげているポリシー（指針）は，次の3つである。一つ目は「生きる力」育成の理念，二つ目は「平成29年学習指導要領」の新基軸の内容，三つ目は「個を生かし集団を育てる」学習理論である。

　三つ目については，「個を生かす」「一人一人を生かす」「全員参加」「支持的風土」「ねうちづくり」「しくみづくり」「自主協同学習」など，「不易」の教育課題の実践的な具現化を論究してきた学習理論である。

　最後になったが，本書の出版に際しては，ミネルヴァ書房編集部の浅井久仁人氏には多大なご尽力をいただいた。また，浅井氏には全体的な執筆計画の大幅な遅れにも，辛抱強く待っていただいた。執筆者を代表して，ここに深く感謝の意を表したい。

　　　2019年11月

新富 康央

編著者　須田 康之

髙旗 浩志

まえがき

第1部　生きる力を育む特別活動の基礎理論—ねらいと方法—

第1章　特別活動の教育的意義と実践課題 …………………………… *2*

　1　特別活動の教育的意義——特別活動の本質とは ………………… *2*

　2　特別活動の方法原理 ……………………………………………… *8*

　3　特別活動の今日的実践課題 …………………………………… *12*

第2章　特別活動の内容・方法・評価 ……………………………… *17*

　1　特別活動の内容 ………………………………………………… *17*

　2　特別活動の方法 ………………………………………………… *26*

　3　特別活動の評価 ………………………………………………… *31*

第3章　特別活動の歴史 …………………………………………… *35*

　1　戦前の特別活動 ………………………………………………… *35*

　2　戦後の特別活動——学習指導要領の変遷 …………………… *40*

　3　歴史に見る特別活動の課題 …………………………………… *45*

第2部　特別活動の内容と展開

第4章　学級活動とホームルーム活動 …………………………… *52*

　1　新しい学級活動に求められていること ……………………… *52*

　2　新しい小学校学習指導要領における学級活動 ……………… *55*

　3　学級活動の実践の根底にあるもの …………………………… *69*

第5章　児童会活動・生徒会活動とクラブ活動……………………71
　1　児童会活動と生徒会活動 ………………………………………71
　2　クラブ活動 ………………………………………………………83

第6章　学校行事………………………………………………………88
　1　学校行事とは ……………………………………………………88
　2　学校行事の内容 …………………………………………………92
　3　学校行事の意義 …………………………………………………99

第3部　特別活動と他の教育活動との関連

第7章　特別活動と教科指導…………………………………………104
　1　特別活動と教科指導の関係 ……………………………………104
　2　「学校的学習」の批判的検討 …………………………………109
　3　特別活動の視点から授業を変える ……………………………112

第8章　特別活動と「特別の教科　道徳」…………………………119
　1　道徳教育の構造と目標と方法 …………………………………119
　2　特別活動の目標，内容と道徳教育 ……………………………126
　3　学級活動と「特別の教科　道徳」の関係 ……………………129
　4　学級づくりと特別活動，「特別の教科　道徳」………………133

第9章　特別活動と総合的な学習の時間……………………………136
　1　特別活動と総合的な学習の時間の目標 ………………………136
　2　特別活動の特質 …………………………………………………142
　3　特別活動と総合的な学習の時間との共通点・相違点 ………145

第10章　特別活動と学級経営………………………………………151
　1　教育課程に果たす学級経営の役割 ……………………………151

　　2　学級経営の充実に果たす特別活動の役割 ……………………………… *153*

　　3　特別活動を通じた学級経営の充実のための指導上のポイント ……… *158*

第11章　特別活動と生徒指導 …………………………………………… *165*

　　1　生徒指導とは何か? ……………………………………………………… *165*

　　2　今日の生徒指導の課題 ………………………………………………… *167*

　　3　生徒指導上の課題を踏まえた特別活動実践のあり方 ……………… *172*

第4部　特別活動の実践的課題と具体策

第12章　キャリア教育との関連 ……………………………………… *180*

　　1　キャリア教育の導入 …………………………………………………… *180*

　　2　キャリア教育でねらうもの ………………………………………… *184*

　　3　学級活動(3)での実践例 ……………………………………………… *190*

第13章　命の教育との関連 …………………………………………… *197*

　　1　学校教育における命の教育 ………………………………………… *197*

　　2　命の大切さの意識に向けた特別活動 ……………………………… *200*

　　3　現代的課題への対応 ………………………………………………… *206*

　　4　特別活動で命の教育を進めるために ……………………………… *208*

第14章　健康(食育)・安全指導との関連 ……………………… *212*

　　1　特別活動における「健康・安全指導」の規定と社会的要請 ……… *212*

　　2　「学校安全」への関心の高まりとその構造・活動内容 ………… *216*

　　3　学校における実践的課題 …………………………………………… *219*

　　4　実践指導の留意点 …………………………………………………… *223*

資　　料　学習指導要領(小・中・高　特別活動)

索　　引

第 1 部
生きる力を育む特別活動の基礎理論
──ねらいと方法──

第1章

特別活動の教育的意義と実践課題

　2017（平成29）年改訂の学習指導要領においてキーフレーズになっている「資質・能力」の育成にとって，特別活動の果たす役割は大きい。さらなる充実が期待されるところである。しかし，実際には，その授業時数の確保さえ困難な状況にあり，十分な取り組みが行われているとはいいがたい。展開上の実践的課題も山積している。

　そもそも特別活動とは何か。教育課程の中で特別活動はどのように位置づけられているのか。本章では，1．特別活動の教育的意義，2．特別活動の実践化のための方法原理，3．特別活動の今日的実践課題，の3つの観点から検討してみたい。

1　特別活動の教育的意義——特別活動の本質とは

　特別活動については，「もう一つの教育」と称される一面がある。その場合の「もう一つの教育」とは，学校教育における補助的機能，あるいは，教科等の授業展開の潤滑油的な働きをするもの，ととらえる論調である。

　しかし，特別活動は，その論調の範疇にとどまらない。特別活動は，教科等の授業場面における「教科の論理」に対して，「教育の論理」という「もう一つの」独自な固有の特質をもっている。特別活動は，学校教育において教科等の「教科の論理」とともに，日本の学校教育を支える両輪の関係にある。「もう一つの教育」の真の意味は，「教科の論理」に対する「教育の論理」の追究にある。

　それでは，特別活動とは具体的に何か。各教室の時間割には，国語や社会科など，各教科の名前は書き込まれている。しかし，「特別活動」という科目名は，書き込まれていないのでわかりにくい。各活動の目標に伴い授業時間の配当のある特別活動は，①話合い活動などの「学級活動」，②「児童会・生徒会活動」，③「クラブ活動」（小学校のみ），④入学式や卒業式，遠足，運動会・体育祭など5種類の「学校行事」など，学校生活のなかで占める割合は少なくない。

　また，朝の会，帰りの会，学校給食や掃除の時間なども，第2章で述べられるように，授業時数の配当はない。だが，一般に特別活動の範疇に入れられる。実は，教師は，学級経営や児童理解・生徒理解対応などのため，教育課程の授業時数外の残余の時間を使って，これらの授業時間の捻出に努めている。

　その際，先に述べた特別活動本来の4つの内容（中学・高校は，クラブ活動を除く3つの内容）は，それぞれ目標が定められており，各活動内容を通して，身に付けることが期待される「資質・能力」の追求がなされる。したがって，本来，残余の時間を捻出して指導すべき指導内容に，これらの内容の配当授業時数をあてがい，授業時間の転用を行うことは避けなければならない。

　小中高等学校の学校生活の思い出といえば，多くは特別活動のことが頭に浮かぶのではないだろうか。遠足，修学旅行，運動会・体育祭，学芸会・文化祭，3分間スピーチ，合唱コンクールなど，心に残っているであろう。特別活動は一般に，子どもたちにとって思い出深い，「感動」を伴う学校生活に必要不可欠な時間となっている。そこで，特別活動の特質と絡めて，「生きる力」の育成という観点から以下，特別活動の教育的意義を4つに大別し，整理してみたい。

（1）実践的な集団活動：「なすことによって学ぶ，協同タイム」
　特別活動の第一の教育的意義・特質は，ジョン・デューイ（Jhon Dewey）のいう「なすことによって学ぶ」であろう。この場合の集団とは，一組のペア活動，班を単位するグループ活動，学級を単位として展開される学級活動，児童会や生徒会活動のような学級や学年を離れて遂行される活動，学校行事のよう

な全校単位で実施される活動など，幅広い。しかし，これらの活動の根底となる理念は，それぞれの集団に「共有」されている課題を，その集団内で「協同」して問題解決するところにある。

　特別活動が機能していない原初形態である「制度としての学級」は，互いに心を寄せ合い，心のよりどころになっているような「準拠集団（リファレンス・グループ）」ではない。子どもたちは，同地域，同年齢という偶然性によるフォーマルな条件で，ある意味強制的に集められている。それは，所属意識がなく，「心理的距離」をもったままの単なる「所属集団（メンバーシップ・グループ）」に過ぎない。

　しかし，学級において学習を展開するには，その逆に，学級を心のよりどころとして，個々の子どもたちが，心理的に安心して主体的かつ積極的に授業に臨み，互いに支持的なインフォーマルな人間関係にある協同体でなければならない。みんなの「共有」する問題を自分自身の問題としてとらえ，また，その問題をみんなで「協同」して解決しようとする雰囲気が必要である。学級が「学習集団」として成立するためには，互いに他者を受け入れ，信頼し合う人間関係を築く，「支持的風土づくり」がその根底になければならない。すなわち，「学習」が成立するためには，学級の成員間の「準拠集団化」が必要なのである。

　それが，特別活動でいう「仲間づくり」である。これによって，「制度としての学級」は，学習を主な目的とする学校の社会的役割を果たす「学習集団」へと変容する。特別活動はその時，何を，いかに教えるかの「教科の論理」の前に，「学びに向かう力」を育成する「教育の論理」につなげる力となる。

（2）子どもの「ねうちづくり」の活動：「『尊在』づくりタイム」

　第二の教育的意義・特質は，特別活動は子どもたちの「ねうちづくり」にとって有力な集団活動であるということである。特別活動は，子どもの興味や関心を重視した活動によって満足感や充実感を保障するとともに，そのことを通して，自尊感情に基づいた「ねうちづくり」を可能にする活動である。

　たしかに，ねうちづくりは「教科の論理」，すなわち教科学習の授業場面に

おいても追求されなければならない。しかし、教科の授業では自ずと限界がある。教科の授業では、どうしても学習評価の観点が狭く絞られる傾向がある。生活科を除く各教科においては主に、次の3点が学習評価の観点となる。すなわち、「わかる（知識理解面）、できる（技能面）、よい（態度面）」である。しかも、高学年になるほど、教師と子どもとの接点は、この3つの評価観点にさらに絞られがちである。また、教師がどの子も受け入れようとしても、子どもの側で壁をつくり、心を閉ざし、容易に「自己開示」をしてくれなくなる。

　しかし、特別活動では、多様で多面的な評価（教育の論理）の保障が可能である。真摯に物事に取り組むことができた、他者にやさしく接することができた、他者の役に立つことができたなど、自己肯定感や自己有用感を得やすい。さらに言えば、特別活動においては、成功体験だけで評価されない。失敗体験、挫折体験、屈辱体験なども、子どもにとって人間成長の大いなる糧となる。

　今日の社会の個人的競争主義の風潮にあって、多くの子どもたちが自信を喪失し、自らを閉じてしまっている。明日への希望を失い、自己否定的な「損在感」に陥っている。それがさらには焦燥感となり、集団内で特定の子どもをターゲットにしていじめるという、我が国固有のいじめ現象を起こしている。

　たしかに、欧米にも「いじめ」はある。だが、我が国のそれは、同じチーム内で、否、「同じチームだからいじめる」という陰湿で、悪質ないじめなのである。

　その点、特別活動は、「自分への自信の喪失」「閉じた個」（中央教育審議会答申〔2008年1月17日〕）となり、「損在感」に陥っている子どもたちを、自分は大切でかけがえのない存在でありたいと願う「尊在感」へと高めてくれる。それは、肢体不自由者養護施設・ねむの木学園の宮城まり子園長の次の言葉に象徴される。

　　　みんなに愛されている、みんなに信じられている、みんなの役に立っているという自信が、あの絵を描かせたのです。

　この言葉は、この養護施設の子どもの絵がユネスコ世界児童図画コンクールで特選に選ばれた際、彼女が記者団に語ったものである。栄誉ある賞を受賞したその根拠を尋ねられた宮城まり子氏は、絵の描き方の指導などの「教科の論

理」では回答していない。このように「教育の論理」で回答している。特別活動は，こうした支持的風土の人間関係，雰囲気づくりに寄与するのである。

（3）「個性重視（尊重）」の活動：自分のよさへの「チャレンジタイム」

　第三の教育的意義・特質は，連帯のなかで輝く「個性」を育む活動であるということ。特別活動は，子どもたち一人一人の個性を，集団活動を通して総合する活動ともいえる。どちらかといえば，特別活動は集団活動ということで，個性とは二律背反のようにとらえられがちである。しかし，それは個性のとらえ方の誤解に起因している。少なくとも，個性重視（尊重）という時の「個性」とは，他者とは違う差異すなわち多様性（ユニークさ）の意味ではない。「連帯のなかで輝く自分の『よさ』に向かって一生懸命」という主体性の意味である。アメリカでは，個性を端的に「チャレンジ（挑戦），トライ（試行），ガッツ（気力）」と集約している。

　今日問われている「個性重視の教育」とは，個性的にがんばった結果，必然的に生まれるであろう多様性を認めるという教育指針である。「品行方正・学業優秀」すなわち野球でいう「4番でエース」ばかりが大切にされることは無いということである。個性重視の教育は，個々の子どもたちに内在する，これがあっての自分という「よさ」を引き出し，伸ばそうという教育指針である。

　その点，特別活動は，連帯のなかで輝く自己及び他者の「よさ」に気づかせてくれる。特別活動は，先に述べたように，その評価の多様性・多面性からも，子どもたちを受容し，承認することが容易となる。また，個と集団は，相即不離の関係にあり，個を生かすには個を大切にする集団が必要であり，個を大切にする集団のなかでこそ，個性も連帯性・社会性も共に育ってくるのである。

　　集団を構成する一人ひとりが個性的であればあるほど，その集団は良い集団です。そして，人間は集団の中に入ってこそ，より個性的になれる，あるいは自分の個性を認識することができるのです。

（山田洋次『寅さんの教育論』岩波ブックレット No. 12，1982年：41頁）

　多様性（他者との違い）を追求し，連帯性・社会性を無視した個性は，個性ではなく，それは，わがままである。その人らしい自分なりの「よさ」や自己

価値に向かおうとする主体性こそが，「個性」の本質なのである。

　　　小さきは　小さきままに　折れたるは　折れたるままに　コスモスの花咲く。

（児童発達支援センター・しいのみ学園長・昇地三郎氏）

　秋の野に咲くコスモスも，一本一本は小さいものも，折れているものもある。しかし，花弁を秋空に精いっぱい向けて開いている見事さ，すなわちひたむきに花咲く，その個性的な生き方に，私たちは「感動」を覚えるのである。

（4）教師と子どもたちの創意工夫の活動：「創意工夫タイム」

　第四の教育的意義・特質は，教師の考えや技法やアイデアが発揮できる活動であるということ。特別活動は，教師と子どもたちが互いに共感し，交流する創意工夫の場である。学級経営の視点でいえば，子ども同士の「共感タイム」，教師と子どもとの「交流タイム」ともいえる。しかし，それを可能にしているのは，特別活動は，教師の創意工夫の自由裁量の幅が広いからである。

　特別活動が教科の学習と根本的に異にするのは，特別活動には教科書が無いということであろう。教科の学習においては，特別活動に比べて，その方法論も各単元内容の制約を受けることになる。特別活動も，それぞれの活動目標については，学習指導要領に定められている。しかし，その目標をどのように具現化し，実施するかについては，教師の「自由裁量」に負うところが大きい。その活動にかける教師の思いや願いと子どもたちのそれと，どのように関わらせるか。これが，特別活動を仕組む重要なポイントの一つとなる。

　それは，教科等の授業でいう「教材の主体化」であり，特別活動でいえば，子どもたちにとっての「活動の必然性」である。そのためには学級活動などにおいて，教師と子どもたちは，自分たちの学級づくりに向けて，互いに共通したイメージを探り合っていく。その場合，教師は直接，子どもたちを誘導するハンドルを持たなくてよい。教師は，子どもたちの活動ぶりを眺めながら，大いに褒めて勇気づけてアクセルを踏むか，ときおりその結果について，① 人権問題，② 安全教育，③ 金銭面，④ 教育課程などの視点から，「それは違う」とブレーキをかけるぐらいである。「アクセルとブレーキはしっかり，しかし，ハンドルは持たない」。これが特別活動における基本の指導理念と考えられる。

　しかし、「それは違う」といえるためには、教師は、特別活動に関して自分なりのしっかりした教育理念をもっておかなければならない。山田洋次映画監督も『寅さんの教育論』（前掲書：27頁）のなかで、次のように語っている。

　　　しかし『それは違う』と言えることはなかなかの才能ではあるのです。

　特別活動は、教師にとって創意工夫の活動であるが、子どもにとっても創意工夫の活動である。特別活動の本質は、子どもたちの心の動かない「〜サセラレル」活動ではなく、意欲的に「自ら〜スル」活動でなければならない。自分たちの活動目標に向かって文化活動を創意工夫するのである。それは「ものを創ること（創造的・文化的活動）で鍛える」ともいえる。

　「ものを創ることで鍛える」という発想は、日本の学校教育において、これまでどちらかといえば、軽視される傾向にあった。

　子どもたち全員が、何らかのかたちで集団活動の企画・運営に参画し、活動を創りあげた達成感、時には挫折感を共有することで、子ども同士の連帯感を高め、結果として、思い出につながる「感動」を創造するエネルギーを生む。

2　特別活動の方法原理

　今回の改訂においては、「主体的、対話的で深い学び」がキーフレーズとなっている。また、その実現の手法が、アクティブ・ラーニングである。

　実は、特別活動についていえば、これまでも学級活動、児童会・生徒会活動などで、「主体的、対話的で深い学び」を追求してきた。それ自体は、ある意味、特別活動の方法上の特質と言ってもよい。特別活動は、教育課程上、これからの新しい学校教育の在り方の先駆的、モデル的存在ともいえるであろう。

　先に述べた特別活動成立の根拠となる教育的意義・特質を実践化するためには、いかに展開すればよいだろうか。特別活動の方法原理を、(1)自立性、(2)共感性、(3)主体性・自発性、(4)開放性の4つに整理して述べたい。

（1）自立性の方法原理：ツーリストづくりでなくトラベラーズづくりを
　特別活動は、体験活動で構成される。まさに「なすことによって学ぶ」が基

本原理である。だが，それも単に体験活動をさえすればよいというものではない。それは，他者に従属して行動するだけの「ツーリスト（団体旅行客）」型ではなく，自らの意思をもって仲間と関わる「トラベラー（旅人）」型の体験活動でなければならない。いみじくも，今回の改訂がめざす子ども像は，「自ら考える子ども，自ら表現する子ども，自ら実行する子ども」である。

　ツーリストは，自立した自己意思をもたず，引率者や指導者の指示に付き従う存在である。それに対して，トラベラーズ（特別活動は基本，集団活動故に，トラベラーの複数形）は，一人一人が「思いや願い」をもって自主的，実践的に行動する。活動プランを実現するために，自立して，協働的（他者と共に）に諸問題を解決していく。しかし，子どもたちは今日，自分たちの思いや願いを具体化するための企画力も，対応の処方箋もあまりもてないでいる。

　そこで，子どもたちの各種の体験活動を展開する過程において，「よりよく生きる」ための課題探究的な体験活動や，それに伴う実践的技能の育成を図ることが喫緊の課題とされている。特別活動において，自立した個人を志向する自尊感情をもったトラベラーズづくりのためには，自立するための活動訓練や規範（きまりやルール）意識の醸成も肝要なのである。

（2）共感性の方法原理：「知る」ではなく「識（し）る」の追求を

　教科等の授業の学習において，「知る」ことは大切である。しかし，その一方で，特別活動において独自な「学び」といえる，「識（し）る」ことも大切なのである。では，ここでいう「知る」と「識（し）る」との相違は，何であろうか。

　教育界において学力向上が合い言葉になっている昨今，いわば頭（head）で知る抽象的・観念的な「知識理解」については関心を集めている。しかし，知識にはもう一つ，心（heart）で知る知識がある。それらは英語では峻別されている。前者の知識 cognition に対して，後者のそれは recognition と呼ばれる。後者の「知識」は，自己との関わりのなかで，自己の生活実体験を通して，自己認識的，直観的，総合的に受容される知識である。

　体験活動を通して「識（し）る」というとき，「知識理解」における「知る」

にはない，「共感的理解」という「やさしさや思いやり」が介在していること
に留意しなければならない。その「やさしさや思いやり」は，教科等の授業で
習得することは困難で，特別活動の存立根拠の一つになっている。

　特別活動は従来から，「望ましい集団活動」の一環として体験活動を重視し
てきた。望ましい集団活動には，集団生活への適応，自然との触れ合い，勤労
やボランティア活動など社会奉仕の精神の涵養などに関わる体験的な活動が含
まれる。勤労の尊さや生産の喜びを体得するとともに，ボランティア活動など
社会奉仕の精神を涵養する体験が得られるような活動が望まれている。

　これらの実践は，「共感的理解」に基づく「知識」について教えてくれる。
体験を通して，自然や友達と触れ合うなかで「他者理解」をするためには何が
必要だろうか。それは，「どうすれば，あなた（対象）を理解することができ
るだろうか」，「あなた（対象）の心に出会うことができるだろうか」という他
者（対象）を思う「やさしさや思いやり」である。

　「共感的理解」とは，相手の立場に立ち，相手に寄り添おうとする「やさし
さや思いやり」の心で，他者（対象）を理解することである。特別活動におけ
る各種の体験活動を通して，子どもたちは，他者（対象）と触れ合いながら，
「共感的理解」という「やさしさや思いやり」のフィルター越しに，他者（対
象）の「よさ」に気付くのである。

　したがって，ボランティア活動では，この活動を通して自己効力感，自己有
用感などを認識できるように，事前・事後の指導が大切である。たとえば，川
掃除のボランティア活動前の汚れた様子を写真に撮り，事後の川の様子と比べ
たことや録音した近所の住民の感謝の声を聴いてもらうことなどである。

（3）主体性・自発性の方法原理：「子どもから出発する」の再吟味を

　「子どもから出発する」という教育理念は，教師と子どもたちが協同し合う
特別活動においては，とくに基本理念である。「子どもから出発する」の根本
理念は，「子どもの実態を踏まえて」，どのような資質・能力をつける必要があ
るか，とくに「生きる力」の視点から見て，何が欠けているかを，吟味・検討
し，実践を組み立てることである。「子どもから出発する」の教育理念は，い

かにして子どもを活かすか，ということなのである。しかし，誤解して使われているとしか思えない教育実践もある。それは，この言葉を字句通りに，子どもの興味・関心に任せ，委ねることと，短絡的に解釈している教育実践である。

　子どもたちを中心に置く授業のあり様を強調し，「学ぶ側に立った」今回の改訂では，「主体的，対話的で深い学び」がキーフレーズとなっている。従来の学習の指導法のアナロジーでいえば，「教材の主体化」であろう。教材の主体化という観点から特別活動に求められるものは，子どもたちにとっての「活動の必然性」を求める主体性・自発性の原理である。それは子どもたちに体得してもらいたい「深い学び」につながる「価値ある体験」でなければならない。

　ある小学校では児童会活動として，卒業時に「お役に立ちます」というプロジェクトに取り組んだ。「人や地域のために自分にできること」という視点で，子どもたちにとって日常的である校区内を改めて見つめ直そうという試みである。子どもたちは，「お助け隊」の旗を持って町に出かけ，地域住民のために，町の清掃・美化，保育園や老人ホームでの慰問交流など，自分のやってみたいことへのチャレンジを始めた。教師側は，成果発表会を想定していたが，子どもたちは，それをさらに発展させた。「思い出残し」と称して，保護者に『ボランティアとは』という体験的記念誌を作成して卒業式で配布したのである。

（4）開放性の方法原理：「まとめる」でなく「拓く・拡げる」志向を

　特別活動は，教科等の授業における「教科の論理」のような「まとめる」方向を志向しない。特別活動は元来，学級から学年へ，学年から学校へ，学校から家庭や地域へと，ウチからソトへの社会へと循環的に働きかけようとする。つまり，教科等の「まとめる」志向に対して「拓く・拡げる」志向でなければならない。今回の改訂では，第一に「社会に開かれた教育課程」が掲げられ，学校教育のグローバル化の促進や家庭や地域との連携が強調されている。

　特別活動については，たとえば小学校では，学級活動の内容に，中，高等学校との共通性や一貫性をより明確にする意図もあって，中学校と同様，「一人一人のキャリア形成と自己実現」（「学級活動(3)」）が新たに設けられた。そのなかで，「社会参画の醸成や働くことの意義の理解」（「学級活動(3)」－イ）な

どが明記されている（詳細は，本書第4章，第12章参照）。

　これを，特別活動の方法原理でいえば，ウチからソトに向かって発展的に「拓く・拡げる」ように仕組む，ということである。今回の改訂のキーワードの一つ，「他者とのコミュニケーション（対話や議論など）」についても，教科等の授業と特別活動とでは，その方向性は異なる。知識理解を求める教科等の授業は基本的に，特定の結論に向けて導くウチに向けた「まとめる」タイプのコミュニケーション志向である。それに対して特別活動では，子どもたちが他者（対象）に対して，常に新たな課題をもって働きかける「拓く・拡げる」志向のコミュニケーション能力の育成が図られる。

　特別活動における自己表現は，他者に対し，提言，提案などのプレゼンテーションをするソトに向けるコミュニケーションである。教科の授業場面のように，いかに知識理解に向けて要領よく「まとめ」あげたかではない。特別活動では，クラスの仲間に，保護者たちに，そして地域のさまざまな人たちに，いかにうまく自分たちの思いや願いを提言し，伝えることができたかをめざす，他に拓き・拡げるコミュニケーションでなければならない。

3　特別活動の今日的実践課題

　今回の改訂では，「生きる力」の育成に向けた「資質・能力」の三つの柱が提示された。教育課程全体を通して，各教科，領域の「目標」の記述も「○○することを通して，次のとおり資質・能力を育成することを目指す」とされた。

　特別活動の場合の「育成すべき資質・能力」は，①「人間関係形成力」（集団の中で人間関係を自主的，実践的によりよいものへと形成するという視点），②「社会参加」（より良い学級（ホームルーム）・学校生活づくりなど，集団や社会に参画し様々な問題を主体的に解決しようとする視点），③「自己実現」（集団の中で，現在及び将来の自己の生活の課題を発見し，よりよく改善しようとする視点）である。総じて，「生きる力」育成の要となる資質・能力である。

　しかし，実践上の課題は山積している。授業時数の確保という外在的な問題もあるが，あるべき姿という内在的な問題もある。大きく２つに大別される。

（1）新学習指導要領への対応：全員参加のアクティブ・ラーニング

　今回の改訂に関して，これまでになかった「大改訂」という表現もされる。総じて「教える」から「学ぶ」への転換である。しかし，長期的にみれば，これは，特別活動においては一貫した流れである。それは，画一から個性へ，暗記から思考へ，知識から体験へ，受動から創造へ，他律から自律へ，競争から協同へ，分化から総合へ，そして指導から支援へ，という潮流である。その根底を構成している教育理念は一貫して，「生きる力」の育成である。

　新学習指導要領では，次の３点が求められている。

　　① 主体的に学び，自ら知識を深め，個性や能力を伸ばし，人生を切り拓いていくことができる。

　　② 対話や議論を通じて，自分の考えを深め，集団としての考えを発展させ，多様な人々と協同する。

　　③ 変化の激しい社会の中でも，試行錯誤しながら問題を発見・解決し，新たな価値を創造していく資質・能力（生きる力）を付けていく。

　これらは従来，特別活動において志向されてきた「資質・能力」でもある。①については，主体性・自発性と，それに伴う個性化の推進を図る。②については，多様な考えを大切にしながら，「協同」を学ばせる。③については，学校生活での未知の問題の発見と，その問題を自ら解決する能力を育成し，自己の生き方についての考え深め，自己を生かす能力を涵養する。

　もっといえば，今回の改訂では，カリキュラム・マネジメントの視点からいえば特別活動は，さらに責任が重くなった。なぜならば，キーワードの一つ「アクティブ・ラーニング」の展開にとって，特別活動の成否が大きく影響するからである。

　今回の改訂では，教育課程全体を通して，「知識・技能」（何を知っているか），「思考力・判断力・表現力」（どう活用するか），「学びに向かう力」（どのように関わるか）を横断的に育むことが期待されている。そのために，アクテ

ィブ・ラーニングを導入し，「主体的，対話的で深い学び」という視点で，全教科，領域を見直し，教科等を越えて「生きる力」を育成するとされた。

　しかし，「主体的・対話的」な授業であっても，それが必ずしも「深い学び」につながるとはいえない。そのための絶対条件として，学級集団は「学習集団」として機能するように特別活動で育まれる協同的な組織になっていなければならない。この授業形態では教師は教え込むことはしないだけに，特別活動のように子どもたちが「自分の考えをもつこと」が前提となる。また，特別活動がめざす，それぞれの考えの多様性・多面性を全体で認めつつ，協同して取り組もうとするクラスの「支持的風土」の醸成がなされていなければならない。

　このように，特別活動はそれ自体の活動目標を推進するだけでなく，さらにカリキュラム・マネジメントの観点から他教科や領域との総体的・総合的かつ関連的な指導の推進が図られなければならなくなった。

　また，アクティブ・ラーニングの要素を特別活動によりいっそう取り入れることや現状の学校教育にあって困難とされる「社会参画」の資質・能力の育成を図ることも課題である。

（2）個を生かし集団を育てる教育：豆腐づくりよりも納豆づくり

　学校教育の普遍のテーマは，「個」（子ども一人一人）と「集団」の関係性といえよう。特別活動は，それに正面から取り組む。先に述べたように，特別活動においては，個の形成と集団の形成は矛盾した関係ととらえない。個と集団は，「相即不離」の関係なのである。個を生かすには，個を大切にする集団が必要である。また，個の主体性を重んじることのできる人間は，他者の主体の重さを自覚することができる。したがって，個を大切にすることは，集団を大切にすることでもある。「個が生きる集団活動」が喫緊の実践課題なのである。

　理論的には「個が生きる集団活動」は推奨されているが，その実践化は容易ではない。個性化＝個別化という短絡的な個性化論は消えつつある。しかし，一人一人の個や個性を育てる集団活動のあり様，すなわち「個が生きる集団活動」（平成20年小学校学習指導要領）の実践は端緒に就いたばかりである。

　ここでは，「個が生きる集団づくり」を表象する言葉として，「豆腐づくりよ

りも，納豆づくり」という実践的フレーズを提示しておきたい。

　豆腐も納豆も，原料は，どちらも大豆である。豆腐は，見た目は四角形に「まとめ」られ，美しい。しかし，一粒一粒の大豆（個）は，すりつぶされて見えない。個は集団のなかに埋没している。子どもたちを一律にそろえる「豆腐づくり」のような訓練主義と規律主義の特別活動は，あってはならない。

　他方，納豆は，一粒一粒の大豆（個）が活きていて（個性），しかも互いにつながり合っている（連帯性）。豆腐においては，個性の育成と連帯性の形成が，対峙するものとしてではなく，一体のものとして融合している。こうした「納豆づくり」に向けて，特別活動は今後とも，日本の学校教育全般において，さらなる発展と充実を図らなければならない。特別活動は，学校教育において「教科の理論」と両輪をなす「教育の論理」で構成されている。したがって，「特別活動があるからこそ，日本の学校教育」，ともいえるのである。

｜学習課題｜

　下記は，某小学校3年生の話し合い活動での実践報告である。議題名は「○○子ちゃんお帰り会の遊びを決めよう」である。この授業実践から，特別活動の教育的意義・特質，⑴協同タイム（仲間づくり），⑵尊在づくりタイム（自尊感情の育成），⑶チャレンジタイム（真の個性づくり），⑷創意工夫タイム（共感と交流の創造）の観点から，自分なりの特別活動の思い出を踏まえながら，この実践の意味を話し合ってみよう。

　特別活動の教育実践では，こうしたすばらしい子どもたちの「成長のドラマ」との出会いが待っている。

　昨年秋に，足の手術のため長期入院していた女児が1月に退院し，登校したので，このクラスでの思い出をつくるためのお楽しみ集会を計画した。女児は，手足が不自由で，車椅子生活。教育面での配慮も必要であった。

　学級会では，「ブルラッシュ」「サボテン」「三色おに」などの遊びが提案され，特に人気を集めた。「みんなで楽しく遊ぶことができるから」，「クラスのみんなで」というクラスの思いが，一つ一つ語られた。

　しかし，このなかで，「お帰り会」で実際に行う遊びを選択するという段階になると，彼らは，別の考えを言い始めた。「○○ちゃんには，『ドラキュラ』はむずかしいから『はないちもんめ』がいい」，「○○ちゃんが笑っていたからです」，「『三色おに』だと，いつも○○ちゃんがおにになるからやめた方がいい」。

　女児からは，特別視されているという精神的な負担感を，微塵も感じ取ることはできなかった。とても嬉しそうだった。クラスからは，女児の意見を聞こうという提案。と

ころが女児は，配慮から退けてくれた「はないちもんめ」と，もう一つ「三色おに」を挙げた。クラスの子どもたちは，それをどう扱うだろうか。

　子どもたちは，自分たち自身で解決した。「まず，試しをしてみて，これから一ヶ月，○○ちゃんが遊べるように，みんなで助け方を練習しよう」「○○ちゃん，俺たちとがんばってくれる？」。女児は，大きくうなずき，「うん」。

　「教師冥利」ということばがある。担任教師からは，一筋の涙であった。

引用・参考文献

赤坂雅裕・佐藤光友編（2018）『やさしく学ぶ特別活動』ミネルヴァ書房.

片岡徳雄編（1990）『特別活動論』福村出版.

国立教育政策研究所教育課程研究センター編（2016）『学級・学校文化を創る特別活動・中学校編』東京書籍.

新富康央編（2008）『小学校新学習指導要領の展開・特別活動編』明治図書.

新富康央（2012）「学校において豊かな人間関係を深めることの意義」（文部科学省編『初等教育資料（特集・子どもの豊かな人間関係を育む）』2〜7頁，2012年9月号.

新富康央（2013）「いじめ問題の本質は何か」（『教育展望（特集・いじめ問題と学校教育）』2013年3月号：4−10頁）.

杉田洋（2009）『よりよい人間関係を築く特別活動』図書文化社.

杉田洋編（2017）『小学校新学習指導要領の展開・特別活動編』明治図書.

藤田晃之編（2017）『中学校新学習指導要領の展開・特別活動編』明治図書.

文部科学省編（2011）『初等教育資料（特集・学級経営の充実）』2011年5月号.

（新富康央）

第2章

特別活動の内容・方法・評価

　学校の教育課程は，各教科の課程，「特別の教科 道徳」（道徳科），「総合的な学習の時間」，「特別活動」から成る。特別活動は，教科や道徳科や総合的な学習の時間と同じ「授業」である。その目標，内容および標準的な授業時数は学習指導要領が定めている。本章では，第一に，教育課程の一領域として特別活動が担っている独自の意義と価値を明らかにする。第二に，特別活動の方法原理である「集団活動」と「体験活動」の意義を考察する。また活動の技法として「話合い活動」と「小集団編成」を取り上げ，「なすことによって学ぶ」ことの意義を検討する。第三に，特別活動の評価について考察し，あわせて「主体的・対話的で深い学び」と特別活動の関係を明らかにする。特別活動では，活動の過程における子どもの努力や意欲を認め，一人一人のよさを多面的・総合的に評価することが特に大切である。

1　特別活動の内容

（1）教育課程における特別活動の位置

　図2-1は学校の教育課程を概観したものである。校種（小学校，中学校，高等学校の別）による若干の相違はあるが，学校の教育課程は，① 各教科の課程，② 特別の教科 道徳（道徳科，高等学校では扱わない），③ 外国語活動（小学校3・4年生のみ扱う），④ 総合的な学習の時間（高等学校では「総合的な探究の時間」と呼ぶ），⑤ 特別活動，から成る。

　①〜⑤は，それぞれは独自の「目標」と「内容」と「方法」をもっている。

何のために（目標），どのようなことを（内容），どのように（方法）して子ども
たちに学習させ，どのような資質・能力を身に付けさせようとしているか。
その独自性こそ，教育課程における個々の教科・領域の存在意義である。しか
し，私たちが「当たり前のもの」と捉えがちな教科・領域の枠組みは決して不
変ではない。戦後以来ほぼ10年おき，今日まで8次に及ぶ学習指導要領改訂
は，その折々にそれまで当たり前とされた教科や領域の枠組みを，時代や社会
の変化と要請を踏まえて統廃合したり，時数を変更したり，新たな教科・領域
を生み出したりした。限られた年間授業時数のなかで，なぜその教科・領域が
学校の教育課程に存在しなければならないのか？　他の教科・領域では置き換
えられない独自の意義と価値は何か？　その理由と根拠を示しているのが，各
教科・領域の学習指導要領の「目標」と「内容」の記述である。

　今回の改訂で，特別活動の「目標」は，「特別活動を通して育成すべき資
質・能力」と「そのための学習過程」という2つの視点で整理された。まず
「特別活動を通して育成すべき資質・能力」は，①より良い人間関係を形成
することに必要な資質・能力，②社会参画のために必要な資質・能力，③自
己実現のために必要な資質・能力，という3つである。①では年齢や性別，考
え方や興味・関心，意見の違い等を互いに理解し，認め合い，良さを生かし合
い，高め合う人間関係をつくること，②ではさまざまな集団生活・社会生活の
課題を見出し，解決のための話合いや合意形成や意思決定の仕方を身に付ける
こと，③では集団のなかでの自己理解を深め，自己の良さや可能性を生かし，
将来の在り方や生き方を考え，自ら設計する力を身に付けることを重視してい
る。また，これらの資質・能力を育むために，特別活動は他の教科・領域には
ない独自の学習過程をもっている。つまり，特別活動で子どもたちはさまざま
な集団活動に自主的，実践的に取り組み，互いの良さや可能性を発揮しながら，
集団や自己の生活上の課題を解決する。このプロセスそのものが，特別活動に
特有の学習過程である。

（2）特別活動の内容構成

　特別活動は教育課程のひとつである。すなわち「授業」として学習すべき内

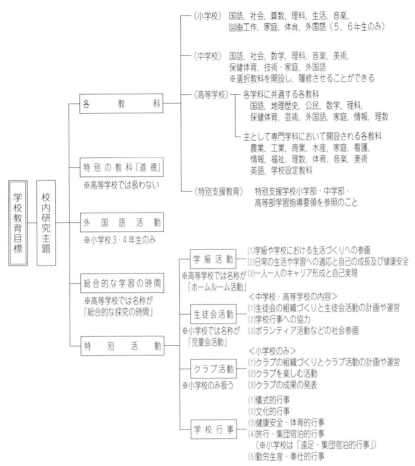

図 2-1　学校の教育課程

容が法的に定められている。過去の学校生活を振り返ったとき，何が特別活動であったのかを正確に答えることは難しい。そこで本項では特別活動の内容を学習指導要領に基づいて把握し，その一つ一つが子どもたちに学習させるべき内容であることを理解しよう。

① 「各活動」と「学校行事」

　特別活動は，① 学級活動（高等学校では「ホームルーム活動」という），②

児童会・生徒会活動，③クラブ活動（小学校のみ扱う），④学校行事という内容から成る（①～③をまとめて「各活動」と称する場合もある）。学習指導要領を確認すると，①～④のそれぞれに「目標」があり「内容」があることがわかる。特別活動のなかに，なぜ「各活動」と「学校行事」がなければならないのか（＝目標），何に取り組ませれば「各活動」と「学校行事」に取り組ませたことになるのか（＝内容）を，学習指導要領は明示している。

　「各活動」および「学校行事」の目標は，校種による児童／生徒の表記の相違はあるものの，内容的には全校種に共通した記述となっている。まず「学級活動（ホームルーム活動）」とは，学級や学校の生活から課題を見出し，解決のために話し合い，合意形成し，役割分担や協力を実践し，さらにその経験を踏まえた自己の課題解決と将来への意思決定に取り組む活動である。「児童会・生徒会活動」とは，子どもたちが学校生活全体に目を向け，その充実と向上を図るための課題を見出し，解決に向けて計画を立て，役割を分担し，協力して運営することに自主的・実践的に取り組む活動である。また「学校行事」とは，全校または学年で協力し，よりよい学校生活を築くための体験的な活動を通して，集団への所属感や連帯感を深め，公共の精神を培う機会である。このように，それぞれの内容が独自の意義と価値をもちつつ特別活動の全体目標に迫り，必要な資質・能力を育むことになる。

② 学 級 活 動

　表2-1は，特別活動を構成する「各活動」と「学校行事」の内容を下位項目にわたって校種別に整理したものである。まず「学級活動（ホームルーム活動）」の内容は，⑴学級（ホームルーム）や学校における生活づくりへの参画，⑵日常の生活や学習への適応と自己の成長及び健康安全，⑶一人一人のキャリア形成と自己実現，の3つに大別される。特に，今回の改訂では小学校の学級活動に⑶の内容が新設された。その結果，小・中・高の学級活動（ホームルーム活動）が3つの同じ枠組みで構成されることになり，校種間の一貫性が担保されるとともに，学級活動（ホームルーム活動）で育む資質・能力の系統性が整えられた。なお，3つの枠組みはそれぞれ学級活動⑴，学級活動⑵，学級活

表2-1　特別活動の内容の系統表

	小学校	中学校	高等学校
学級活動（ホーム・ルーム活動）	(1)学級や学校における生活づくりの参画 ア　学級や学校における生活上の諸問題の解決 イ　学級内の組織づくりや役割の自覚 (2)日常の生活や学習への適応と自己の成長及び健康安全 ア　基本的な生活習慣の形成 イ　より良い人間関係の形成 ウ　心身ともに健康で安全な生活態度の形成 エ　食育の観点を踏まえた学校給食と望ましい食習慣の形成 (3)一人一人のキャリア形成と自己実現 ウ　現在や将来に希望や目標をもって生きる意欲や態度の形成 ウ　社会参画意識の醸成や働くことの意義の理解 ウ　主体的な学習態度の形成や学校図書館等の活用	(1)学級や学校における生活づくりの参画 ア　学級や学校における生活上の諸問題の解決 イ　学級内の組織づくりや役割の自覚 (2)日常の生活や学習への適応と自己の成長及び健康安全 ア　自他の個性の理解と尊重、より良い人間関係の形成 イ　男女相互の理解と協力 ウ　思春期の不安や悩みの解決、性的な発達への対応 エ　心身ともに健康で安全な生活態度や習慣の形成 オ　食育の観点を踏まえた学校給食と望ましい食習慣の形成 (3)一人一人のキャリア形成と自己実現 ウ　主体的な進路の選択と将来設計 ウ　社会参画意識の醸成や勤労観・職業観の形成 ア　社会生活、職業生活との接続を踏まえた主体的な学習態度の形成と学校図書館等の活用	(1)ホームルームや学校における生活づくりの参画 ア　ホームルームや学校における生活上の諸問題の解決 イ　ホームルーム内の組織づくりや役割の自覚 (2)日常の生活や学習への適応と自己の成長及び健康安全 ア　自他の個性の理解と尊重　より良い人間関係の形成 イ　男女相互の理解と協力 エ　青年期の悩みや課題とその解決 エ　生命の尊重と心身ともに健康で安全な生活態度や規律ある習慣の確立 (3)国際理解と国際交流の推進 ウ　一人一人のキャリア形成と自己実現 エ　主体的な進路の選択決定と将来設計 ウ　社会参画意識の醸成や勤労観・職業観の形成 イ　主体的な学習態度の確立と学校図書館等の活用 ア　学校生活と社会的・職業的自立の意義の理解
児童会・生徒会活動	(1)児童会の組織づくりと児童会活動の計画や運営 (2)異年齢集団による交流 (3)学校行事への協力	(1)生徒会の組織づくりと生徒会活動の計画や運営 (2)学校行事への協力 (3)ボランティア活動などの社会参画	(1)生徒会の組織づくりと生徒会活動の計画や運営 (2)学校行事への協力 (3)ボランティア活動などの社会参画
クラブ活動	(1)クラブの組織づくりとクラブ活動の計画や運営 (2)クラブを楽しむ活動 (3)クラブの成果の発表		
学校行事	(1)儀式的行事 (2)文化的行事 (3)健康安全・体育的行事 (4)遠足・集団宿泊的行事 (5)勤労生産・奉仕的行事	(1)儀式的行事 (2)文化的行事 (3)健康安全・体育的行事 (4)旅行・集団宿泊的行事 (5)勤労生産・奉仕的行事	(1)儀式的行事 (2)文化的行事 (3)健康安全・体育的行事 (4)旅行・集団宿泊的行事 (5)勤労生産・奉仕的行事

注1：太字で示した箇所は、校種（学校段階）が上がるとともに新たに追加もしくは質的に高まっていることを示す。

注2：内容項目ごとの系統性を把握しやすくするために、「ア」「イ」「ウ」等の順序を入れ替えて示している。

動(3)と呼称することもある。いずれも集団での話合いを重視する活動であるが，学級活動(1)と学級活動(2)・(3)との間には，次のような違いがある。まず，学級活動(1)は学級としての合意形成を図ることに力点を置く活動であり，それゆえに「何について話し合うか？　何を問題とするか？」という議題を設定することから子どもたちの活動が始まる。これに対して学級活動(2)・(3)は，児童・生徒が個人としての問題解決や意思決定をめざすことに力点を置く活動であり，それゆえに話し合う題材は教師が意図的・計画的に設定する必要がある。

③ 児童会・生徒会活動

　子どもにとって，学級は日常の学校生活の基盤となる単位である。これに対して，児童会・生徒会活動は異年齢による各種の委員会等を単位とした活動が中心であり，学級に比べて公的な色合いが強い。学習指導要領によれば，児童会・生徒会活動の内容は，(1)児童（生徒）会の組織づくりと児童（生徒）会活動の計画や運営，(2)異年齢集団による交流（小学校のみ），(3)学校行事への協力，(4)ボランティア活動などの社会参画（中・高校のみ）である。児童会・生徒会活動は一部の役員による活動ではなく，全校児童・生徒が「会員」として参画し，役割を分担して学校生活の充実と向上を図る活動である。一般には各学級の代表から構成する「代表委員会」，校内のさまざまな課題や業務により専門分化した「各種委員会」，特別な行事等の必要に応じて臨時に編成する「実行委員会」，さまざまな委員会の連絡調整と全体を見渡した運営を支える「執行部（事務局）」，そして全校の意思決定機関としての「児童（生徒）総会」がある。これらは決して上意下達的な官僚制的機構ではない。各委員会の専門的な立場から課題発見と解決に取り組み，互いを認め合い支え合う関わりを築くことが大切である。またこれらの委員会組織は固定的な機構ではない。子どもたちの課題意識に応じて柔軟に見直したり，新たな組織をつくったりする余地をもたせることが大切である。

④ 学 校 行 事

　学校行事は，全校または学年を単位として行われる活動である。より良い学

校生活を築くための体験的な活動を通して，集団への所属感や連帯感を深め，公共の精神を養う。このことを通して，規律ある行動や習慣を身に付けたり，人間としての生き方について考えを深め，場面に応じた適切な判断をしたり，集団や社会の形成者として多様な他者を尊重しながら協働し，より良い生活を築こうとする態度を養うことがめざされている。学校行事の内訳は，(1)儀式的行事，(2)文化的行事，(3)健康安全・体育的行事，(4)旅行（小学校は「遠足」）・集団宿泊的行事，(5)勤労生産・奉仕的行事，の5つであり，それぞれ異なる意義を有している。いずれも全校や学年という大きな集団で学校生活の充実を図り，より良い人間関係を形成するという点で共通の意義を有している。

（3）特別活動の授業時数

　ここまで確認したとおり，特別活動は教育課程を構成するひとつの重要な領域である。したがって，その内容のみならず，標準的な授業時数も明確に定められている。学校教育法施行規則では各教科等の年間授業時数の標準を定め（小学校および中学校のみ），また学習指導要領第1章総則では，全校種とも年間の授業週数を35週以上と定めている。たとえば，中学1年生の国語科は年間140時間が標準授業時数であるが，これは1週間の時間割のなかに4時間を設定し，これが35週にわたることを意味している。

　特別活動の標準的な年間授業時数は，小学校では学校教育法施行規則第51条別表第1，中学校では同第73条別表第2，高等学校では学習指導要領第1

表2-2　特別活動の授業時数

小学校		中学校		高等学校	
第1学年	34	第1学年	35	第1学年	35
第2学年	35	第2学年	35	第2学年	35
第3学年	35	第3学年	35	第3学年	35
第4学年	35				
第5学年	35				
第6学年	35				

出所：小・中学校：学校教育法施行規則，高等学校：学習指導要領より作成。

章総則で定められている。これによると，小学１年生のみ年間34時間であり，他の学年・校種では一律に年間35時間を標準としている。しかし，ここで注意が必要である。この授業時数はすべて「学級活動（ホームルーム活動）」に充てなければならず，他の「児童会・生徒会活動」や「学校行事」等に割り当てることができない。このことは小・中学校では先の別表の備考欄に，高等学校では学習指導要領第１章総則に明記されている。つまり，特別活動の授業時数は「学級活動（ホームルーム活動）」についてのみ定められており，しかも年間35週以上にわたって毎週１時間実施することとなっている。また，この授業時数には学級活動(1)・(2)・(3)に含まれるすべての事項を位置づけなければならない。たとえば中学校の場合，入学から卒業までの３年間で学級活動(1)～(3)の内容を順次行えば良いのではなく，いずれの学年でも学級活動(1)～(3)にまんべんなく取り組ませる必要がある。そのため，教師は学級活動（ホームルーム活動）の細目にわたる年間指導計画を作成する必要がある。なお，学級活動(1)～(3)はそれぞれ異なる学習過程を前提としている。そのため，(1)と(2)あるいは(1)と(3)の内容項目を１単位時間の中で同時に扱うことは想定されていない。

　一方，「児童会・生徒会活動」「クラブ活動（小学校のみ）」「学校行事」について，小学校，中学校，高等学校とも，その授業時数は明確に定められていない。小学校と中学校では，学習指導要領第１章総則の第２において「特別活動の授業のうち，児童会（生徒会）活動及び学校行事については，それらの内容に応じ，年間，学期ごと，月ごとなどに適切な授業時数を充てるものとする」，高等学校では「学校の実態に応じて，それぞれ適切な授業時数を充てる」としか規定していない。その理由は，児童会・生徒会活動，クラブ活動や学校行事の標準的な授業時数を国が一律に定めることは適切ではなく，むしろ学校の実態や地域性に応じ，学校の自由裁量を発揮しながら柔軟かつ適切に定めることが望ましいと考えているからである。

　なお，授業時数が明確に定められた学級活動（ホームルーム活動）と，任意に設定できる他の活動および学校行事の授業時数を積算すると，校種や学校による違いはあるものの，概ね年間100時間前後になる。この時数は各教科や「総合的な学習（探究）の時間」に匹敵する量である。授業時数から見ても，

特別活動が学校の教育活動に大きな比重を占めていることがわかる。

（4）特別活動には含まない活動

　学校の教育活動のなかには，一見すると特別活動との区別がつきにくい活動がある。ここでは学習指導要領に基づいて，そのいくつかを整理しておこう。

　毎日の授業の前後に行われる「朝の会」や「帰りの会」，「ショートホームルーム」等の指導は，学級活動（ホームルーム）と密接な関連をもちつつも，「学級活動そのもののねらいを達成するものではない」とされ，特別活動の授業時数には含まれない。同様に「朝読書」など，10分から15分程度の短い時間を活用し，子どもが自らの興味関心に基づいて読書に取り組む時間は，学習指導要領に定める授業時数外の教育活動であり，特別活動の授業時数に含めることはできない。また「給食の時間」は，「給食指導」という言葉にも表れているとおり，学校の教育活動の一環であり，食育指導とも関連して教師の指導性が求められる時間である。しかし，学習指導要領第1章総則や学校教育法施行規則が示すとおり，給食の時間は特別活動の授業時数には含まれない。業間休みや昼休憩の時間，掃除の時間も同様である。

　「総合的な学習（探究）の時間」と「特別活動」との間には，小・中学校では学習指導要領第1章総則第2の3の(2)のエ，高等学校では同第1章第2款3の(3)のケにおいて，「総合的な学習（探究）の時間の実施による特別活動の代替」が明示されている。これは総合的な学習（探究）の時間に自然体験活動や職場体験活動，ボランティア体験活動等を，特別活動の趣旨も踏まえたうえで適切に位置づけて実践する場合に，特別活動のなかでも特に「学校行事」の時数を代替したものと認めるということである。この代替は「総合的な学習（探究）の時間に取り組んだことをもって，特別活動の時数を消化したものと見なす」という一方向的なものであり，逆は認められていないことに留意が必要である。

　なお，高等学校の場合は，いわゆる「学校設定教科（科目）」の内容が，一見すると特別活動や総合的な学習の時間と区別のつきにくいものもある。これについては，各学校の教育課程上の位置づけを確認することが重要である。

2　特別活動の方法

　特別活動は，他の教科指導や道徳の指導とは異なる方法原理を有している。
このことが最も端的に表れているのは，特別活動の目標の記述，すなわち，
「様々な集団活動に自主的，実践的に取り組み」という箇所である。まず，
「様々な集団活動」から，特別活動が「集団活動」を方法原理としていること
が判る。また「自主的，実践的に取り組み」という文言から，「体験活動」を
方法原理としていることがわかる。以下，この2つの方法原理について詳細に
検討しよう。

（1）方法としての集団活動
　まず「集団」とは何かを理解する必要がある。集団の要件は，① 構成員の
間に共通の目標や関心がある，② 一定の役割分化に基づく組織がある，③ 構
成員の行動や関係を規制する規範がある，④ 統一的な「われわれ感情」があ
る，⑤ 持続的で安定した相互行為や社会関係がある，という5つに集約でき
る。
　しかし，どのような集団であれ，これらの要件が最初から備わっているわけ
ではない。年度当初の学級や学校は，たまたま同じ時間と空間を共有している
だけの「烏合の衆」であり，単なる「所属集団」である。そこで教師は，学習
や生活に関わるさまざまな集団活動に取り組ませることを通して，上記①〜⑤
の要件を備えた集団をめざすのである。これを「所属集団の準拠集団化」と呼
ぶ。準拠集団とは，その構成員の一人一人にとって「心のよりどころ」となる
集団のことである。
　所属集団の準拠集団化をめざして集団活動に取り組ませる際，その意義と効
果は次の5つに整理できる。すなわち，① 構成員相互の理解の深化，② 構成
員の創意工夫の発揮，③ 構成員の個性の伸長，④ 集団の凝集性（まとまり・
協同）の向上，⑤ 自主性の育成，である。しかし，集団活動さえさせれば，
上記の効果が自動的にもたらされるわけではない。たとえば小学校と中学校の

学習指導要領解説には，「望ましくない集団活動」として，次のような記述が
ある。

> 　特別活動における集団活動の指導においては，過度に個々やグループでの競争
> を強いたり，過度に連帯による責任を求めて同調圧力を高めたりするなど，その
> 指導方法によっては，違いを排除することにつながり，例えば，いじめなどに見
> られるように一部の生徒が排斥されたり，不登校のきっかけになったり，生徒一
> 人一人のよさが十分発揮できなかったりすることも危惧される。また，一見する
> と学級全体で協力的に実践が進められているように見えても，実際には教師の意
> 向や一部の限られた生徒の考えだけで動かされていたり，単なるなれ合いとなっ
> ていたりしている場合もある。このような状況は，特別活動の学習過程として望
> ましいものとは言えない。（中学校学習指導要領解説　特別活動編 p. 16 より引用）

このように，教師の意図的，計画的な指導性が発揮されない集団活動では，
低い方への同調圧力を蔓延させてしまったり，個性や多様性を排除したりして
しまうという問題を生じやすい。したがって，教師には「望ましい集団活動」
に関する適切な集団観と指導観に関する哲学が求められる。例えば次のような
ものである。

　望ましい集団活動の要件は次の3つに整理できる。第一に，集団の構成員が
向上的であり，集団や人間関係のより良いあり方を求める意欲が高いことであ
る。第二に，集団の構成員が支持的であり，相互の信頼と愛着の関係が築かれ
ていることである。命令と服従，支配と被支配の関係であってはならない。第
三に，構成員が自分の思いや考えを忌憚なく表明でき，安心して課題解決に取
り組める開放的で協力的な人間関係があることである。

　以上の3点は，集団のなかに支持的風土（supportive climate）が醸成された状
態ともいえる。支持的風土とは，① 仲間との間に自信と信頼が見られる，②
何でもものの言える楽しい雰囲気がある，③ 寛容と相互扶助の精神がある，
④ 他の集団に対して敵意が少ない，⑤ 組織や役割が流動的で柔軟性がある，
⑥ 目的追求に対して自発性が尊重される，⑦ 積極的な参加が見られ，自発的
に仕事をする，⑧ 多様な自己評価が行われる，⑨ 協同と調和が尊重される，
⑩ 創造的な思考と自律性が尊重される，といった特徴をもつ。

　繰り返しになるが，「望ましい集団活動」にせよ，「支持的風土」にせよ，それはあらかじめ存在するのではなく，日々の集団活動を通してつくり出すものである。その過程では当然，子どもたちの間に何らかの対立や葛藤が生じるものである。このような対立や葛藤を避けることが「望ましい集団活動」なのではない。むしろ，その対立や葛藤から課題を見出し，それを乗り越えるための意味ある集団活動に取り組ませることこそ大切である。対立や葛藤を回避させるための集団活動であってはならず，対立や葛藤を教育的に意味あるもの，価値あるものへと転換させる教師の「見えない指導性」が必要である。

（2）方法としての体験活動

　特別活動のもうひとつの方法原理は「体験活動」，すなわち「なすことによって学ぶ，自主的，実践的な活動」である。今回の学習指導要領改訂でも，その基になった 2016（平成28）年 12 月の中央教育審議会答申は，教育課程全般を貫く改善の視点として，言語活動と体験活動の充実を挙げ，それが「生きる力」の実現につながると明記している。体験を通して感じたり気付いたりしたことを，振り返って言葉でまとめたり発表し合ったりする活動は，知識・技能の定着という点からも，また思考力・判断力・表現力等の育成という点からも重要である。体験と言語の往還を意図的に指導することが大切である。

　このように考えれば，「体験活動」は特別活動だけの専売特許ではない。むしろすべての教育課程を貫く方法原理として重要であり，各教科等の特質に応じた体験活動が重視されるべきである。その意義は次のように整理できる。第一に，体験活動は受け身の活動ではなく能動的な活動である。言語的・認知的な理解だけでなく，五感を用いた深い理解が期待できる。特別活動は集団を単位とする体験活動であるため，社会性や道徳性といった情意的な資質・能力を同時に培うことも期待できる。第二に，体験活動は自然や社会の現実を含め，具体的な事物に触れることになる。それゆえに，ある種の困難や課題や不具合に出会う機会も増える。しかし，こうしたトラブルは，粘り強く試行錯誤を重ねたり，想像力を育み創意工夫を重ねて課題解決に取り組む機会ともなる。また課題解決の手順や過程に習熟するだけではなく，なぜその手順なり過程なり

が妥当であるのかという本質を学ぶことにもつながる。第三に，体験活動は教育課程におけるカリキュラム・マネジメントの視点を与える。すなわち，各教科等で育まれた資質・能力を特別活動で充分に活用できるようにすること，逆に特別活動で培われた実践的な資質・能力を，各教科等の学習に生かすようにするという双方向性が重要である。

　なお，特別活動では，子どもたちの自主的，実践的な活動を促すためにも，教師の適切な指導性が発揮されなければならない。「体験」が「放任」になったり，「活動あって学びなし」という状況に陥らせてはならない。単に「なすこと」によって「充実した豊かな学び」が実現するわけではない。課題解決に向かう子どもたちの意欲や取り組みの様子を受け容れたり，彼らがどの方向に向かおうとしているかを引き出したり，さらに良質の試行錯誤を促す発問をしたりする。このような「見えない指導性」こそ教師に求められるのである。

（3）話し合う活動の技法と考え方

　特別活動では「話合い活動」が重視される。互いの良さや個性，多様な考えを認め合いながら合意形成を図り，意思決定を行う。この学習過程を通して必要な資質・能力を身に付ける機会が特別活動である。

　「話し合う」というのは，みんなの意見を一つにまとめることではない。また，一つの意見にまとめるために，異なる意見をもつ者に「折り合い」をつけさせたり，納得を強いたりすることでもない。「まとめる話し合い」は，一人ひとりがせっかく一生懸命考えた意見を「捨てさせる話し合い」に陥りやすい。また，安易に多数決に頼ることは，課題に対して自分の意見をもつ意欲を削いでしまう。大事なことは「捨てさせる話し合い」ではなく，どの子どもの意見も無駄にせず，一人ひとりの思いや願いを「重ね合わせる話し合い」である。

　「重ね合わせる話し合い」を実現するために，思考の性質に着眼した「生産的思考」の手順を踏むことが効果的である。「生産的思考」は，① 発散的思考→② 収束的思考→③ 収斂的思考の 3 段階に整理できる。

　まず，① 発散的思考とは，課題に対してさまざまな角度や視点から意見を出し合うことである。出された意見に優劣をつけたり批判したりせず，思いつ

くままに多様な意見を集め，並べる話し合いである。多様な意見に出会うことで，課題に対する複眼的な思考をもつ大切さを身に付けさせたい。

　次に，②収束的思考とは，①で出し合った多様な考えを分類・整理する話し合いである。分類・整理するには，そのための基準や枠組みが必要である。また比較し，関連づけ，異同を整理し，取捨選択するといった抽象度の高い思考が必要である。多くの人が共通して挙げたこと／少数意見だが大切なこと／このグループだけのオリジナルな考え，といった視点を与えて分類・整理させる。このようにして，個々の考えを重ね合わせ，どの子の意見も尊重し，無駄にしない関わりを築かせることができる。

　最後に，③収斂的思考では，②で分類・整理したもののうち，なにを最優先に提示するかを決める（求める・判断する）話し合いである。この過程では，グループとしての考えを何か一つに絞ったり，優先順位をつけて示すことが求められる。その際，その結論に至った理由と根拠を説得力あるかたちで示すことが必要になり，それゆえにさらに抽象度の高い思考が促されることになる。

（4）小集団編成の技法

　特別活動のさまざまな場面で小集団を編成することは，子どもの自主性や個性を発揮させるうえで有効である。しかしこれも，小集団を編成すれば自動的に自主性や個性が発揮されるわけではない。そこに教師のねらいや適切な指導がなければ，むしろ小集団内の人間関係の悪化を招くことが多い。

　小集団の編成は，一般に，①偶然による方法（くじ引きや座席順等），②一定の配慮を踏まえた教師の指名による方法，③課題や仕事の内容に基づいて子どもの希望を優先させる方法の3つがある。①は，年度や学期の初期段階で相互理解を深めるために有効である。誰とでも協力し，コミュニケーションできる人間関係を形成するには，偶然による編成が効果的な場合もある。②は，子どもに対する見立てやデータに基づいて，教師の指名で編成する方法である。ここでは教師による配慮が前提となるため，ある程度まとまりのある小集団を編成できる。しかし，これは「ミニ先生」をつくって教師の管理統制をしやすくするためではない。このことに注意が必要である。③は，子どもの興味・関

心や意欲をある程度前提とした編成である。集団の活動に意欲をもって参加するには，何らかの役割を担い，各々が得意なことを発揮できる機会があることが重要である。これを「一人一役による全員参加」という。しかし，より大切なことは，その役割を固定しない，すなわち「適材適所」を続けないということである。たとえば話合い活動の際，小集団には司会，記録，発表，計時等の役割が必要である。得意な子が何かの役を独り占めするのではなく，どの子もさまざまな役割を経験できるように開かれていなければならない。つまり，その役割が苦手だからこそ，経験する機会が与えられなければならないのである。その際，苦手な役割をきちんと務めようと努力している子どもを教師は支援し，またその子どもの周りの子どもたちを「支える仲間」へと育む働きかけをすることが大切である。

　話し合う技法も，小集団編成の技法も，話合いをスムーズに運び，効果を上げるための単なる技術論ではない。一人一人が批判的思考力を鍛え，他者の意見も受け容れつつ，自分なりの考えを主張できるようにすること，そして「人間関係」や「合意形成」「意思決定」とは何かという本質的な理解に子どもたちを届けることが重要である。

3　特別活動の評価

（1）特別活動の評価

　一般に学習活動の評価では，子どもの良い点や進歩等を積極的に評価し，学んだことの意義や価値を子どもが自ら実感できるようにする必要がある。また評価とは単に子どもに対して向けられるだけではなく，教師自身の指導の改善に資する材料を与えるものでもある。教師が自らの指導の過程や方法を反省し，より効果的な指導に生かすという視点を大切にしたい。

　教科指導の場面と同様，特別活動でも① 診断的評価，② 形成的評価，③ 総括的評価の3つを踏まえることが有効である。① 診断的評価とは，新しい単元や活動に入る際，その単元や活動に連なる既習事項等について，受け持ちの子どもたちがこれまでどのような成果をあげたのか，その定着状況はどうか，

課題があるとすれば，それはどのような「つまずき」や困難に由来するのかを，学級全体及び「気がかりな子ども」の実態から整理・把握しておくことである。新しい単元や活動に入る際，手厚い診断的評価を踏まえることで，重点を置くべき課題やこれを克服するために必要な手立て等について，教師は見通しをもつことができる。

　次に，②形成的評価とは，学習活動の過程で教師が加えるフィードバックである。特に特別活動の場合，活動の途上で子どもたちはさまざまな対立や葛藤，困難や「よどみ」に出会う。これらを教師が引き取って解決してしまえば，それは課題に対する子どもの意欲を削ぐばかりではなく，自ら考え自ら育つ機会を奪うことになる。あくまでも活動の主体は子どもである。教師がすべきことは，子どもが考える枠組みづくりであり，考えを整理するための支援であり，子どもの考えを意味づけ，価値づけることである。子どもの主体性と問題解決力を高めるには，自分で考える習慣を身に付けられるような折々の形成的評価こそ重要であり，その意味での「支援」に徹することが大切である。また「教師が唯一の正しい解決方法を知っているわけではない」という視点に立ち，子どもの集団が内包する課題解決力を引き出す働きかけが必要である。

　最後に，③総括的評価とは，単元や活動の終わりに，その成果を検証し，次につながる課題や目標を設定するために行うものである。何が，どこまでできたのか，その意味と価値はどのようなものか，残された課題は何であり，次に目指すべきものは何かを整理し把握することが大切である。個々の単元や活動の終末だけでなく，月ごと，学期ごと，学年ごとといった長期的なまとまりでの評価も行うことになる。

　特別活動では，子どもたち一人一人が自らの学習状況やキャリア形成を見通したり，相互に振り返ったりできるような教材等を活用することが有効である。たとえば，一定の活動のまとまりに対して学校全体あるいは学年等に共通のルーブリック*を作成し，これに基づいたポートフォリオ**教材を作成し活用するといった工夫が求められる。これらが有効である理由は，具体的な評価規準と評価基準を間に挟み，教師と子どもとの間に「対話という評価」が生まれることにある。教師が子どもの学習活動とその成果や課題を一方的に「査

定」するのではなく，子どもの自己評価や子ども同士の相互評価と，教師の見立てとを照らし合わせ，そのように評価した理由と根拠を双方が言葉を紡いで交わし合うことのなかにこそ，評価の本質が展開するといえるのである。

　　＊子どもたちのパフォーマンスを評価するツール。評価規準（評価の観点）と評価基準（観点ごとの達成度を示す尺度）から成る。
　　＊＊子どもたちが学習過程で作成した成果物を保存したもの。

（2）特別活動と「主体的・対話的で深い学び」

　改訂後の学習指導要領では，「知識及び技能の習得」「思考力，判断力，表現力等の育成」「学びに向かう力，人間性等の涵養」を偏りなく実現するために，教師には「単元のまとまり」を意識して授業を構想し展開する力が求められている。したがって，まずは特別活動に係る学校及び学年全体の年間指導計画の策定に個々の教師が積極的に関与するとともに，これを踏まえた学級の年間指導計画を充実させることがまず必要である。

　特別活動では，子ども同士の話合い活動や，自主的，実践的な活動をその特質としている。これを踏まえたとき，まず「主体的な学び」では，学級や学校全体の集団活動を通して，日々の生活上の課題を発見し，解決する取組を重ねることが大切である。自分たちの課題を自分たちで整理し，課題解決に向けた手立てを考え実践し，次につながる目標設定に取り組むことを通して，課題発見・解決への方法論に習熟すること自体が，活動への意欲と動機付けを生み，「主体的な学び」につながる。

　また「対話的な学び」は，「多様な他者との集団活動」と「話合い活動」という特別活動の特質そのものに存在している。特別活動では同年齢の学級だけではなく，同じ学校及び地域社会の人々といった異年齢集団との関わりを基本としている。異質で多様な他者との関わりのなかで感性を磨き，多面的・多角的に思考し，より良い合意形成や意思決定ができるようになることが，特別活動における「対話的な学び」として重要である。

　最後に「深い学び」では，特別活動に特有の「集団や社会の形成者としての見方・考え方」を働かせることが大切である。ここでは各教科等の学習で身に

つけた見方・考え方を総合的に働かせることや，自己及び集団や社会の問題に対してより良く人間関係を形成し，集団や社会の活動に参画し，自己の実現に向けた取り組みを重ねることが求められる。

┌─ 学習課題 ─────────────────────────┐

（1）本章を踏まえたうえで，なおも特別活動として判別できない活動を，各自の学校体験に基づいて，できるだけたくさん挙げてみよう。

（2）（1）で挙げた活動を3〜4人のメンバーで分担し，「学習指導要領解説　特別活動編」等を用いて，それぞれが特別活動の範疇に含まれるのか，それとも含まれないのかを調べ，その理由と根拠を説明できるようになろう。

└────────────────────────────────┘

引用・参考文献

相原次男・新富康央・南本長穂編著（2010）『新しい時代の特別活動』ミネルヴァ書房.

広岡義之編著（2015）『新しい特別活動』ミネルヴァ書房.

南本長穂編著（2016）『新しい教職概論』ミネルヴァ書房.

文部科学省（2018）『小学校学習指導要領解説　特別活動編』東洋館出版社.

文部科学省（2018）『中学校学習指導要領解説　特別活動編』東山書房.

文部科学省（2019）『高等学校学習指導要領解説　特別活動編』東京書籍.

（髙旗浩志）

第3章

特別活動の歴史

　日本の特別活動の多くは，近代教育の始まりとともに，何らかの意図と目的をもって創設された。しかし，多くの活動は，その当初の意図を越え，自由な祝祭的活動へと変化した。戦前の特別活動は，教育的目的だけで行われたのではなく，また学校の枠にとどまらない地域をも巻き込んだ活動であった。

　戦後になって学習指導要領で特別活動が規定されるようになると，戦前の祝祭的な様相は次第に失われ，再び教育上の意図と目的が明示されるようになった。もちろん，特別活動の教育上の目的は重要であり，特別活動が学校での人間形成に重要な役割を演じていることも確かである。しかし，教育上の目的が重視されるあまり，かつての祝祭的要素が取り払われるとともに，活動自体が形骸化しているとも指摘される。本章では，特別活動の歴史を振り返ることで，現在の特別活動の意義を問い直し，児童生徒の学校生活での特別活動の役割を再確認してみたい。

1　戦前の特別活動

　戦前の特別活動は，戦後の学習指導要領のように明確に文書化されていたわけではない。つまり，戦前には授業以外の活動を体系的に教育活動に位置づけようとはされていなかったことになる。しかし，日本の場合，体系化はされていなくとも，授業以外の活動の多くが，当初は国家，もしくは学校による何らかの意図をもって実施されたものであった。

　戦前の特別活動はいくつかの要素によって構成されていた。ここではその要

素を次の4つに分類しておこう。すなわち(1)儀式的要素，(2)教育的要素，(3)祝祭的要素，(4)娯楽的要素，である。特別活動の多くは，これらの要素が複合的に機能しながら実施されていた。以下ではそれぞれの要素がいかに特別活動を構成していたのか，戦前の主な学校行事を概観することで明らかにしておこう。

（1）儀式的行事

　現在の特別活動に規定された学校行事と同様に，戦前にも入学式，卒業式をはじめとする儀式的行事が実施されていた。儀式的行事は厳粛な雰囲気によって，学校生活の区切りをつけるものである。戦前には定期的に儀式的行事が行われ，学校生活にめりはりがつけられていた。

　なかでも学校生活の入口と出口にあたり，重視されるのが，入学式と卒業式である。これらの行事は，時に祝祭的要素とセットになり，厳粛な儀式の後，そこから噴き出すように非日常的な活動が行われることもあった。学生帽を投げ上げる，在校生が卒業生に水をかける，叩くなど，卒業生を手荒く追い出すことも少なくなかった。こうした習慣は，一部の学校では，現在も残っているようである。大学のサークルの「追い出しコンパ」などでこうした光景を目にした人もいるだろう。

　それ以上に，戦前の儀式的行事で重要なのは教育勅語奉読であった。1890（明治23）年に発布された教育勅語は，戦前の天皇制を中心とする精神的基盤となり，学校教育全体に大きな影響を与えたとされる。この勅語を読み上げる儀式が教育勅語奉読であり，紀元節（建国記念日），元始節（元旦），天長節（天皇誕生日），そして明治節（明治天皇誕生日，昭和期）に行われた。この儀式では，下賜された天皇の御真影への拝礼から始まり，勅語奉読，校長訓話などが行われた。式には厳粛さが求められ，児童生徒は頭を垂れて静粛を保ち，また，校長が誤読すれば進退にまでつながったとされる。

　このように戦前の儀式的行事は，学校生活の区切りをつけるだけではなく，天皇制の内面化を求める教育的要素をもっていたことになる。

（2）運動会・修学旅行

　明治維新後，富国強兵をめざす日本にとって，健康な国民の育成と頑健な軍人の育成は重要な課題であった。学校に期待されたのは，西洋的な知識の普及のみでなく，そうした日本人の体格を改善することでもあった。

　「体育」という概念が十分に形成されていない明治期においては，こうした取り組みは，軍事教練を借りて行われることになった。つまり，現在の体育の代わりに，鉄砲を持った運動や，重い荷物を持っての行軍などが各学校に普及していた。そうした活動の一つとして始まったのが運動会であるとされる。

　日本で最初に開かれた運動会は 1874（明治 7）年，海軍兵学寮で行われた生徒競争遊技会であるとされる。この後，東京大学予備門や札幌農学校でも運動会が開催される。しかし，その競技は走り高跳びや三段跳びなどであり，運動会というよりは，高等教育機関で行われるスポーツの競技会であった。

　小中学校に運動会が広がっていくのは，1885（明治 18）年に初代文部大臣となった森有礼の影響が強いとされる。森は師範学校に兵式体操を導入したことで知られており，小中学校へも兵式体操を普及させた。つまり，森は兵式体操といった軍隊式の訓練により，国民の身体を改善しようとしたのである。運動会は，そうした森の理念の一環として小中学校に広がっていった。したがって，初期の小中学校の運動会は，軍事教練に近い，演習的なものであった。

　しかし，運動会は 1887（明治 30）年頃から，その性格を変化させはじめる。すなわち，教育的要素以上に，祝祭的要素，娯楽的要素を強め，地域の祭りといった様相を呈しはじめる。村祭りと同じように，地域の人々が学校に集い，なかには露天などが並ぶところもあったという。また，児童生徒が派手な服装をし，競争の勝利者には賞品が出されることもあった。こうした運動会の風潮に対し，文部省（当時）は簡素にし，運動会の趣旨に立ち戻るようたびたび訓令を出していた（以上の記述は，吉見 2001 による）。

　こうして運動会は，地域の祭りとして広がり，学校はそうした地域の中心となったのである。

　運動会の発祥とよく似た性格のものに修学旅行がある。修学旅行の始まりは，1886（明治 19）年，東京高等師範学校で行われた 12 日間の「長途遠足」であっ

たとされる。この行事では兵式体操で使う鉄砲を携帯し，また途中の練兵場で2日間の野外演習も行われた。つまり，修学旅行もまた運動会と同様に軍事的な教練がその始まりであった。

　しかし，この「長途遠足」の目的は軍事教練のみではなかった。それとともに博物の観察や文化財の見学なども行ったとされる。つまり，修学旅行は，その発祥時から教育的な要素も目的の一つとされていた。

　その後，「修学旅行」という名称が用いられるようになると，次第に軍事的な要素は取り払われるようになる。それにより遺跡の見学など，地理歴史の学習といった教育的目的が強調されるようになった。当時の修学旅行の目的地は，文化遺跡などの観光地のほか，実業教育の一環として博覧会などの見学も行われた。さらに，満州や朝鮮半島などに旅行をする学校もあったとされる。

（3）学　芸　会

　学芸会，学校劇など文化的活動の起源も教育的目的によるものであった。明治初期に重視された試験での優秀者による講談，講述問答がその始まりであるとされる。つまり，「学習発表会」として，学校の優等生が，学習の成果を披露する場であった。

　戦前の小学校では，試験が学校行事の一つとして重視されていたとされる。これは小学校の教育水準を高めるとともに，優秀な人材を発掘するためのものであった。当時の「学習発表会」はこうした教育と試験の成果を披瀝するとともに，児童生徒の学習意欲を向上させるためのものであったといえよう。

　しかし，1900（明治33）年の小学校令施行規則で試験が全廃されたため，「学習発表会」は行われなくなった。それに代わって行われるようになったのが学芸会であった。

　大正期になると，当時の新教育運動の影響もあり，学芸会はさらに盛んになる。これは劇での表現や児童生徒の創作，音楽活動などが新教育運動の中で重視されたことによる。こうした学芸会は学校行事の中心的活動の一つとなった（以上，山口満編 2001 による）。

　このように学芸会が全国に広がると，運動会と同様に祝祭的な意味をもつよ

うにもなる。つまり，学芸会は児童生徒や保護者のみに閉じた行事ではなかった。運動会と同様に，学芸会もまた，地域のお祭りの一つとしてみなされたのである。

（4）戦前の特徴

　以上のように戦前の特別活動は，何らかの意図をもち，主に国家，または学校が主導する形で始められた。しかし，戦前の特別活動は次第にその様相を変え，地域をも巻き込んだ祝祭的要素を強めていった。

　このように学校行事が祝祭的要素を強くもった背景としては，戦前の学校が地域の文化の発信地であり，さらには近代化の中心地であったことが挙げられよう。学校は地域のシンボルとしての役割を果たし，人々は学校を，そして教師を近代化につながる新たな文化の伝達者として信頼していた。それゆえ多くの特別活動は，その意図を越え，地域の人々をも巻き込む祝祭的行事へと変貌していったのである。

　こうした国家や学校による意図的な活動とは別に，批判の対象となりながらも，後に教育的意図が付与されたものもある。それがスポーツを中心とする部活動である。

　戦前期は剣道や柔道といった武道が体育の中心とされ，それ以外のスポーツは批判の対象とされることがあった。その典型が野球である。野球に対しては，戦前期を通じて繰り返し，児童生徒による活動が批判されていた。野球は相手を騙して勝利する競技であるとともに，児童生徒が野球の練習に打ち込むことが疲労などにより勉強の妨げになるというのである。つまり，野球は単なる遊びであり，野球が児童生徒の発達に悪影響を与えると見なされていた。

　しかし，昭和初期になって，ようやくスポーツの教育的意義が認められるようになる。それまで野球を批判してきた『朝日新聞』は，手のひらを返すように野球の教育的意義を説き始める。つまり，野球により体力が向上するばかりでなく，知力や協調性まで向上するというのである。それ以後，現在まで高校野球は，いわば「健全な高校生」の象徴としても扱われるようになった（以上，荻上 2009 による）。また，野球の大会が現在の甲子園での大会のように，地域，

あるいは府県全体をも巻き込んだ祝祭となったのはいうまでもないだろう。

2　戦後の特別活動——学習指導要領の変遷

　戦後になると特別活動は学習指導要領によって規定されるようになる。つまり，学校での教育活動の一領域として体系的に明文化され，教育課程の中に位置づけられた。とはいえ，最初から明確に特別活動の内容が規定されていたわけではない。戦後を通じ，名称も内容も変化し，次第に体系化されるようになっている。以下では，戦後の学習指導要領の変遷を追いながら，特別活動の位置づけがいかに変化したのかを概観しておこう。

（1）学習指導要領一般編（試案）　1947（昭和22）年
　昭和22（1947）年に学習指導要領は試案として提出された。この学習指導要領は，戦後の民主主義的な教育の実施にあたり，いわばそのガイドラインとして示されたものであった。しかも，その内容は当時の経験主義を重視する教育の考え方に従ったものであった。つまり，生徒の体験と自主性を重視する教育理念によって教育内容が編成された。
　特別活動は「自由研究」として教科の一つに位置づけられた。小学校では4年生以上の必修科目，中学校・高等学校では選択科目であった。その内容は児童の能力と興味に応じて教科の学習を自由に進めるもの，またクラブ活動，当番・学級委員の仕事であった。経験主義の理念に基づき，児童生徒の学習を補足するのがこの「自由研究」の目的であったと言ってよかろう。

（2）中学校への通達　1949（昭和24）年
　学習指導要領の改訂に先立って，中学校に対し「特別教育活動」を設けるよう文部省（当時）から通達が出された。これは「自由研究」が形骸化し，たんなる授業の延長や補習の時間として使われていたためであるとされる。
　この通達により中学校の特別活動は，運動，趣味，娯楽，ホームルーム活動，生徒会活動などを行うものと規定された。

（3）第 1 次改訂（試案）　1951（昭和 26）年

　先の学習指導要領を支えた経験主義の理念は，1940 年代の終わりになると厳しい批判にさらされるようになる。その一番の論点は学力低下であった。つまり，経験主義の教育では，十分に基礎的な学力が身に付かないとされ，「這い回る経験主義」と表現された。こうして 1950 年代以降，学力を重視する教育が行われるようになる。

　この教育理念の転換は，必ずしも経験主義の教育に問題があったためではない。1950（昭和 25）年の朝鮮戦争，またその後の 1957（昭和 32）年のスプートニク・ショック，つまり，ソビエト連邦による世界で初めての人工衛星の打ち上げなどにより，教育，特に科学教育を重視することで日本の国力を高めることが意図された。こうした一連の動きは「逆コース」と呼ばれ，戦後直後の日本の民主化，非軍事化から戦前の社会への方向転換であるとされた。それに伴い，教育においても自由化から，文部省（当時）を中心とする中央集権システムによる管理と統制が強められるようになった。

　とはいえ，この第 1 次改訂は，なお試案として提示され，各学校への強制力はそれほど強くはなかった。それゆえ学校や校長，教員の裁量を大きく認めようとしたものであった。

　この時の小学校の学習指導要領では，「自由研究」を教科に包摂し，教科以外の活動を新たに設けることについて次のように述べられている。

　すなわち，「特別な教科の学習と関係なく，現に学校が実施しており，また実施すべきであると思われる教育活動としては，児童全体の集会，児童の種々な委員会・遠足・学芸会・展覧会・音楽会・自由な読書・いろいろなクラブ活動等があ」り，「これらは教育的に価値があり，こどもの社会的，情緒的，知的，身体的発達に寄与するものであるから，教育課程のうちに正当な位置をもつべきである」。その上で「教科の学習だけではじゅうぶん達せられない教育目標が，これらの活動によって満足に到達される」とされている。

　こうして教科以外の活動の例示として挙げられたのは，学校全体としての活動としては「児童会」「児童の種々の委員会」「児童集会」「奉仕活動」，また学級を単位とするものとしては「学級会」「いろいろな委員会」「クラブ活動」で

あった。

　中学校・高等学校の学習指導要領では，先の「特別教育活動」の名称が引き続き用いられた。第1次改訂では，「単なる課外ではなくて，教科を中心として組織された学習活動でないいっさいの正規の学校活動」を特別教育活動とした。

　こちらも，なお小学校と同様に学校や教師の裁量を認めようとするものであった。そしてなによりも「特別教育活動は，生徒たち自身の手で計画され，組織され，実行され，かつ評価されねばなら」ず，教師の指導は「最小限度にとどめるべき」とされた。こうして主要なものとして例示されたのが，ホームルーム，生徒会，クラブ活動，生徒集会であった。

（4）第2次改訂　1958（昭和33）年

　第2次改訂では，これまでの「試案」という言葉がはずされ，文部省（当時）の「告示」として学習指導要領が示された。文部省はこれ以後，学習指導要領には法的拘束力があり，各学校は学習指導要領に従って教育活動を行うという立場をとるようになった。それに伴って，これまでの学習指導要領に示されていた，学校・教員の裁量を認める記述は大幅に削除された。

　小学校でも特別活動の名称は「特別教育活動」となり，中学校と高等学校と名称が統一された。また，これまで主要なものとして例示されていた活動は，たとえば小学校では「特別教育活動においては，児童会活動，学級会活動，クラブ活動などを行うものとする」と明確に内容が規定されることになった。

　また，小学校と中学校では特別教育活動とは別に，これまで明確に規定されていなかった「学校行事」が教育課程の一つとして規定された。学校行事としては，その内容が細かく規定されることはなかったが，「儀式，学芸的行事，保健体育的行事，遠足，学校給食」などを「適宜行うものとする」とされた。すなわち，この第2次改訂によって，学芸会や運動会などが教育課程の中に取り込まれたことになる。

（5）第 3 次改訂　1968（昭和 43）年：小学校，1969（昭和 44）年：中学校，
　　　1970（昭和 45）年：高等学校

　1960 年代は高度経済成長のもと，産業界などから「ハイタレント・マンパ
ワー」の養成が求められるようになった。とくに科学技術の進展と日本経済の
国際競争力を高めるため，科学技術教育が重視されるようになった。このよう
な社会的背景により，第 3 次改訂による学習指導要領は「現代化カリキュラ
ム」と呼ばれる非常に高度な内容を学校教育に求めるようになった。

　これまでの特別教育活動は学校行事と統合されることで，小学校，中学校で
は「特別活動」に，また高等学校では「各教科以外の教育活動」と名称が変更
された。

　小学校では，特別活動は大きく「児童活動」「学校行事」「学級指導」からな
るとされた。児童活動は「児童会活動」「学級会活動」「クラブ活動」であり，
児童の自発的・自治的な実践活動が重視された。学校行事は「儀式」「学芸的
行事」「保健体育的行事」「遠足的行事」「安全指導的行事」と領域が細かく分
類された。また「学級指導」としては「学校給食」「保健指導」など「学級を
中心として指導する教育活動」として位置づけられた。中学校においても，内
容はほぼ同じであるが，「学級指導」の内容が，より詳細に規定され，「個人的
適応に関すること」などのほか，「進路の選択に関すること」が加えられた。

　高等学校の各教科以外の教育活動は，大きく 4 つの領域から構成されていた。
すなわち「ホームルーム」「生徒会活動」「クラブ活動」「学校行事」である。
このうちホームルームは中学校の「学級指導」にあたる。また，クラブ活動は
必修とされ，生徒は「文化的な活動」「体育的な活動」「生産的な活動」のいず
れかに所属するよう求められた。

（6）第 4 次改訂　1977（昭和 52）年：小学校・中学校，1978（昭和 53）年：高
　　　等学校

　1970 年代に入ると，行き過ぎた受験指導や学歴社会が厳しい批判にされる
ようになった。また，70 年代の終わりになると「落ちこぼれ」など授業につ
いていけない児童生徒が増加した。当時は「7・5・3」と呼ばれ，小学校で

は3割，中学校で5割，高等学校では7割の児童生徒が落ちこぼれるといわれた。それに伴い，第3次改訂の学習指導要領の内容が高度すぎるとして批判されるようになった。

　こうした状況を受けて，第4次改訂では授業時間数を減らし，「ゆとり」をもった学習がめざされた。しかし，授業時間数が減っただけで，教育内容は十分に減らされなかったため，むしろ児童生徒の負担は増加したともいわれる。

　この改訂では，特別活動の内容に大きな変化はなかったが，小学校から高等学校まで「特別活動」が統一した呼称として使われるようになった。これにより小学校から高等学校まで一貫して特別活動が教育課程に位置づけられることになった。また「勤労にかかわる体験的な学習の必要性」が指摘され，学校行事のなかに位置づけられた。

（7）第5次改訂　1989（平成元）年

　この第5次改訂に先立って「新しい学力観」が提示され，これまでの知識・理解・技能のみならず，関心・意欲・態度を学力の一つとして位置づけ，重視するように転換された。さらに，第5次改訂では小学校1・2年生に「生活科」が新設された。こうした一連の動きが意味することの一つは，この改訂により，先の改訂で十分に達成されなかった「ゆとり」を，なお一層充実させようとする意図であった。もう一つはいわゆる「ゆとり教育」が経験主義の教育として位置づけられることが明確になったことである。それに伴い児童生徒の自主性や自発性がさらに強調されるようになった。

　こうして特別活動では，これまでの小学校・中学校での「学級指導」が「学級活動」へと名称を変更された。これは「学級指導」が生徒指導を中心とする教師主導ともとれる活動であったため，児童生徒を主体とすることを強調しようとするためであった。

（8）第6次改訂　1998（平成10）年

　「総合的な学習の時間」が設置されたこの改訂では，より「ゆとり教育」が重視され経験，体験を重視する教育が強調されるようになった。

特別活動の大きな変化としては，中学校・高等学校でのクラブ活動が削除されたことである。これ以後，中学校・高等学校の特別活動は，大きく学級活動（ホームルーム），生徒会活動，学校行事の3領域が中心とされるようになった。

（9）第7次改訂　2008（平成20）年・2009（平成21）年

「ゆとり教育」への批判を背景にして行われたこの改訂では，学級活動などの内容が具体的に示され，活動が明確化された。人間関係が重視されるとともに，社会の一員としての自覚や「自己の生き方についての考えを深め」（小学校）ることなどが目標として掲げられた。また，職業体験などキャリア教育の重視や奉仕活動の意義がさらに明確に示された。

（10）第8次改訂　2017（平成29）年・2018（平成30）年

「多様な他者との協同」など，特別活動の目標が社会性の習得など，さらに具体的に示されている。また，活動の具体的な内容についても，詳細が規定され，特別活動の意義が明確にされていることに特徴がある。また，「キャリア形成と自己実現」が強調され，キャリア教育が特別活動の一つとして重要であることが示された。

3　歴史に見る特別活動の課題

（1）特別活動の制度化

ここまで戦前から戦後への特別活動の変遷を概観してきた。明治になって日本の近代教育が始まるとともに，多くの特別活動は，国家や学校による意図をもって創始された。しかし，次第にその意図を越えて特別活動は拡大し，地域をも巻き込んだ祝祭として広がった。特別活動の多くは教育課程におさまりきれない，学校独自の重要な行事として普及したのである。

戦後になると，特別活動は体系的に明文化されるようになる。戦後直後は，ゆるく大枠が明示されたのみであり，戦前と同様に教育的意図以上に，祝祭と

しての意味が大きかった。それが，次第に細かく内容が分類され，精緻に，また具体的に個々の活動の内容が規定されるようになった。それとともに特別活動の教育的意図が明確化され，その教育上の目的が明示されるようになった。こうして特別活動は，教育課程のなかに位置づけられた。

　すなわち，特別活動は，戦後，時代を経るにしたがって，再び教育的要素を強くもつようになった。これは「特別活動の制度化」として捉えることができよう。つまり，かつて特別活動は，祝祭として，遊びや娯楽の要素も多く含み，それぞれの学校や教師，さらに児童生徒による自由な営みであった。しかし，次第に制度として学校の教育課程に取り込まれ，特別活動として行う児童生徒会や学級活動，また学校行事が細分化され，またそれぞれの内容までもが明確に規定されるようになった。その結果，特別活動は学校と教員によって管理，統制されなければならないものとなった。

　もちろん，学習指導要領の第5次改訂などに見られるように，生徒の自主性は尊重され，また強調されてもいる。しかし，特別活動の内容が枠付けられ，目的が明示されることで，教科の学習と同様に位置づけられるようになったことは確かである。それゆえ，かつて祝祭であったはずの特別活動，特に学校行事が，教科の延長として，教員による評価の場に組み入れられてしまうこともある。

（2）部活動の制度化

　それでは具体的に特別活動はどのように変化したのだろうか。ここでは部活動の事例から特別活動の変化を見てみよう。部活動は，現在の学習指導要領では特別活動に含まれていないが，特別活動と同様に扱われることが多い。山田（2004）は部活動の制度化を，マンガに描かれる部活動を分析することで示している。つまり，生徒の自由な活動の場であったはずの部活動が，学校の教育課程の一つとして位置づけられ，教員の管理，統制を受けるようになる過程を，マンガに描かれた部活動の変化から明らかにしている。

　1960年代から80年代の初めまで，いわゆる熱血スポーツマンガが数多く発表された。こうした熱血スポーツマンガでは，たとえ学校が舞台になっていて

も，教師が指導者として描かれることは稀であった。

　たとえば『巨人の星』(梶原一騎作／川崎のぼる画 1966) で主人公，星飛雄馬を幼少期から厳しく指導するのは，その父，一徹である。また，『エースをねらえ』(山本鈴美香 1973) で主人公，岡ひろみの才能を見いだし，一流プレイヤーにまで育て上げるのは庭球協会から派遣されたコーチ，宗方仁であった。また『キャプテン翼』(高橋陽一 1981) でも大空翼を指導するのは，もとブラジル代表のロベルト本郷であった。

　このように 1980 年代の初めまでのスポーツマンガは学校が舞台となっていても，学校や教師は主人公に介在しない。つまり，この時代の部活動は，学校とは切り離された「生徒の世界」で行われていた。授業やテストといった「教員の世界」とは別に，生徒が自主的に活動を行い，教員から評価されることのない「生徒の世界」，それが部活動であった。

　ところが 1980 年代の半ば頃から，頻繁に教員がスポーツマンガに登場するようになる。たとえば『帯をギュッとね！』(河合克敏 1988) の倉田龍子，『行け!! 稲中卓球部』(古谷実 1993) の柴崎，さらに『テニスの王子様』(許斐剛 1999) の竜崎スミレなど，いずれも教員であるとともに部活動の監督や顧問である。このようにスポーツマンガに頻繁に教員が登場するだけではない。なかには主人公として重要な役割を果たすものもある。それは，たとえば『マドンナ』(くじらいいくこ，1987) の土門真子，『やったろうじゃん』(原秀則 1991) の喜多条順，さらに『ROOKIES』(森田まさのり 1998) の川藤幸一などであり，いずれも教員が部活動を指導している。

　このように 80 年代の半ば以降，教師がスポーツマンガに描かれるようになったのは，部活動が制度化されたためであった。すなわち，部活動が教育課程に取り込まれ，教師の管理下に置かれるようになったことがマンガに反映されている。こうして学校のなかの「生徒の世界」は縮小し，「教師の世界」が学校全体へと広がるようになった。

　こうした転換は教師が主人公となっているスポーツマンガに明解に描かれている。そうしたマンガはいずれもこうした「生徒の世界」から「教師の世界」へと転換することでストーリーが展開する。つまり，生徒が自由に楽しんで行

う活動から，教師と対立しながらも，教師の指導のもとスポーツに打ち込むようになる姿が描かれている。生徒が練習に明け暮れ，強くなっていくのはスポーツマンガの必然であろう。しかし，かつての熱血スポーツマンガとは異なり，生徒を指導し，厳しい練習を課しているのは教員である。このことは現実の学校でも教員が積極的に部活動に関与し，生徒を統制するようになったことを示している（以上，山田 2004 を参照）。

　特別活動，特に学校行事も部活動と同様に制度化が進んできた。そこではやはり教師の統制を必要としない「生徒の世界」から「教師の世界」へと転換してきたのだろう。

　もちろん，特別活動が明確な目標をもち，教師の指導のもとに行われることは重要である。だが，歴史のなかで抜け落ちた，特別活動の教育的目的以外の側面も決して軽視してはならない。戦前の特別活動を見れば，そうした側面こそが，開かれた学校をつくり，地域と学校とのつながりを強化する可能性をもっている。

学習課題

（1）戦前や戦後の小説，映画，マンガなどのメディアに特別活動がどのように描かれているのかを調べてみよう。そうしたメディアに描かれた特別活動と，現在の特別活動を比較し，類似点と相違点を考えてみよう。
（2）卒業した学校や地域の学校などの学校史などを使って，昔の特別活動の様子を調べてみよう。また，卒業式や運動会の種目など，現在も残る昔からの伝統が残っていないかを調べてみよう。
（3）戦前の特別活動がどのように行われていたのか，具体的な事例を調べてみよう。また，歴史に残る特徴のある興味深い活動を探し，その特徴をまとめてみよう。

引用・参考文献
萩上チキ（2009）『社会的な身体』講談社.
倉田侃司（1992）「わが国における学校行事の歴史」『学校運営研究』396 号，明治図書.
文部科学省「過去の学習指導要領」
　　http://www.nicer.go.jp/guideline/old/（2009 年 8 月 20 日）
山口満編（2001）『新版 特別活動と人間形成』学文社.

山田浩之（2004）『マンガが語る教師像』昭和堂.

吉見俊哉（2001）「運動会と学校空間」杉本厚夫編『体育教育を学ぶ人のために』世界思
　　想社.

（山田浩之）

第 2 部
特別活動の内容と展開

第4章

学級活動とホームルーム活動

　2017（平成29）年，小学校では新しい学習指導要領が告示された。それを受け，小学校では2020（令和2）年から，中学校では2021（令和3）年から，高等学校では2022年から新学習指導要領に基づいた教育が始まる。このたびの改訂は，児童生徒が「何を知っているか」だけではなく，「知っていることを使ってどのように社会・世界と関わり，よりよい人生を送るか」ということまで踏み込んで，知識・技能，思考力・判断力・表現力等，学びに向かう力や人間性など情意・態度等に関わるもののすべてを，いかに総合的に育んでいくかということが視点として挙げられている。そして，「学校はひとつの社会」という学校の意義に基づいて，「社会に開かれた教育課程」が新学習指導要領の理念と掲げられた。本章では，この理念を学級活動でどのように生かしていくのか，小学校の実践例とともに明らかにしたい。

1 新しい学級活動に求められていること

　学級活動とは，小中学校に示された内容であり，高等学校ではホームルーム（HR）活動と呼ばれている。特別活動という領域は，他の教科等と違って，児童生徒の日常生活を題材とし，リアリティを通して学ぶところに大きな特徴がある。学習指導要領は，学級活動（ホームルーム活動）について，次のように述べている。

> 　学級活動は，学校生活において最も身近で基礎的な所属集団である学級を基盤とした活動である。

また，学級活動（ホームルーム活動）とはどのような活動を行うものかを，学習指導要領には次のように示されている。

---

(1)学級や学校における生活づくりへの参画
　高校：(1)ホームルームや学校の生活の充実と向上に関すること。
(2)日常の生活や学習への適応と自己の成長及び健康安全
　高校：(2)個人及び社会の一員としての在り方生き方，健康や安全に関すること。
(3)一人一人のキャリア形成と自己実現
　高校：(3)学業生活の充実，将来の生き方と進路の適切な選択決定に関すること。

　学級活動の題材は，日々の生活を共にするなかに求められる。したがって，児童生徒に生きて働く力を育てるために，学級活動に求められるものは非常に大きいといえる。しかしながら，現在の学級活動の実践をめぐる課題は大きい。平成20年度改訂の際，中央教育審議会答申に「特別活動の実践は子どもたちが学校生活を楽しむことに大きく寄与できたが，育てるべき資質や能力を十分身につけることができたとは言い難い」という課題が示された。前回の改訂から10年たった今でも，小学校現場には，お楽しみ会に終始したり教科の補充の時間に使ったりするという課題が残っている。

　特別活動は，児童生徒が所属する集団において，主に話合いによって課題の発見や解決を行い，よりよい集団や学校生活をめざしていく活動である。このような特質を踏まえ，特別活動が果たすべき役割として「人間関係形成，社会参画，自己実現」の3つの視点が示された。この3つの視点において，学級活動がどのような意味をもつのか，小学校学習指導要領解説特別活動編に示されていることを参考にしてまとめてみた。

①「人間関係形成」

　「人間関係形成」は，集団のなかで，人間関係を自主的，実践的によりよいものへと形成するという視点である。ここで必要な資質・能力は，集団のなかにおいて，課題の発見から実践，振り返りなどの学習過程全体を通して，人と人との関係性のなかで育まれるものである。学級活動は，自分たちの生活上で

起こる問題を話合いによって合意形成や意思決定に結びつけるものである。そのため，この「人間関係形成」の視点を最も大事にしている。児童生徒が将来出て行く社会は，違いや多様性が集まったものであることから，学校という場において，そういう違いや多様性に，いかに歩み寄って，それを乗り越えていくのかを学ぶ場として重要な位置を占めることになるのである。

②「社会参画」

「社会参画」は，よりよい学級・学校生活づくりなど，集団や社会に参画し，さまざまな問題を主体的に解決しようとするという視点である。そのために必要な資質・能力は，集団のなかにおいて，自発的・自治的な活動を通して，個人が集団へ関与することで育てられる。学級活動は，児童生徒が所属する学級集団をよりよいものへと作り替えていく力をもっている。そこには，学級という場において，話合いを通して個と集団の関わりを学ばせる経験につながっていく。特に学級活動(1)において，自分もよくみんなもよいとする合意形成の在り方を身に付けさせることが，まさしく社会参画の基礎となり得るのである。

③「自己実現」

「自己実現」は，集団のなかで，現在及び将来の自己の生活の課題を発見しよりよく改善しようとする視点である。そのために必要な資質・能力は，自己の理解を深め，自己のよさや可能性を生かす力，自己の在り方や生き方を考え設計する力など，集団のなかにおいて，当面する現在および将来に関わる課題に取り組むことで育てられる。学級活動では，児童生徒を学級生活におけるさまざまな問題に直面させる。そのなかで，児童生徒は自分の問題を自分で見つけ，自ら解決していこうとする。この経験こそ，自己実現につながる大事な視点となる。このことは，特に学級活動(2)や(3)において取り組んでいくことになる。

2　新しい小学校学習指導要領における学級活動

　以上のような3つの視点を踏まえ，新しい教育課程における学級活動で大切にしていかなければならないことを，小学校における事例をもとにまとめてみたい。

（1）学級活動の目標
　学習指導要領「第6章　特別活動」で，学級活動の目標は次のとおり示されている。

> 　学級や学校での生活をよりよくするための課題を見いだし，解決するために話し合い，合意形成し，役割を分担して協力して実践したり，学級での話合いを生かして自己の課題の解決及び将来の生き方を描くために意思決定して実践したりすることに，自主的，実践的に取り組むことを通して，第1の目標に掲げる資質・能力を育成することを目指す。

　学級活動は，先に述べたように，学校生活において最も身近で基礎的な所属集団である学級を基盤とした活動であり，将来，職業生活の中心となる職場における集団や，日々の生活の基盤となる家族といった集団での生活につながる活動だと位置づけられている。ここでは，児童は多様な考え方や感じ方があることを知ったり，時には葛藤や対立を経験したりして，より豊かで規律ある生活を送るために，さまざまな課題の解決方法を話し合い，合意形成を図りながら，決まったことに対して協力して実践したり，意思決定したことを努力して実践したりすることを経験することを目標としている。そのため，学級という児童が所属する最も身近な集団において，一人一人の個が大切にされると同時に，よりよい集団として成長していくことが大切にされなければならない。また，特別活動が自治的・自発的活動を通して人間形成を図るという特質があることから，学級活動は，特別活動の中核に位置するものとして大事にされなければならない。これらのことについて，学級活動に示されている3つの内容に

ついて述べたい。

（２）学級活動(1)：学級や学校における生活づくりへの参画

① 活 動 内 容

　ここでは，次の３つの活動を行うこととなっている。

　　　ア　学級や学校における生活上の諸問題の解決

　　　イ　学級内の組織づくりや役割の自覚

　　　ウ　学校における多様な集団の生活の向上

② 指導のポイント

　このなかで，「ア　学級や学校における生活上の諸問題の解決」は，話合い活動を通して学級の課題解決に向けた取組を行うものであることから，特に重要な活動として位置づけたい。学級活動(1)における指導のポイントは次のとおりである。

・この内容は，主として自発的・自治的な活動の中心となる内容であることから，教師の適切な指導のもとでの，学級としての議題選定や話合い，合意形成とそれに基づく実践を重視する。

・議題の選定については，学級や学校生活の充実と向上を図るために，

表 4 - 1　子どもに任すことのできない議題

> ○安全が保証できない
> ○罰に関するもの
> ○金銭を徴収すること
> ○物品を購入すること
> ○教育課程を変更すること
> ○学校のきまりに関すること
> ○学校の設備の使用について
> ○校外生活に関すること
> ○人権を侵害するおそれのあるもの

学級の児童全員が協働して取り組まなければ解決できないものにする。その際，児童に任せられる範囲（自治的活動の範囲）を明確にして指導する。

・話合いを通して合意形成に至るために，その一連の活動を大事にする。その学習過程として「小学校学習指導要領解説　特別活動編」には図４−１のように示されている。

　このなかで特に「解決方法の話合い」「解決方法の決定」が話合いの核になる部分であるため，「出し合う→比べ合う→まとめる」という学習過程を

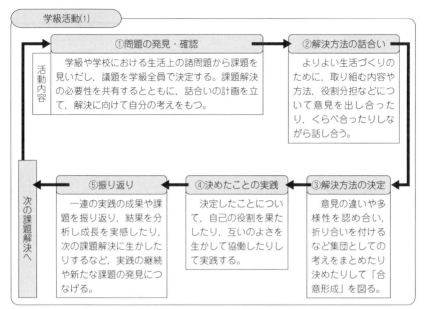

図4-1　学級活動（1）の学習過程（例）

通して，よりよい意見を見つけ，学級の誰もが自分なりの意見をもち，それらをきちんと主張し，重ね合わせることで集団としての意見をまとめたり，合意形成を図ったりすることの大切さを経験させる。

・本来ならば，多くの時間をかけて話合いを経験させることが望ましいが，限られた時間の中で合意形成をはかる経験をさせるために，短冊を使って意見を視覚化する，多様な意見の理由を元に比べさせる，構造的板書を心掛け比べやすいようにするなどの工夫をすることが望ましい。

③ 活 動 事 例

　学級活動(1)では，その活動形態として一般的に，① 話合い活動，② 係活動，③ 集会活動と称する活動があるとされている。そのなかから，2つの事例を紹介する。

(1) 集 会 活 動

　よりよい学級をつくっていくためには，集団活動に必要な力を一人ひとりの子どもに育てていかなければならない。それは「人間関係をつくる力」「話合いで問題を解決できる力」「進んで学級づくりにかかわる力」の3つである。これらは，今回の学習指導要領の改訂で特別活動に求められた「人間関係形成力」「自治的能力」「社会に参画する態度」という3つの資質や能力にもつながっているものである。

　このような力を育てるために，もっとも有効な方法として，学級活動の活動形態の一つとして示されている「集会活動（イベント活動）」を仕組むことだと考える。小学校では，特に集会活動は，子どもたちが楽しみにしているものである。つまり，子どもたちにとって必然性のあるものと考えられる。しかし，仕組み方を間違えると，「楽しむだけの集会活動」になってしまう。これが，平成20年の中教審答申で指摘された「特別活動の充実は学校生活の満足度や楽しさと深く関わっているが，他方，それらが子どもたちの資質や能力の育成に十分つながっていない状況」との指摘につながっていくのである。私たちは，この指摘に正面から向かい合わなければならない。そのために，集会活動を行う際に，「三つの壁」を設定する必要がある。

　　　ア　みんなのためになる活動づくりであること
　　　イ　自分たちで作る活動づくりであること
　　　ウ　失敗を生かした活動づくりであること

ア　みんなのためになる活動づくりであること
　　　〜集会のめあてを意識させる

　集会を「楽しそうだから」という理由で行ってしまうと，子どもたちの成長につなぐことができない。そのために，何のためにその集会を行うのか，という「めあて」を意識させるようにすることが大切である。そこで，「議題を決める段階」が重要になってくる。提案者とともに，その集会を行うことが，どのように学級の成長につながるのかを考え，提案理由をつくるようにする。そのことによって，提案に隠れている学級の問題を明らかにしていくことができ

る。また，「集会の名前を決める段階」でも，「めあてが見える集会名」にするという工夫があるとよい。たとえば，小学校中学年でよく行われる「ドッジボール大会」を，「みんながボールに触れるドッジボール大会」というものにしていくのである。これにより，ただ楽しむだけの集会ではなく，自分たちの学級がよりよくなる集会であるという意識を育てることができる。そして「話合いの段階」では，常にめあてに返って考えるようにするのである。このことが先に述べた視点③「自己実現」につながっていく。

イ　自分たちで作る活動づくりであること
　　　～集会に全員が関われる工夫をする

　集会で子どもたちを育てようとするとき，その集会を子どもたち自身でつくっていけるようにしていく必要がある。そこで大切なことは，全員が集会に関わることができるようにすることが大切である。そのためには学級会などの話合い活動で集会活動の工夫を話し合う際，「全員の役割を決める」ようにする。全員が何らかの役割をもって集会に関われるようにすることは，視点②「社会参画」と視点③「自己実現」からも意味のあるものとなる。

ウ　失敗を生かした活動づくりであること
　　　～集会活動を発展させながら継続化させる

　子どもたちは「失敗」というものをマイナスに捉える傾向がある。そこで，子どもたちには，「失敗こそ，次の成功するためのヒント」であることを示す必要がある。そこで，「計画委員会活動」「話合い活動」「集会活動の準備段階」「集会活動実践後」のそれぞれにおいて，きちんとふり返りを行うことが必要である。このことは，「学習指導要領解説　特別活動編」に，「議題の選定から振り返りまでの一連の過程を「実践」と捉える」ことが子どもたちの自主的な活動を行う意味でも大切であると明記されていることにつながると考えられる。

(2) 係　活　動

　学級活動(1)では，「イ　学級内の組織づくりや役割の自覚」として，係活動に取り組むことになっている。係活動について，「小学校学習指導要領解説　特別活動編」には次のように示されている。

> イ　学級内の組織づくりや役割の自覚
> 　学級生活の充実や向上のため，児童が主体的に組織をつくり，役割を自覚しな
> がら仕事を分担して，協力し合い実践すること。

　ここでは，2つのことに注意して取り組みたい。

　一つ目は，組織づくりを主体的に行えるようにすることである。そのために，学級を楽しく豊かにするための必要な係を出し合い，合意形成によって組織をつくっていくことが大切である。ところが，子どもの発想は，自らの経験に基づくものがほとんどであるため，係を出し合う際，これまでの経験上にある係しか出てこない場合が多い。このことは，子どもたちの経験を生かすという意味ではよいことであるが，多くの場合，形式的に引き継ぐだけになってしまうことが多い。学級生活のよりよい充実や向上のためには，一人ひとりのよさをいかに引き出すかが大きなポイントとなるため，「自分のよさ（得意技）を生かした係」をつくるために，次のように呼びかける。

　　「あなたは，どういうことでみんなのために役立つことができると思いますか」

　このような呼びかけによって，子どもたちは，自分が得意なもの，好きなことを学級生活の向上に生かす方法として係を考えることができるようになる。このことが，子どもたちの自己有用感を育てることになり，視点③で示した「自己実現」につながると考えられる。

　先に述べたように，子どもの発想というものは，自分たちの体験に限られる場合がほとんどなので，新しい視点に気づかせる意味から，必要に応じて教師から情報提供をしていくことが有効な場合が多い。たとえば，「以前，先生が受け持ったクラスには○○係というのがあったよ」というように声かけをしたり，全校の協力を得て，各学級の係紹介を廊下に掲示してもらったりする方法が考えられる。

　組織づくりを主体的に行うために，小学校では「ネーミングの工夫」もポイントとなる。一般的に係活動には「○○係」という名前がつく。しかし，名前というのは，活動内容に大きく影響することもあるため，係のネーミングにも

う一工夫して，『会社・同好会・研究所・クラブ・隊・チーム・組合』など○○係にこだわる必要はないことを伝えるようにする。これまで，筆者が受け持った学級にあった係のいくつかを紹介したい。

　　スマイル仲良しチーム　　　ミニイベント天気情報局　　　給食席替え事務所
　　ギネスクラブ　　　劇団大塩組　　　スマイルデータ研究所……

　名前を工夫するだけで，子どもたちの発想が豊かになり，活動内容に多くの工夫が見られるようになる。

　二つ目は，子どもたちが意欲的に活動に取り組むことができるようにすることである。これは，係への所属を決める際に所属人数を事前に決めない方法を薦める。所属人数を決めることによって希望する係に所属できない児童が出てくる。希望する係に所属できない児童の意欲が高まることはほとんどない。そこで，係の所属人数を制限しないで，希望する子どもをすべて所属させるようにする。それを行った場合，次のような問題が起こってくる。

　　ア　みんなでつくろうと決めた係なのに，誰も希望する者がいない
　　イ　希望者がたくさんいて，大所帯になってしまう
　　ウ　希望者が一人しかいない係ができる

　それらへの対策として次のように行う。

ア　誰も希望する者がいない係が出た場合

　みんなでつくろうと決めたにもかかわらず，所属希望が分散して希望者がいない係ができる場合がある。この場合には，その係の必要性を確認し，その係の役割が必要だと思う者がいた場合に再度設定することを確認したうえで，その係をいったんなくしてしまうようにする。

イ　希望者がたくさんいて大所帯になる係が出た場合

　最初は，希望する者全員をその係に所属させ，子どもたちの活動の様子を見守る。人数が多すぎると，そのうち何も活動をしない子どもが出てきたり，やりたいことが複数出て，何をやっていいのか混乱したりしてしまう場合がでて

くる。このようなトラブルが起こった時，その問題を解決するためにどうしたらよいかを子どもたちに考えさせる。このように，トラブルが発生した時の対処法を考えさせるのも，社会参画の視点（視点②）からも，子どもたちを育てることにつながるのである。

ウ　希望者が一人という係がでた場合

　係活動は集団活動なので，基本的に一人での活動というものはあり得ない。しかし，それを希望した子どもの思いを大事にする意味を込めて，始めは希望者一人でも係として成立させる。その係に教師も所属し，教師と一緒に活動しながら，その係の活動をおもしろくしていき，一緒に活動したいという友達を見つけていくようにする。

（3）学級活動(2)：日常の生活や学習への適応と自己の成長及び健康安全

① 活動内容

　ここでは，次の4つの活動を行うこととなっている。

　　ア　基本的な生活習慣の形成
　　イ　よりよい人間関係の形成
　　ウ　心身ともに健康で安全な生活態度の形成
　　エ　食育の観点を踏まえた学校給食と望ましい食習慣の形成

② 指導のポイント

　この内容は，児童一人一人が，今の自分の課題を見つめ，自らの成長のために自分に合った具体的な解決方法を意思決定し，その実現に向けて主体的に取り組めるものでなければならない。そのことによって自己指導能力を高めていくことがねらいとなる。学級活動(2)における指導のポイントは，次のとおりである。

・この内容は，日常の生活や学習への適応及び健康や安全に関するもので，児童に共通した問題を取り上げる。共通した問題というのは，児童一人一人の理解や自覚，そし個々の努力によって解決できるもののことをいう。

・児童一人一人がよりよい日常生活を送るために課題を確認し，解決の見通し

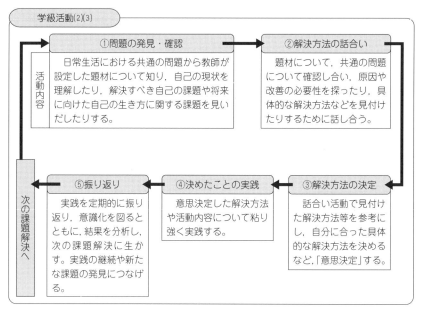

図4-2　学級活動（2）・（3）の学習過程（例）

をもつことが大事である。解決方法の話合いを通して，自分の考えを広げた
り，課題について多面的・多角的に考えたりして自分に合った解決方法を自
分で決めるなど，意思決定するまでの過程として「学習指導要領解説　特別
活動編」には図4-2のように示されている。

・児童の問題意識を高めるようにするために，題材について事前にアンケート
等をとり，その結果を表やグラフにすることによって，学級の実態を視覚化
するなどの工夫を行う。

・学級活動の目標に「話合いを生かして」とあるように，児童に共通する問題
を取り上げ，話合いを通してその原因や対処の方法などについて考え，自己
の問題の解決方法などについて意思決定し，強い意志をもって粘り強く実行
していく活動が中心になる。

・この活動における解決方法の話合いは「情報交換」の意味合いをもつ。この
話合いを通して，「他の人はどう思っているのか，どうしているのか」とい
う疑問に対しての情報を得るようにする。

・学級担任の教師による指導が原則であるが，活動の内容によっては，他の教師等の専門性を生かすと効果的である場合も予想される。養護教諭，栄養教諭，学校栄養職員，司書教諭などの協力を得て指導に当たるようにすることは望ましい配慮である。

・児童自らの生活をよりよくするために，他者と協同して自己の生活上の課題の解決に向けて粘り強く取り組んだり，他者を尊重してよりよい人間関係を形成しようとしたりする態度を養うようにする。

・事後の指導では，児童が「自分もやればできる」「がんばったら気持ちがいい」などの自己肯定感をもてるように，児童が目標に向かって取り組む姿を認め，励ますようにする。そして，そのがんばりが次の課題解決への意欲につながるように自己評価カードをファイルに綴じ，自らの成長を自覚できるようにする。

（4）学級活動(3)：一人一人のキャリア形成と自己実現

① 活動内容

　ここでは，次の3つの活動を行うこととなっている。

　　ア　現在や将来に希望や目標をもって生きる意欲や態度の形成
　　イ　社会参画意識の醸成や働くことの意義の理解
　　ウ　主体的な学習態度の形成と学校図書館の活用

② 指導のポイント

　この内容は，現在および将来にわたってよりよく生きるために，自分に合った目標や具体的な方法を自己決定し，なりたい自分をめざすことができるような自己実現を図る力を育てるために，このたびの学習指導要領改訂で，小学校学級活動に新設されたものである。これは，児童生徒一人一人のキャリア形成に関しての学習を，小中高という流れのなかで継続して指導していけるようにしたものである。学級活動(3)における指導のポイントは次のとおりである。

・この内容は，個々の児童の将来に向けた自己実現に関わるものであり，一人一人の主体的な意思決定に基づく実践活動にまでつなげることをねらいとし

ている。その学習過程は，学級活動(2)と同じものであるが，キャリア形成の視点から，将来を見据えた課題を取り上げることとなる。つまり，「きっとできるはず」という自分への期待感をもつ（将来のために今の自分を変えていこう）という「I hope」のイメージで授業づくりを行う。

・今回の改訂においては，特別活動を要として，学校の教育活動全体を通してキャリア教育の充実を図ることが示されたが，この内容がその中核となるものである。

・ここで取り上げるものは，(2)と同様に，児童に共通した問題を取り上げ，教師が意図的，計画的に指導し，話合い等を通して一人一人の考えを深め，実践につなげることを重視する。

・活動の過程を記述し振り返ることができる教材等の作成とその活用を通して，児童が自己の成長や変容を把握し，主体的な学びの実現や今後の生活の改善に生かしたり，将来の生き方を考えたりする活動のために，キャリア・パスポートというポートフォリオ教材を使用する。

③ 活 動 事 例

ここでは，2つの事例を紹介したい。

一つ目は，「ア　現在や将来に希望や目標をもって生きる意欲や態度の形成」についての事例である。このことについて学習指導要領特別活動には，次のように示されている。

> ア　現在や将来に希望や目標をもって生きる意欲や態度の形成
> 　学級や学校での生活づくりに主体的に関わり，自己を生かそうとするとともに，希望や目標をもち，その実現に向けて日常の生活をよりよくしようとすること。

ここでいう目標づくりの基盤となるのが学級目標である。学級目標とは，子どもたちが一年間で目指していく「学級づくりのゴール」である。自分たちの学級をよりよくしていくことを目指した活動を行うためには，目標をもって生活することを日常的に取り組んでいく必要があることが示されたわけである。特に小学校の段階では大事にしたい内容である。学級目標を作ることは，「子

どもたちの思いや願いを大事にして，目指すものを共有化する」ことにつながり，「近い将来の生き方を描く」ことにもなる。このことは，子どもたちの自己実現の基盤ともなる大事なことでもある。

「学級目標づくり」は，次の手順で取り組む。

① 新しい学級（学年）に対する願いや夢を集める（集約）

② 子どもの願いや夢をまとめる（収束）

③ 願いや夢をイメージ化し，学級目標をつくる（創造）

④ 個人の自己目標を決める（意思決定）

「集約」における「新しい学級（学年）に対する願いや夢」とは，子どもたちがもつものであるが，それは，子どもたちの経験に基づくものになるため，子どもの経験の浅い小学校においては視野が狭くなる場合がある。そこで，広い視点から願いや夢に気づかせるために，学校としての願いや保護者の思いなどを子どもたちに示すことが大事である。その上に立って，子どもたちの話合いを通して決めていくようにする。この学級目標を子どもたち自身のものとして意識させるために，③の「創造」の段階の学級目標をつくることが大切である。小学校では，以下に示すような分類が考えられる。中学校・高等学校では，熟語を使ったり英語表記にしたりするものも見られる。

☆スローガン型学級目標

「みんなでかこう頭の汗，心の汗，体の汗」「より高く，より深く」など

☆イメージ型学級目標

「めざせ！日本一のカレーライス」「ゆっくり歩こうありんこ学級」など

☆語呂合わせ型学級目標

「すてきな笑顔　まっすぐな心　いっしょう懸命　ルールを守る

スマイル学級」

「創造」の段階における学級目標にするよさは，この表現が，まさに児童生徒の思いが生きた個性的なもの（学級独自のもの）になるということである。学級会を通してこのような学級目標をつくることで，児童生徒に「自分たちの学級目標」という強い思いを育てることができる。

学級目標ができたらそれで終わりではない。前述したように，この学級目標

を，子どもたちの自己実現につないでいく必要がある（視点③）。そこで，学級目標が決まった後，そこから一人ひとりの個人目標に落としていく。「自分だったら，この目標に向かって何を頑張るのか」などを具体化しておくことが，将来の夢につながることになる。

　この学級目標づくりで気をつけたいことは，学級目標の表現を見栄えのいいものにすることより，その過程において，児童生徒が「自分たちのクラスは，どんなクラスでいたいか」「どんなクラスになってほしいか」「どんな友達関係をつくりたいか」など，自分たちの目標とするクラス像をしっかりと話し合うことが大切である。このような話合いを行うことが学級での人間関係（視点①）をよりよくしていくことにつながっていく。

　学級目標ができたら，それを教室内のよく見えるところに掲示することが多い。ところが，ややもすると，掲示された学級目標が飾りになってしまっている場合が見受けられる。そうなると，学級目標が，その本来の役割を果たしていないことになる。そこで，自分たちの学級目標を児童生徒に意識化させるために，学級だよりや学級イベントの名前に使ったり，さまざまな活動のめあてとして使ったりする。これを「学級目標を動かす」と表現する。学級目標が共通の目標として児童生徒に意識されると，学級目標を通して学級として集団に積極的にかかわり，その集団をよりよくしようという社会参画の意識（視点②）が芽生え，確実に児童生徒の連帯感につながっていく。

　二つ目は，「イ　社会参画意識の醸成や働くことの意義の理解」についての事例である。このことについて学習指導要領特別活動には，次のように示されている。

イ　社会参画意識の醸成や働くことの意義の理解
　清掃などの当番活動や係活動等の自己の役割を自覚して協働することの意義を理解し，社会の一員として役割を果たすために必要なことについて主体的に考えて行動すること。

　児童生徒の自主的な力を育て，学級をより楽しくよりよくしていく役割を果たすのが係活動である。このことは，特に自治的活動の基盤をつくる小学校段

階では重要になってくる。係活動が楽しくなると子どもたちの活動意欲も高まり，学級生活を豊かなものにしていくことにつながる。係活動には2つの側面がある。一つは，学級生活の充実や向上のための組織という面であり，もう一つは，社会の一員として役割を果たすために必要なことについて主体的に考えて行動するという面である。前者では，組織づくりのための自主的な活動を必要とするため，学級活動(1)で取り扱うことになり，後者では，自己の役割を自覚して協働することを目指すため，学級活動(3)で取り扱うことになる。後者の取組について紹介したい。

　ここでのポイントは，「自己の役割を自覚して協働すること」にある。そのために，「学級生活をよりよくする」という目的を明確にして，活動計画を立てることが重要である。そこで，「イベント活動や広報活動に取り組む」ようにさせる。

　係活動で自己の役割を自覚して協働するために，楽しい活動を企画することが不可欠となる。そこで，係ごとに，学級の子どもたちが自由に参加できるイベントを企画させるのである。各係が好きな時に行うイベントと，ある時期を指定して行う「係イベントウィーク」などがある。これらの取組は，係ごとに必要な役割を決め，分担して取り組まなければできない。そのために，話合いが必要になり，学級生活をより豊かなものにするためにみんなでアイディアを出し合っていくことにつながるし，より多く子どもたちが参加できるようにする工夫を学ぶことにつながるなど，視点②で示した社会参画意識の向上につながると考えられる。

　また，自分たちの取組を，他の仲間たちに認めてもらえることが自己肯定感を高めることにつながり，みんなのためにもっとよい係活動をつくっていこうという意欲となっていくのである。係ごとにポスターを描かせることが多いが，そのポスターには，係の名前や活動内容だけではなく，「こんな活動で学級をよくします」というようなアピール内容を書かせるようにする。自分たちが企画したイベント活動にたくさんの参加者を呼び込むためには，広報活動を行い，活動内容を示して，みんなの期待感を高めておくことが大切になってくるわけである。

　これらの活動を通すことで，社会の一員として役割を果たすために必要なことについて主体的に考えて行動することとなり，学級生活をより豊かにしていくことにつながっていくと考えられる。係活動への積極的な取組は，中学・高校での生徒会活動の充実にもつながっていく。

3　学級活動の実践の根底にあるもの

　社会の状況が大きく変わり，子どもたちや親の価値観が多様化してきた現代において，全員が一つの目標をめざして進んでいくという取組が難しくなってきている。しかし，人間は社会的な動物だといわれているように，人と人との関わりのなかでしか生きていけないのである。そのために，社会の縮図といわれる学校社会のなかで，どのように人と関わり，みんなで協力し合って何かを達成していくという経験を積ませていかないと，それこそ個々ばらばらの考えをもった，個の世界だけ生きる人間を育ててしまうことになりかねない。個を育てつつも，集団として活動できる人間を育てていかなければいけないのである。このたび，新しい学級活動で大切になるであろうことを，実践例を元にまとめてみた。それを振り返ってみると，その根底には，次の3つのことがあるように思う。

　① 明確な目標をもって取り組むこと

　　どのような取り組みをしようと，めざすものとして「子どもたちにどのような資質や能力を育てようとするのか」という明確な目標を意識しておくことが必要である。

　② 関係者のコミュニケーションを大事にすること

　　子ども同士，子どもと教師，教師と保護者……，学級づくりに関わる者がお互いにコミュニケーションをとれるようにしておくことは，学級づくりを成功させるに不可欠であるということである。学級づくりというものは，人と人との関わり合いの上に成り立つものであるので，そこにコミュニケーションが存在しないと決してうまくいかないものである。

　③ 子どもの力を信じること

　子どもというものは，自分が信じられている，任せられているということを自覚した時に，大きな力を発揮することができるということを理解しなければならない。もちろん，そのために必要な力を育てていくということは大事なことである。そして，子どもたちの発達段階に応じた仕掛けを施していくことによって，学級づくりはまちがいなく成功の方向に動いていくことが明らかになったと思う。

　これらの考えをもとに実践を行うことで，新しい学習指導要領で求められている「集団や社会の形成者としての見方・考え方を働かせる」ということも可能になり，特別活動における「主体的・対話的で深い学び」の実践にもつながっていくものと考えられる。

学習課題

（1）本章を踏まえたうえで，学級活動の時間を通して育てたい資質や能力を，各自の学校体験に基づいて，できるだけたくさん挙げてみよう。
（2）（1）で挙げた資質や能力を育てるためにどのような活動が考えられるかを少人数のメンバーで分担し，「学習指導要領解説・特別活動編」等を用いて，挙げてみよう。

引用・参考文献

文部科学省（2018）『小学校学習指導要領解説　特別活動編』東洋館出版.
椙田崇晴（2013）『子どもたちが笑顔になる「驚き！」の学級づくり』東洋館出版.

（椙田崇晴）

第5章

児童会活動・生徒会活動とクラブ活動

　　本章の第1節では，教育課程における児童会活動と生徒会活動の位置づけを明確にし，その目標や教育的意義を述べる。児童会・生徒会活動は，教師の適切な指導のもと，児童生徒が自ら主体的に学校生活を楽しく豊かにする自治的活動であり，全児童，全生徒を「会員」として組織するものである。

　　本章の第2節では，クラブ活動（小学校のみ）の教育的価値と具体的な実施手順を記す。クラブ活動は，主として第4学年以上の児童で組織される学年や学級が異なる同好の児童の集団によって行われる活動であり，学校生活のなかで児童が最も楽しみにしている活動の一つである。

　　児童会・生徒会活動とクラブ活動の共通点は，異年齢集団で行う活動であるという点である。異年齢集団のなかでよりよい人間関係を築く態度の基礎を身に付けることは，より多様な他者と対話し協働してさまざまな活動を行うことができるようになることにつながる。

1　児童会活動と生徒会活動

（1）児童会・生徒会活動の目標，内容および特質
① 児童会・生徒会活動の教育課程における位置づけ

　「児童会活動」および「生徒会活動」は，「学級活動」「クラブ活動（小学校のみ）」「学校行事」とともに「特別活動」を構成する活動の一つである。

　2017（平成29）年に新しい学習指導要領が告示され，小学校の児童会活動については「第6章　特別活動　第2　各活動・学校行事の目標及び内容」の

〔児童会活動〕で，中学校の生徒会活動については「第5章　特別活動　第2
各活動・学校行事の目標及び内容」の〔生徒会活動〕で，それぞれその目標及
び内容を次のように位置づけている（下線，丸数字は筆者）。

〔児童会活動〕
1　目　標
　異年齢の児童同士で協力し，①学校生活の充実と向上を図るための諸問題の解
決に向けて，計画を立て役割を分担し，協力して運営することに自主的，実践的
に取り組むこと②を通して，第1の目標に掲げる資質・能力を育成することを目
指す。

2　内　容
　1の資質・能力を育成するため，学校の全児童をもって組織する児童会におい
て，次の各活動を通して，それぞれの活動の意義及び活動を行う上で必要となる
ことについて理解し，主体的に考えて実践できるよう指導する。
　(1)　児童会の組織づくりと児童会活動の計画や運営
　　　児童が主体的に組織をつくり，役割を分担し，計画を立て，学校生活の課
　　題を見いだし解決するために話し合い，合意形成を図り実践すること。
　(2)　異年齢集団による交流
　　　児童会が計画や運営を行う集会等の活動において，学年や学級が異なる児
　　童と共に楽しく触れ合い，交流を図ること。
　(3)　学校行事への協力
　　　学校行事の特質に応じて，児童会の組織を活用して，計画の一部を担当し
　　たり，運営に協力したりすること。

〔生徒会活動〕
1　目　標
　異年齢の生徒同士で協力し，①学校生活の充実と向上を図るための諸問題の解
決に向けて，計画を立て役割を分担し，協力して運営することに自主的，実践的
に取り組むこと②を通して，第1の目標に掲げる資質・能力を育成することを目
指す。

2　内　容

　1の資質・能力を育成するため，学校の全生徒をもって組織する生徒会において，次の各活動を通して，それぞれの活動の意義及び活動を行う上で必要となることについて理解し，主体的に考えて実践できるよう指導する。

　(1)　生徒会の組織づくりと生徒会活動の計画や運営

　　　生徒が主体的に組織をつくり，役割を分担し，計画を立て，学校生活の課題を見いだし解決するために話し合い，合意形成を図り実践すること。

　(2)　学校行事への協力

　　　学校行事の特質に応じて，生徒会の組織を活用して，計画の一部を担当したり，運営に主体的に協力したりすること。

　(3)　ボランティア活動などの社会参画

　　　地域や社会の課題を見いだし，具体的に対策を考え，実践し，地域や社会に参画できるようにすること。

　今回の改訂は，「1　目標」に示されている児童会・生徒会活動で育成する資質・能力が，特別活動で育成する資質・能力との関連で記述されていることに特徴がある。これは，児童会・生徒会活動において，身に付けるべき資質・能力とその向上につながる学習過程を明確に示さないまま指導が行われていたというこれまでの課題を踏まえてのことである。また，今回の改訂では，特別活動全体を通して，自治的能力や主権者として積極的に社会参画する力を育てることを重視している。そのことを受け，「2　内容」の(1)〜(3)の各項目では，どのような過程を通して何を学ぶのかが端的に示されている。

　内容の(1)では，改訂前は「児童会・生徒会の計画や運営」であったが，改訂後は「児童生徒が主体的に組織をつくる」ことが加えられて明示された。また，小学校の内容(2)と中学校の内容(3)より，児童会活動においては異年齢集団活動が，生徒会活動ではボランティア活動等の社会参画が重視されていることがわかる。このことについては，小学校と中学校のそれぞれの発達の段階と指導の系統性を踏まえたものであるが，後の項で詳しく述べる。

② 児童会・生徒会活動の特質

(1) 異年齢集団での活動による教育効果

　学級活動は，学級担任が学級内の児童生徒を対象に指導を行うが，児童会・生徒会活動では，担当の教師を中心にすべての教師が全校の児童生徒を対象に指導を行うことになる。したがって児童会・生徒会活動では，全校の児童生徒が学級・学年の枠を超え，学校生活全般に関する自発的，自治的な集団活動が展開されていくことになる。「異年齢の児童生徒同士で協力し，①」はこの点を踏まえたものであり，異年齢の児童生徒が交流することによる教育効果を全校に広げるねらいがある。

　その教育効果（表5-1）として，異年齢集団の活動では，高学年の児童生徒がリーダーシップを発揮して主体的に自分の役割を果たす機会が多くあり，そ

表5-1　異年齢集団活動で育つ児童生徒の姿

集団としてのまとまり方を知っている児童生徒
上級生は，自らの体験に基づいて集団を維持・機能させるための方法を学び，下級生は年長者の言動からそのことを学ぶようになる。
自分の役割を果たすことに喜びを感じることができる児童生徒
経験の差や体力の差など，発達の段階に応じた役割が生まれ，それぞれの役割が果たされたことを認め合い，互いの存在の大切さがわかることで仲間意識が高まる。
伝統を引き継いでいく児童生徒
世話される側から世話する側へ役割が推移していき，その中で目的を達成するための知恵を引き継いでいく。
リーダーシップを発揮できる児童生徒
どの児童生徒でも，体験から学んだことを生かせる場があればリーダーになれる。様々な場面でリーダーシップを発揮して活動し，年少者に対して優しく関われるようになる。
フォロワーシップを発揮できる児童生徒
リーダーの指示に協力し従うことができると同時に，場合に応じて自発的にリーダーに意見を述べることも必要になってくる。集団の目的達成に向けて，リーダーを積極的に補助していく。
安心して学校生活を送ることができる児童生徒
下級生は，頼りになる上級生の存在によって安心して学校生活を送ることができるようになり，これからの学校生活に対する期待を高める。

出所：文部科学省（2014：95）。

のなかで高学年としての自覚や自分への自信を高めていくことができる。また，下学年の児童生徒にとっては，上学年の児童生徒に親しみやあこがれ，あるいは尊敬の気持ちをもつ機会にもなり，「自分もこうなりたいと」という思いや願いをもつことが，学校生活に目標や希望をもつことにつながる。そして，それぞれの学校で培われた伝統や文化が次の代に引き継がれ，さらに次の代の児童生徒の発意・発想による主体的な活動により，引き継いだ伝統や文化に新たな1ページが刻まれていくことになる。

　ほかにも，学級生活のなかで固定しがちな人間関係から児童生徒を解放し，新たな人間関係のなかで自分のよさや可能性を発見できる機会にもなりうる。同年齢の集団だけではなく，異年齢集団のなかでよりよい人間関係を築く態度の基礎を身に付けることは，より多様な他者と対話し協働してさまざまな活動を行うことができるようになることにつながる。

⑵ よりよい学校づくりに向けた全校児童生徒の取り組み

　児童会・生徒会活動では，学校生活全体に関わる問題を一人ひとりの児童生徒の視点から見いだし，その問題を全校の児童生徒の一人ひとりが自分に関わる問題として自覚的に受け止め，その問題の解決に向けて全校で取り組んでいく。そうした全校的な取り組みとして自主的，実践的な集団活動が可能となるように，小学校においては各学級の代表からなる代表委員会や特定の役割を担う各種委員会，中学校においては生徒会役員や各種委員会などが構成される。それが「諸問題の解決に向けて，計画を立て役割を分担し，協力して運営することに自主的，実践的に取り組むこと②」にあたる。児童生徒の一人ひとりが，それぞれの立場で学校生活全般に係る課題を発見して問題を提起し，その解決に向けた取り組みへとすべての児童生徒を同じ目標に向けて取り組んでいくことが必要である。

　このように児童会・生徒会活動は，児童生徒自身による，児童生徒のための活動であり，児童生徒の自主性・自発性は何よりも尊重されなければならない。しかし，それはすべてを児童生徒に丸投げをする「放任」によって成し遂げられるというものでもない。児童生徒の発達の段階からいっても，すべての計画

や運営を自分たち自身で行うことは容易なことではない。児童会・生徒会活動の教育的価値を高め，児童生徒の自治的に活動する態度や能力を育成していくためには，教師の適切な指導と学校の一貫した指導体制がなければならない。

（1）児童会と生徒会の組織づくり

① 児童会の組織づくり

　小学校の児童会活動には一般的に，代表委員会と委員会活動，児童会集会活動の３つの形態での取り組みがある。それらの取り組みにおいては，主として高学年の児童が計画の作成を行ったりその運営に当たったりするが，学年，学級の枠を超えてすべての児童が参加する集団活動となる。その取り組み方は学校によってさまざまではあるが，委員会のなかの計画委員会が代表委員会の計画・運営を行ったり，集会委員会が児童会集会活動の計画・運営を行ったりしている学校が比較的多く見受けられる（図5-1）。児童会活動における基本的な流れは，課題の発見・確認から，解決に向けての話し合いを経て合意形成を図り，合意形成したことを実践してそれを振り返り，次の課題に向かっていくというものになる。

　そうした児童会活動について，内容(1)で「児童会の組織づくり」のことが述べられているが，これは児童が代表委員会の設置の判断をしたり委員会の種類を児童が決めたりということを意味しているものではない。たとえば，代表委

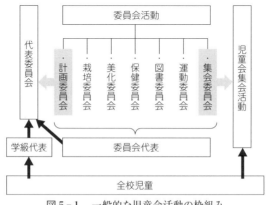

図5-1　一般的な児童会活動の枠組み

員会や各委員会の活動を展開していく過程で，児童自らが必要な役割を見いだし，自分たちで話し合って役割ごとのグループを編成することがよくある。このように内容(1)の「児童会の組織づくり」は，学校や教師が決めた枠組みのなかで，児童が発意・発想を活かして主体的に組織づくりに取り組んでいくことができるように教師が適切に指導を行うことを意味している。

② 生徒会の組織づくり

　中学校の生徒会では一般的に，生徒全員で話し合う「生徒総会」が置かれ，「生徒評議委員会（中央委員会）」といった審議機関，「生徒会役員会（生徒会執行部）」や各委員会などの組織で構成されている。生徒会長などの生徒会役員や各種委員会の委員長は，生徒自らが運営する役員選挙によって選出されることになる。その際に，公正な選挙が行われるように選挙管理規則に従った手続きを経ることが重要となる。そして，全校生徒の信任を得て選ばれた生徒が各組織のリーダーとなって，全校生徒を牽引してさまざまな生徒会活動を展開していくことになる。学校による違いは多少あるものの，ほぼすべての中学校において，このような生徒が自治的に活動する場が確保され，こうした場を通して，生徒は自治的に活動することができる態度や能力を高めていく（図5-2）。将来，民主主義社会のなかで自立して生きていく前段階として，生徒会活動は自治のあり方を体験的に学ぶ貴重な機会となっている。

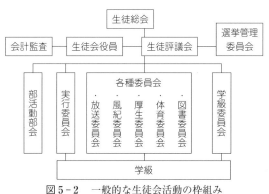

図5-2　一般的な生徒会活動の枠組み

　こうした生徒会活動ではあるが，中学校においても小学校と同様に，内容(1)の「生徒会の組織づくり」では，学校や教師が決めた枠組みのなかで，教師の適切な指導のもと，生徒が発意・発想を活かして主体的に組織づくりを行うことになる。生徒が生徒総会の開催の判断をしたり，委員会の種類を生徒が決めたりということを意味しているものではない。しかし，小学校の児童会活動と大きく違う点は，生徒自らが運営する役員選挙で，全校生徒が各組織の長を選ぶということにある。また，児童会活動では主として高学年の児童が運営に携わることに対して，生徒会活動では全校生徒が運営に携わる。児童会活動よりもより自治的な活動を行うことができる仕組みがあることによって，生徒会活動においては，自分たちの学校をよりよくしていこうとする生徒一人ひとりの自覚や，自分のよさや可能性を生かして集団活動に参画しようとする意欲が高まっていくことになる。そして，それぞれの立場で，さまざまな生徒会活動を重ね，自治的な活動における行動の仕方や自己実現の方法を身に付けていくことになる。

（3）児童会と生徒会の接続による9年間の系統的な育成

　小中連携が重視されるようになって，全国的に小中の接続を意図したさまざまな取り組みや仕組みづくりが行われるようになった。しかし，小中連携にはさまざまな課題があり，すぐに連携が進み，小学校から中学校へのスムーズな移行が図られるようになるというわけにはいかない。小中連携を進めていく際に大きな壁となるのが，小学校文化と中学校文化の違いである。児童会活動と生徒会活動の違いもその文化の違いのひとつといえる。生徒会を中心とした中学校での自治的な集団活動の様子を，小学校の教師はどれだけ把握できているだろうか。また，合意形成の図り方や人間関係の築き方など，児童会活動のなかで身に付く能力や態度を，中学校の教師はどれだけ知っているだろうか。

　児童会活動と生徒会活動における系統的な児童生徒の育成について，改訂された学習指導要領解説でその方途が述べられている。児童会活動で，生徒会活動と同じように児童会役員を児童の投票によって選出することや，生徒会活動で，児童会活動で身に付いた話合い活動の経験を生かすことなどである。児童

会活動において，中学校の生徒会活動の内容や特質を踏まえつつ，そのつながりを意図した指導を行うことで，自分たちの発意・発想の実現の仕方をより高度なレベルで身に付けていくことが可能となるだろう。また中学校において，合意形成の図り方や異年齢集団での人間関係の築き方など，児童会活動で身に付いた態度や能力を基礎にして生徒会活動を行えば，さらに質的に高まった自主的，実践的な活動が期待できるだろう。

（4）学校行事における児童生徒の自治的な集団活動

　学校行事は，児童生徒の自発的，自治的な活動を特質とするものではないが，学校行事の一部を児童生徒が担ったり，学校行事の運営に児童生徒が協力したりすることを意図的に取り入れることにより，よりよい学校づくりに資する学校行事としてより効果の高まりを期待できるようになる。たとえば，運動会の全校競技を運動委員会の児童が企画し，全校の児童の考えを取り入れながら全校競技の内容を決めたり，地域との交流行事において生徒会役員が地域の人々と連携して行事を計画，実施したりする活動などがある。

　学校行事は，多くの保護者や地域の人々の参加があり，学校での児童生徒の様子を直接目にして知ることのできる機会となっている。しかし，児童会・生徒会活動は，学校生活において日常的な活動になる場合が多く，保護者や地域の人々が児童会・生徒会活動における児童生徒の活躍の様子を目にする機会は少ない。学校行事と児童会・生徒会活動を関連付けることで，自主的・実践的な活動に取り組む児童生徒の様子を，保護者や地域の人々が目にする機会を増やすことができる。自分たちの学校をよりよい学校にしようと，児童生徒の一人ひとりが自分のよさを発揮して生き生きと活動する姿や，自立的に頼もしく成長する様子を知って，保護者や地域の人々は学校に対する信頼や期待を高めていくことになる。

（5）個性を開き，社会に参画していく児童生徒の育成

　少子化によってきょうだいの数や地域の子どもの数が減り，児童生徒が異年齢の仲間集団を形成して関わりを深めていく機会が失われてきている。また

年々，地域社会のコミュニティ機能が低下し，日常的に住民同士が声をかけ合ったり困った時に助け合ったりするなどの関わりが少なくなってきている。そうした状況を踏まえ，児童会・生徒会活動の「異年齢の交流による社会性の育ち」を意図した取り組みや，生徒会活動の「ボランティア活動による地域参加」を内容とした取り組みの教育的価値を改めて問い直すと，今後ますますその充実を図っていくことの必要性が立ち上がってくる。

　児童会活動では，高学年の児童が異年齢での集団活動を牽引することになり，活動のさまざまな場面で下級生を前に，上級生は上級生らしく立ち振る舞わなければならなくなる。そうしたなかで，下級生は上級生を頼り，徐々に「自分もあのような上級生になりたい」とあこがれるようになる。上級生は，下級生から頼られたりあこがれられたりすることで，上級生としての自覚をもつようになる。また，上級生としての活躍に対して，下級生や教師から賞賛の言葉や労いの言葉，感謝の言葉などをかけてもらうことで自己有用感が高まっていくことになる。自己有用感が高まると，「もっと何か役に立つようなことをしたい」「もっと自分のよさを発揮したい」と，さらに活躍の場を求めるようになる。

　一方，生徒会活動では，学校生活をよりよくする活動を行うことが基本であるが，中学生になると関心が学校外の対象にも向けられるようになる。したがって，地域のボランティア活動に参加をしたり地域の人々と交流をしたりすることはとても教育的に価値のある活動となる。生徒会活動では，異年齢の交流を通して高まった「もっと何か役に立つようなことをしたい」「もっと自分のよさを発揮したい」という思いを，地域のボランティア活動や地域の人々との交流活動につなげていくことで，さらに自己有用感が醸成されたり自分のよさの生かし方を身に付けたりすることが期待できる。

　生徒会活動の「ボランティア活動による地域参加」を内容とした取り組みでは，地域の課題を見いだし，生徒会の機能を生かして取り組むことができる具体的な解決策を考え，よりよい地域づくりに向けて主体的に実践していくことになる。そうした一連の活動を通して，地域・社会の形成者として，主体的に社会参画し，地域や社会生活をよりよくしようとする態度を養うことが可能と

なる。

　このように「異年齢の交流による社会性の育ち」を意図した取り組みの充実によって，人間関係の築き方が身に付くことに加えて，集団や社会のなかで自身の個性を開き，新たな自分磨きを行おうとする意志の立ち上がりが見られるようになる。

（6）児童会・生徒会活動の今後の課題と展望

① 児童生徒の育ちをどう評価するのか

　今回の改訂では，どのような学習過程を経て，どのような資質・能力を育成するのかを示すことにおいて改善が図られた。学級活動や学校行事は，学級単位で活動を行うので，学級担任が児童生徒一人ひとりの育ちの過程を把握することが可能で，その把握から評価へとつないでいくことも容易にできる。しかし，児童会・生徒会活動は，学級や学年の枠を超えた活動となり，学級担任以外の複数の教師が児童生徒に関わることになる。そのため，児童生徒がどのような過程のなかで，どのような資質・能力が育っているか，そしてそれを誰がいつ把握するか，そうした児童生徒一人ひとりの成長の見とりとその評価が，児童会・生徒会活動では難しいという課題がある。

　この課題については，各委員会や生徒会などを担当する教師が，活動のなかで見られた児童生徒のよさや具体的な成長の様子を，学級担任に伝えることができる校内の仕組みをつくっておく必要がある。また，キャリア教育で示されている基礎的・汎用的能力の具体的な視点を教師全員で共有し，教師の気づきの感度を高め，児童生徒一人ひとりの成長過程に共通の視点をもって携わっていくことも大切である。育てたい資質・能力と育った資質・能力の確認があって，「なすことによって学ぶ」ことを方法原理としている特別活動の児童会・生徒会活動の教育的な意義が明確なものとなっていく。

② 児童会・生徒会活動で培った力をどう生かすのか

　毎日，重いカバンを持って登下校をしなければならないことを問題として取り上げた，ある中学校の生徒たちの取り組みを紹介する。

　放送部の生徒たちは，自分たちの身近な問題として，毎日の登下校のカバンが重すぎる問題を取り上げて動画を作成した。登下校の荷物は，通学カバン，サブカバン，習字道具や部活動の道具などで，その荷物の重さは18キロ。2リットルのペットボトルに換算すると9本分。カバンが重すぎて，毎日の登下校で疲れはてる生徒たち。一方，学校側としては，そうした状況を問題視していたものの，自宅学習への影響，管理上の不安などの心配から，教材を置いて帰ることは禁止にしていた。

　放送部の生徒たちは，動画でカバンが重いという事実を伝えるだけではなく，この問題を解決するために，自分たちができることは何なのかも考えて伝えることにした。「忘れ物が多くなるんじゃないか。」「家で勉強をやらなくなるんじゃないか。」「教室やロッカーがぐちゃぐちゃになるんじゃないか。」「そうした不安が先生たちにあるから，先生たちは教材を置いて帰ることは禁止にしているんじゃないか。」「先生たちに大丈夫だろうと思わせる"生徒力"が問われているんじゃないか。」

　放送部の生徒たちを中心に，"生徒力"を高めて先生たちの信頼を得ようという呼びかけがなされた。そして，その呼びかけにより全校的に生徒の意識が変わり，一人一人の生徒の"生徒力"が高まっていった。そうした流れの中で，学校側もこの問題の解決にのり出し，教員全員で何度も話し合いを行った。その結果，生徒を信頼して自分で持ち帰る教材を判断させることになり，動画作成から5ヶ月後，カバンの中身は以前と比べるとかなり少なくなった。

　この取り組みは，学校生活の諸問題の解決に向けて，部活動として行われた自主的，実践的な取り組みの一事例である。生徒の視点から，カバンが重く，毎日大変な思いをして登下校しているという学校生活に関わる問題を見いだした。そして，教材を置いて帰ることを禁止する学校側を問題とするのではなく，禁止される理由の追求から"生徒力"を高める必要性を見いだし，このことを全校生徒が自分事として受け止めた。全校の生徒が問題を共有して問題解決に向けて取り組み，"生徒力"を高める個々の生徒の実践によって教師からの信頼を得ることになった。

　児童会・生徒会活動で身に付いた態度・能力が，児童会・生徒会活動の中だけで生かされていくのではなく，学校生活のさまざまな場面で，それぞれの立

場から生かされていくことが望まれる。そして，自らよりよい学校にしていこ
うと，自分たちの発意・発想を生かして自治的・自発的な取り組みを立ち上げ
ようとする児童生徒を，学校や教師は「学校の主人公は児童生徒である」とい
う意識をもって一緒に考え取り組んでいくようにすることが望まれる。

2　クラブ活動

（1）クラブ活動の教育的価値と今日的課題

〔クラブ活動〕
1　目　標
　異年齢の児童同士で協力し，共通の興味・関心を追求する集団活動の計画を立
てて運営することに自主的，実践的に取り組むことを通して，個性の伸長を図り
ながら，第1の目標に掲げる資質・能力を育成することを目指す。

2　内　容
　1の資質・能力を育成するため，主として第4学年以上の同好の児童をもって
組織するクラブにおいて，次の各活動を通して，それぞれの活動の意義及び活動
を行う上で必要となることについて理解し，主体的に考えて実践できるよう指導
する。
　（1）　クラブの組織づくりとクラブ活動の計画や運営
　　　　児童が活動計画を立て，役割を分担し，協力して運営に当たること。
　（2）　クラブを楽しむ活動
　　　　異なる学年の児童と協力し，創意工夫を生かしながら共通の興味・関心を
　　　追求すること。
　（3）　クラブの成果の発表
　　　　活動の成果について，クラブの成員の発意・発想を生かし，協力して全校
　　　の児童や地域の人々に発表すること。

　クラブ活動は，1958（昭和33）年の学習指導要領の改訂で特別活動の一領域
として設定された。しかし，1998（平成10）年の改訂で「総合的な学習の時間」
が創設され，土曜日がすべて休業日となって教育課程の大幅な見直しが行われ

たことから，中学校においてクラブ活動は廃止となり，小学校においては毎週行われていたクラブ活動が月に1回程度に削減された学校が増加した。

　今回の改訂では，従来に引き続き，同好の異年齢の児童が共通の興味・関心を追求する活動であるとしており，大きく変更された点はないものの，クラブ活動で育成する資質・能力については，特別活動で育成する資質・能力との関連で記述されている。

　そうした背景のあるクラブ活動ではあるが，現在においてもクラブ活動は，児童が学校生活のなかで最も楽しみにしている時間のひとつになっている。その理由は，共に楽しみ，親しむという雰囲気のなか，上級生，下級生の枠を超えて共通の活動を行い，個性の伸長を図ることができるという活動になっているからであろう。しかし先述したように，教育課程の見直しによる授業時数確保の問題が，クラブ活動の時間確保の難しさを生じさせることになっている。

（2）クラブ活動を組織する時期と手順

　クラブ活動を組織する時期については，新年度になってから組織するのではなく，前年度中に進めておくことが望ましい。4月になってから，希望調査や選択指導を始めると，実際の活動開始は5月以降になり，年間の活動時間は極めて少なくなる。また，新しい学級担任の教師は児童の特性についても未知であり，個々の児童に適切な指導を望むことができない。したがって，新年度当初から実際の活動を行うことが可能となるように，できる限り前年度の3月末までに設置するクラブを決定し，組織の編成が完了していることが望ましい。

　以下に，第3学年の3学期を中心に行われる組織編成までの手順の一例を示す。

① クラブ活動発表会：展示や映像，実演，放送などで，年度末に1度にまとめて発表したり，年間を通して定期的に発表したりして，各クラブ活動の成果を全校児童に伝える機会を設ける。
② クラブ活動見学：第3学年の児童が，各クラブの活動の様子を見て回る機会を設ける。
③ クラブ活動一日体験：第3学年の児童が，次年度希望するクラブに参加して

実際に活動を行う機会を設ける。
④　クラブ活動所属希望調査：第3，4，5学年の児童に，次年度所属したいクラブの希望調査を実施する（新設のクラブも含めて）。
⑤　児童の希望を生かしたクラブ設置：児童が希望するクラブと対応が可能な教師を勘案し，次年度のクラブ活動の設置について検討を行う。
⑥　クラブ活動の担当者決め
⑦　クラブ活動所属決め

（3）クラブ活動の設置

　どのようなクラブを設置するかということは，クラブ活動の趣旨に基づいて検討されなければならない。各学校においては，年度末の反省の上に立ち，児童の希望をできるだけ反映させるように，次年度のクラブ設置の基本的な計画を作成しておく必要がある。一度設置されたクラブは安易に改廃しないで，学校として伝統あるクラブに育てていきたい。クラブを新設・改廃する場合は，児童の興味・関心，学校の規模や施設，設備などを十分に考慮して進める必要があろう。

①　個人的活動になりやすいクラブへの配慮

　個人的活動になりやすいイラストクラブ，文芸クラブなどの場合，集団活動としての質を高めるために特別な配慮が必要である。たとえば，共同で作品をつくる活動やビブリオバトルを行って競い合うなど，異学年の児童が協力したり共に追求したりすることができる要素を取り入れる必要がある。

②　クラブ活動として不適切な活動

　クラブ活動は，児童の興味・関心を追求する活動であり，クラブの成員の発意・発想を生かした活動を行っていくものである。したがって，たとえば音楽クラブにおいて，運動会での演奏をめざし，学校側が意図した曲を演奏することを児童の発意・発想を生かすことなく練習する活動を行うことは，クラブ活動としては不適切である。

　ほかにも，活動場所が校内で確保できない，高額な個人負担の費用がかかる，危険を伴う活動があり安全が確保できない，年間を通して継続して活動できない，活動を行うのに特殊な用具が必要になるなど，こうした内容のものは，クラブ活動としては不適切な活動になる。クラブ活動の設置を検討する際は，児童が安全に安心して，無理なく楽しめる活動になることを踏まえて検討を行う必要がある。

③　学校や地域の実態に即して，特色を生かすことができる活動
　クラブ活動は，学校や地域の実態に即して編成する必要がある。たとえば，地域の伝統的な踊りがあり，外部講師や地域の教育力の活用が可能である。あるいは地域の老人会から学校近くのゲートボール場で児童と交流したいという話があった。そうした経緯から，クラブ活動を設置することも考えられる。校外へ出向いて活動を行う際には，児童の安全確保に努めるとともに，育成を目指す資質・能力について外部講師や地域の方と共通理解したうえで，活動を展開していく必要がある。また，外部講師を招く際の事務的な手続きについては，できるだけ簡略化するようにし，外部講師を招くことが担当者の負担にならないようにしたい。

（4）実施計画の作成と人間関係づくりにおける教師の役割
　児童が自主的，実践的に取り組んでいるクラブ活動では，児童が自ら進んで自分の考えを述べ，お互いに自分の希望を話し合い，自分たちが作成した実施計画に従って，仲良く助け合いながら共通の興味・関心を追求していく活動が展開される。その際に，実施計画の作成を児童に押し付けることにならないように配慮することが大切である。また，児童の自主性を育てることは，児童にすべてを任せることと解釈し，教師が指導を行わずに実施計画を作成することと誤解されがちである。実施計画は，あくまでも児童の希望を尊重するが，児童を中心に教師の助言を得て作成していくものである。こうした教師の関わりによって，児童の自主的，実践的な取り組みを促すことになり，実際の活動の進め方についてクラブの全員が共通理解をし，意欲的に活動をすることになる。

　クラブ活動は，第4学年から第6学年までの児童で編成されているので，学年差，能力差，技能差がある。他にも，男女差や興味・関心の違いもあり，同好の児童の集まりだから親しい間柄の集団になるとは必ずしもいえず，そうした差異があることによってさまざまな問題が生じてくる場合もある。したがって教師は，役割やグループを決める際に，できるだけ児童の希望を取り入れたり，お互いの立場を理解し合って協力して活動するように助言したりする必要がある。また，下学年への思いやり，技能面で劣っている友達への配慮など，温かい人間関係が育つように関わっていくことが大切である。そうした関わりから教師は児童の活動の様子をよく観察して見とり，しっかり賞賛，評価していくことがさまざまな差異からよりよい人間関係を築いていくことにつながる。

【学習課題】

（1）児童会・生徒会活動の教育的意義を踏まえ，9年間の系統的な児童会・生徒会活動を展開していくために，どのような指導上の工夫を行えばよいかを話し合ってみよう。

（2）クラブ活動を実施するうえで，所属するクラブの決め方としてどのような方法があるか，その実践例を調べよう。また，クラブ活動における評価を，学校現場では実際にどのように行っているかも調べよう。

引用・参考文献

相原次男・新富康央・南本長穂編著（2010）『新しい時代の特別活動』ミネルヴァ書房.
文部科学省（2014）『楽しく豊かな学級・学校をつくる特別活動（小学校編）』.
文部省（1982）『児童活動指導上の諸問題』.

（中村尚志）

第6章

学 校 行 事

　多くの教師は学校行事を通してよりよい学級集団をつくり，自分の学級をきゅっと引き締まった学級集団にしたいと願っている。学級にまとまりがでてくると，教師の力を借りなくても，子どもたち自身が自分の学級をよりよくしようという力が働く。学級の子どもたちは互いに協力し，アイデアを出し，切磋琢磨し，相乗効果を発揮することによって，互いに高め合う仲間，高め合う集団へと成長する。しかし，最初のボタンを掛け違えると，教師の思いとはかけ離れた学級になってしまうことがある。本章では，学校行事を通して，どのような関わりをめざせば，質の高い学級へと変容していくのかを考えることにする。

1　学校行事とは

　学校行事とは，児童生徒が，学校生活のなかでよりよい学校生活を築くために，体験的な活動を通して，集団への帰属意識を醸成しかつ公共の精神を育成することを意図した活動である。私たちが学校で体験した身近な学校行事には，入学式や卒業式，運動会（体育大会）や文化祭，遠足などがある。こうした活動を通して，特別活動の目標に掲げられた資質・能力を育成することになる。すなわち，学校行事を通して，人間関係の形成を育み，関わり合うことによって社会参画を促し，自己実現を図ることになる。学校行事が重視されるのは，それが社会参加に関わる「体験的な活動」であるからである。

　小学校と中学校の新学習指導要領が告示されたのは，2017（平成29）年3月

であった。高等学校については，2018（平成30）年3月に高等学校学習指導要領の全部を改訂する告示が出された。実施は，小学校が2020年度から，中学校が2021年度から，高等学校が2022年度からである。まず，特別活動のなかで，〔学校行事〕に記された目標を見ていく。

1　目　標

【小学校】全校又は学年の児童で協力し，よりよい学校生活を築くための体験的な活動を通じて，集団への所属感や連帯感を深め，公共の精神を養いながら，第1の目標に掲げる資質・能力を育成することを目指す。

【中学校】全校又は学年の生徒で協力し，よりよい学校生活を築くための体験的な活動を通じて，集団への所属感や連帯感を深め，公共の精神を養いながら，第1の目標に掲げる資質・能力を育成することを目指す。

【高等学校】全校若しくは学年又はそれらに準ずる集団で協力し，よりよい学校生活を築くための体験的な活動を通じて，集団への所属感や連帯感を深め，公共の精神を養いながら，第1の目標に掲げる資質・能力を育成することを目指す。

これを見ると，小学校，中学校，高等学校という校種により目標の最初の文言に違いはあるものの，「（児童／生徒／集団）で協力し，よりよい学校生活を築くための体験的な活動を通じて，集団への所属感や連帯感を深め，公共の精神を養いながら，第1の目標に掲げる資質・能力を育成することを」学校行事の目標にしていることがわかる。

小学校，中学校，高等学校では，それぞれに集団の構成のされ方が違う。そこで，全校児童・生徒，学年の児童・生徒，それらに準ずる集団というように，学校種の特色を反映した集団で学校行事を行うことになる。学校種ごとの全校児童・生徒あるいはそれに準じた集団を構成する皆で「協力し」て，「よりよい学校生活を築く」ことが学校行事のねらいとなる。裏を返せば，皆が協力し合わないとよりよい学校生活，学校行事を築くことが難しいことを示唆していることがわかる。そのための方法として「体験的な活動」が用いられることになる。皆が一緒に行事に向けた活動に取り組み，そのなかで協力し，その成果を行事本番で表現してみせる。そうすることにより，「集団への所属感や連帯

感を深め」ること，「公共の精神を養」うことができるとする。

　さて，冒頭にある第1の目標に掲げる資質・能力とは何か。学習指導要領には，次の3つが記されている。

---

(1)　多様な他者と協働する様々な集団活動の意義や活動を行う上で必要となることについて理解し，行動の仕方を身に付けるようにする。

(2)　集団や自己の生活，人間関係の課題を見いだし，解決するために話し合い，合意形成を図ったり，意思決定したりすることができるようにする。

(3)　自主的，実践的な集団生活を通して身に付けたことを生かして，集団や社会における生活及び人間関係をよりよく形成するとともに，自己の生き方についての考えを深め，自己実現を図ろうとする態度を養う。

　最初に示されている資質・能力(1)は，多様な他者と協働する際の行動の仕方を身に付けるというものである。相手の考えや感じ方が自分のそれと異なるときどうするか。まずは，相手の声に耳を傾けてみることである。一人そっぽを向いていると皆のやる気を削ぐことになる。あるいは，皆からの冷たい視線をあびることになるかもしれない。ひとまず，一緒に活動に取り組んでみる。集団としての力を発揮することが実感できるならば，そのことが皆の意欲を高めることになるであろう。しかし，すぐに成果があがるとは限らない。成果があがるまでに皆で耐える時間を過ごすことが必要になることもある。意見の対立，葛藤，反発，こうした局面を経ながらも，ともにやり遂げるという意思をもち，目標に向かって歩を進める。こうしたことを繰り返し経験することよって，一人一人が社会を構成する一員としての行動の仕方を身に付け，学校行事を通してより豊かな経験ができる可能性は高まる。

　(2)で示されている資質・能力は，課題を見つけ，話し合い，合意形成を図り，意思決定をする能力を身に付けることである。学校での活動には，一人で行う活動，少人数で行う活動，学級単位で行う活動，学年単位で行う活動，学校全体で行う活動，およびそれに準じた集団で行う活動など，いくつかのタイプがある。学校行事は，学校のなかで行う集団活動のなかでは，比較的大きな集団で行うタイプの活動になる。一人一人の力を結集した大きな集団で行う活動の意義を学ぶことができるのが学校行事である。さて，集団の規模が大きくなれ

ばなるほど，その集団を構成するメンバーの意見や考えは多様になる。したがって，互いに相手の意見や考えの違いを認め，自分の意見や考えとすり合わせて行く作業が大事になる。なぜ，この人はこのように考えるのか，相手の立場を理解し，相手が考えるように自分も考えてみるという思考方法を身に付けるということが必要になるであろう。そのうえで，多様である意見や考えの異質な部分を大事にしながらも，皆の意見や考えに共通する部分を見いだし，互いに共感し納得し合える部分をつくり出していく。加えて，集団での活動をどのような方向で進めていくのかという合意も欠かせない。そのためには，課題を明確にし，その解決方法を議論し，皆の合意を得，そのうえで実行に移すという一連のプロセスが大事になる。こうした意思決定を行い，プロセスを遂行する能力が求められることになる。

　(3)で示されている資質・能力とは，学校という集団で生活するなかで身に付けたことを生かして，自己の生き方を見つめ直し自己実現を図ろうとする態度を養うことにある。よりよい生活や人間関係をつくり出していくためには，他者と協働する力や異なる考えをもつ他者と話し合い合意形成し意思決定する力が不可欠である。学校のなかでは，特別活動の時間になされる体験的活動を通して，こうした力が身に付く機会がある。したがって，協働する力，合意形成の力を生かして，よりよい人間関係を実生活のなかで形成し，よりよい人間関係に支えられながら自分の生き方について考え，自分の目標をかなえられるように努力する態度を養うことが称揚される。自己実現を図ろうとする態度は，自分の生き方を反省的にとらえ，自分の将来について考えることを必要としており，自己実現を成し遂げるための意欲は，周りの皆に支えられているという安心感や期待感のなかから生まれてくる。

　ここに記されている3つの資質・能力は，特別活動を構成する，学級活動・ホームルーム活動，児童会・生徒会活動，クラブ活動，学校行事のすべてにおいて育成することが期待される。殊に，学校行事は体験的な活動によってなされるため，その活動がうまくいけば，個人にとっては大きな自信となり，集団を構成する仲間との一体感が増す可能性が高まる。

2　学校行事の内容

　学習指導要領に記されている〔学校行事〕の内容を学校種ごとに示すと，次のようになる。

2　内　容

【小学校・中学校】1の資質・能力を育成するため，全ての学年において，全校又は学年を単位として，次の各行事において，学校生活に秩序と変化を与え，学校生活の充実と発展に資する体験的な活動を行うことを通して，それぞれの学校行事の意義及び活動を行う上で必要となることについて理解し，主体的に考えて実践できるよう指導する。

【高等学校】1の資質・能力を育成するため，全校若しくは学年又はそれらに準ずる集団を単位として，次の各行事において，学校生活に秩序と変化を与え，学校生活の充実と発展に資する体験的な活動を行うことを通して，それぞれの学校行事の意義及び活動を行う上で必要となることについて理解し，主体的に考えて実践できるよう指導する。

　小学校，中学校，高等学校それぞれにおいて，学校行事を行う活動の単位が異なる。したがって，学校行事は，それぞれの学校の集団特性を反映して行われることになる。各行事においては，「学校生活に秩序と変化を与え」，「学校生活の充実と発展に資する体験的な活動を行うこと」を基本とする。こうした体験的な活動を通して，「それぞれの学校行事の意義」や「活動を行う上で必要となることについて理解」し，そのうえで，「主体的に考えて実践できるよう」になることがめざされる。学校行事を特別活動のなかに位置づけるのは，学校行事は児童生徒自らが考え，実行し，その結果に対して責任をもつことができる場であるからにほかならない。

　学校行事は，(1)儀式的行事，(2)文化的行事，(3)健康安全・体育的行事，(4)旅行・集団宿泊的行事，(5)勤労・奉仕的行事，の5つからなる。

（1）儀式的行事

⑴　儀式的行事
　学校生活に有意義な変化や折り目を付け，厳粛で清新な気分を味わい，新しい生活の展開への動機付けとなるようにすること。

　学校でなされている儀式的行事の具体が，入学式，卒業式，始業式，終業式などである。こうした行事を通じて，児童生徒は，普段の学校生活とは一線を画した厳粛さや清新な気分を味わい，新しい発展への動機付けを得ることができる。

【実践事例①】

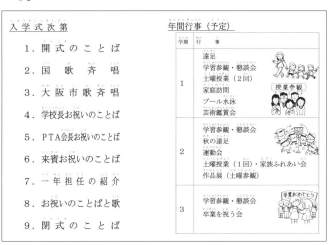

図6-1　大阪市立宮原小学校入学式次第

　図6-1に示すのは，2018（平成30）年度の大阪市立宮原小学校の入学式の式次第である。開式のことばに始まり，国歌斉唱，大阪市歌斉唱，学校長お祝いのことば，PTA会長お祝いのことば，来賓お祝いのことば，一年担任の紹介，お祝いのことばと歌，閉式のことば，で終わる。式典は厳粛な雰囲気のなかで行われる。これに花を添えるのが歌である。明治期には，学校の式典で歌うことができる歌は，文部大臣が許可した歌に限られていた（須田 2017）。今日では，儀式のなかで，国歌（「君が代」）をはじめとして，校歌などが歌われるこ

とになる。儀式的行事のなかで歌が歌われるのは，厳粛で清心な気分を味わうこと，歌の歌詞に込めた意味を皆が一緒に歌うことで共通の価値を内面化すること，同じ学校に集う子どもたちの一体感を醸成することが期待されるからである。大阪市立宮原小学校の校長である吉田典子氏は，「儀式的行事の中で，宮原小学校の児童は校歌を朗々と歌い上げる」と述べる。学校への愛着が高まると児童にとって校歌は，思い入れが強い歌となる。入学式次第の右側には，予定される年間行事が記されている。保護者にとって，学校でなされる行事は関心ある事柄で，次に示す文化的行事に関わりがある，芸術鑑賞会，作品展（土曜参観）が開催されることになる。

（2）文化的行事

> (2)　文化的行事
> 　平素の学習活動の成果を発表し，自己の向上の意欲を一層高めたり，文化や芸術に親しんだりするようにすること。

　文化的行事の具体として，学習発表会，合唱祭，写生大会，文化祭などがある。こうした活動は，児童生徒にとっては日頃蓄積してきた学習成果を発表する場であり，自己の成果が多くの人の目に留まる場でもある。発表することは緊張を強いられることではある。しかし，文化や芸術に関わる成果の発表は，挑戦する意欲をかき立て，自身が向上するための動機づけともなる。発表する，表現するという活動を通して自身のこれまでの歩みを確認でき，そうすることで自身が意味づけられ，新しい自分を形作っていく契機にもなる。

【実践事例②】

　東大阪市立上小阪中学校の生徒たちは，毎年，総合的な学習の時間に「平和学習」に取り組んでいる。「沖縄」「広島・長崎」「国際紛争」の3つのテーマを順番に扱うなかで，平成29年度は「国際紛争」の年であった。この年の文化祭において，ドイツ国際平和村を視察した入江良子教諭の指導のもと，国際

紛争について考えた発表を行うとともに，1年生の手によって図6-2に示すような折り鶴アートを完成させた。これは，縦2.4m，横3.3mからなる巨大パネルで，生徒が折った折鶴によってできている。中央には，東大阪市のマスコット「トライくん」と平和村のキャラクター「フリーダ」が地球を抱いている。入江教諭は，「学校行事は年々削減されているが，こうした行事があることで子どもは学校の中で生き生きと活動でき，普段活躍しない子どもが活躍できる場面を保証することになります。生徒は，こうした活動を通して，世界と自分とを結びつけることができるようになるのだと思います」と述べる。

図6-2　折り鶴アート（提供：入江良子氏）

（3）健康安全・体育的行事

> ⑶　健康安全・体育的行事
> 　心身の健全な発達や健康の保持増進，事件や事故，災害等から身を守る安全な行動や規律ある集団行動の体得，運動に親しむ態度の育成，責任感や連帯感の涵養，体力の向上などに資するようにすること。

　健康安全・体育的行事としてあるのが，防災訓練や避難訓練（火災訓練），交通安全教室，運動会や体育大会である。健康安全に関わる行事については，

学校保健安全法（2009〔平成21〕年4月1日施行）を根拠法として，学校安全に対する取り組みがすすめられている。学校安全に関わる内容には，生活安全，交通安全，災害安全がある。「生活安全（防犯含む）」とは，学校管理下における災害，事件，事故の防止で，たとえば，大阪教育大学附属池田小学校における事件（2001〔平成13〕年6月8日）をきっかけとした学校内での防犯意識の強化や，地域ぐるみでの学校安全対策整備，加えて，AED（自動体外式除細動器）の設置，学校管理下での事故防止がある。「交通安全」とは，体育，保健体育および特別活動を中心になされる交通安全教育のことである。京都府亀岡市での登校中児童の交通事故死（2012〔平成24〕年4月23日）等を受けて，通学路の緊急合同点検がなされ通学路安全推進事業が展開されている。「災害安全」については，東日本大震災の津波によって多くの児童が犠牲になったことを教訓として，学校では学校防災マニュアルを作成し，防災訓練や避難訓練を実施している。一方で，体育的行事には，運動会や体育大会がある。このイベントは学習発表会と並び，学校行事のなかでは特に子どもたちが活躍できる場である。個人種目である徒競走にはじまり，団体競技である綱引き，リレー，学年全体で行うダンス，組体操などがある。組体操については，見栄えをよくするために次第に巨大化し圧死事故につながる事案が発生したため，子どもの安全を確保するために運営が見直されている。

（4）遠足・集団宿泊的行事（小）／旅行・集団宿泊的行事（中・高）

⑷　遠足・集団宿泊的行事（小）／旅行・集団宿泊的行事（中・高）
【小学校】自然の中での集団宿泊行動などの平素と異なる生活環境にあって，見聞を広め，自然や文化などに親しむとともに，よりよい人間関係を築くなどの集団生活の在り方や公衆道徳などについての体験を積むことができるようにすること。
【中学校・高等学校】平素と異なる生活環境にあって，見聞を広め，自然や文化などに親しむとともに，よりよい人間関係を築くなどの集団生活の在り方や公衆道徳などについての体験を積むことができるようにすること。

　小学校と中学校・高等学校では，行事名が「遠足・集団宿泊的行事」「旅

行・集団宿泊的行事」と異なりはする。遠足はもともと徒歩で目的地に行って日帰りで帰ってくる活動であり，旅行は交通手段を使い普段の生活圏とは異なる場所に行き現地の自然や文化に親しむ活動ということになる。遠足と旅行では，移動距離に長短はあるものの，どちらも学校の外に出ての活動となる。遠足・集団宿泊的行事／旅行・宿泊的行事では，「平素と異なる生活環境」に身を置き，そこで「見聞を広め」ることになる。これらは，普段の学校生活や家庭生活では体験できない活動であり，新しい事物である自然や文化に触れることにより生み出される体験活動である。学校行事でなされる活動は，学校外での活動，野外での活動であるので，当然のことながら学校以外の生活者と関わることになる。それは，徒歩で現地に行く途中の出会いであったり，公共交通機関での移動中の出会いであったり，現地に着いて施設内に入場，入館する際の出会いであったりするかもしれない。そこでの振る舞い，すなわち公衆道徳が問われる。宿泊型の行事であれば，集団生活の在り方が問われることになる。

【実践事例③】

　兵庫教育大学附属小学校では毎年6月の下旬に，2泊3日で，兵庫県養父市にある氷ノ山への林間学校を実施している。参加学年は5年生である。この活動のねらいは，氷ノ山登山に挑戦することで，頑張り抜く強い体と心を身につけること，やり遂げたという感動を味わうことにある。第1日目は9時にバスで学校を出発し，11時に宿泊地に到着，午後から自然体験活動が始まる。この日のメインの活動は，アユを手づかみして塩焼きにして食する「魚つかみ」である。夕方にはマウンテンファイヤーがあり，翌日の登山の準備をして就寝となる。第2日目は6時に起床，8時30分に登山開始である。標高1510mの山に3時間かけて登る。昼過ぎには下山を開始し，夕食後，お互いの頑張りを認め合う学級タイムが組まれている。第3日目は，6時起床，朝食を食べた後，宿泊場所を出発し，植村直己冒険館を見学した後，14時30分に学校に戻ってくるというスケジュールである。登山の様子を描写した施姍（2017）によると，登山の途中での「いちに，いちに」という励ましのかけ声や，なかには，体調

のすぐれない子どももいて，飲料水をやり取りするお互いの気遣いがみてとれる。この活動が互いを理解し合い集団生活を積む活動になっていることがわかる。加えて，途中で出会った登山者への挨拶についても記されている。

（5）勤労生産・奉仕的行事

> (5)　勤労生産・奉仕的行事
>
> 【小学校】勤労の尊さや生産の喜びを体得するとともに，ボランティア活動などの社会奉仕の精神を養う体験が得られるようにすること。
>
> 【中学校】勤労の尊さや生産の喜びを体得し，職場体験活動などの勤労観・職業観に関わる啓発的な体験が得られるようにするとともに，共に助け合って生きることの喜びを体得し，ボランティア活動などの社会奉仕の精神を養う体験が得られるようにすること。
>
> 【高等学校】勤労の尊さや創造することの喜びを体得し，就業体験活動などの勤労観・職業観の形成や進路の選択決定などに資する体験が得られるようにするとともに，共に助け合って生きることの喜びを体得し，ボランティア活動などの社会奉仕の精神を養う体験が得られるようにすること。

　勤労生産・奉仕的行事については，小，中，高等学校ともに，「勤労の尊さや生産の喜びを体得する」こと，「ボランティア活動などの社会奉仕の精神を養う体験が得られるようにすること」が内容として挙げられている。勤労や生産という共にする活動を通して，利他的精神を育むことが，勤労生産・奉仕的行事の基本理念としてある。加えて，中学生以上になると，その活動が，勤労観・職業観と結びつくようになることがめざされる。職場体験活動や就業体験活動を通じて，職業観を育み進路の選択や決定に資することが期待される。

（6）内容の取扱い

> 内容の取扱い(1)
>
> 【小学校】児童や学校，地域の実態に応じて，2に示す行事の種類ごとに，行事及びその内容を重点化するとともに，各行事の趣旨を生かした上で，行事間の関連や統合を図るなど精選して実施すること。また，実施に当たっては，自然

> 体験や社会体験などの体験活動を充実するとともに，体験活動を通して気付い
> たことを振り返り，まとめたり，発表し合ったりするなどの事後の活動を充実
> すること。
> 【中学校・高等学校】生徒や学校，地域の実態に応じて，２に示す行事の種類ご
> とに，行事及びその内容を重点化するとともに，各行事の趣旨を生かした上で，
> 行事間の関連や統合を図るなど精選して実施すること。また，実施に当たって
> は，自然体験や社会体験などの体験活動を充実するとともに，体験活動を通し
> て気付いたことを振り返り，まとめたり，発表し合ったりするなどの事後の活
> 動を充実すること。

　内容の取扱いについては，行事の種類ごとに，行事およびその内容を重点化するとともに行事間の関連や統合を図るなどして精選すること，体験活動を通して気づいたことを振り返り事後の活動を充実することが挙げられている。体験的な活動をただ単に行うだけでなく，体験的な活動を通してどのようにそれを自分で意味づけるのか，その際に，学級の皆で考えを交流させ，自分の意見と関連づける。そうすることで，自分が体験したことについて考えを深めることができるようになる。

3　学校行事の意義

（1）子どもからみた学校行事

　子どもたちにとって学校行事はどのような意味をもつのであろうか。体験的な活動である学校行事を通して，子どもたちには，人間関係の形成，社会参画の促進，そして自己実現を図ることが期待される。子どもは，学校行事のなかで何を学んでいるのであろうか。

　学校行事を行う際には，学校行事に向けた準備が不可欠である。当日の発表に向けて，準備をする必要に迫られる。準備を行うなかで，児童生徒，そして教員が互いに関わる場面が生まれ，これが人間関係の形成に一役買うことになる。

　学校行事の大枠，すなわち，日程や行事の内容については，教師が決めたも

のではある。しかし，そこに，どれだけ自分の意思を反映させて取り組めるかによって，児童生徒の関わり方が異なってくる。児童生徒による意思決定権を拡大させ，児童生徒による裁量の余地を増やせば，子どもたちは，自分たちで行事を作り上げていくという意識をもつことができる。行事を準備するなかでの主体的な社会参画が，行事に対する期待とその後の満足感に大きな影響を与えることになる。

　子どもたちにとって，学校行事は非日常的な活動であるのかもしれない。普段の学校は，授業が中心を占める。授業を中心とした日々の学校生活のなかで，学校行事は，子たちに清新な息吹をもたらす活動となる。入学式，学習発表会，運動会，遠足，集団宿泊訓練，ボランティア活動，皆しかりである。こうした活動は教育課程のなかに組み込まれてはいるが，通常の授業とは異なる活動である。なぜなら，体験的な活動を通してなされる活動で，よりダイナミックになされ，他者との関わりを通してなされる活動であり，ひとつの活動のなかに緊張と弛緩があり，それゆえに期待感やドキドキ感があり，感情が揺さぶられ，心に刻み込まれる思い出として残るからである。情動と結びつく学校行事は，子どもの感情に働きかけ，生きていくうえで大切な「よりよい思い出」を育むこととなる。

（2）教師からみた学校行事

　学校行事は，学級集団の質を高める可能性をもっている。それは，学校行事でなされる活動が，児童生徒間の相互性を必要とするからである。学校行事が必然的に関わりあう場面，協働しなければ解決できない課題を子どもたちに提示するがゆえに，当然のことながら子どもは関わりあうことによって課題を解決していかなければならない。教師は意図的に子どもが関わりあう場面を作り出す。そのなかで，子どもなりに，葛藤を乗り越えながら一緒につくりあげる創造の喜びを味わうことになる。子どもは，こうした体験的で協働的な活動のなかで，緊張，集中，そして喜びを体験できる。

　学校行事において配慮すべきことは，次の点であろう。「協力」「よりよい学校生活」，そして「体験的活動」によって，子どもが「所属感」「連帯感」「公

共の精神」を獲得し、結果として「行動の仕方」「意思決定」「自己実現」への意欲と能力を高めていくことができているかという点である。教師の役割としては、児童生徒の成長を、集団活動を通して総合的にコーディネートするという点が重要になる。É・デュルケームは『道徳教育論』(2010) のなかで、「教師がなすべきは、何よりも共通の観念や感情が自由に形成されうる場を数多く用意して、そこから共通の観念や感情をひき出し、これらを調整し定着させることである」(394頁) と述べる。対象的世界、他者、自己、これら三者の関係を児童生徒自らが紡ぎ出せるよう働きかけ、深く学べるようその機会を保障することが教師の役割としてある。学校行事は、望ましい共通の観念や感情が自由に形成されるような場として有効であるといえよう。

┌─ 学習課題 ─
（１）あなたがこれまでに経験した学校行事について一つ取り上げ、なぜそれが印象に残っているのかを考え、それが自分や学級にとってどのような意味をもったのかを話し合ってみよう。
（２）学校行事の成否によって、その後の学級のあゆみは異なってくるといわれる。将来教師になるあなたは、学校行事を通じて子どもにどのような体験的活動をさせたいと考えるだろうか。企画し、実施したいと考える学校行事実施計画表を作成し、それを友人のものと比べてみよう。

引用・参考文献
デュルケム, É., 麻生誠・山村健訳 (2010)『道徳教育論』岩波書店.
施姍 (2017)『異年齢交流活動による社会性育成に関する研究——特別活動の観察を通して』平成28年度学位論文, 兵庫教育大学大学院学校教育研究科人間発達教育専攻教育コミュニケーションコース.
須田珠生 (2017)「学校校歌作成意図の解明——東京音楽学校への校歌作成依頼状に着目して」『音楽教育学』46(2): 1-12.

（須田康之）

第3部
特別活動と他の教育活動との関連

第7章

特別活動と教科指導

　特別活動と教科指導は相即不離，つまり「切っても切り離せない関係」にある。特別活動で身に付けた学び方は教科の学習活動を豊かにする。また教科の学習で身に付けた知識・技能・技術は特別活動の場面で発揮され強化される。この双方向性を本章では3つの視点で明らかにする。第一に，2017（平成29）年告示の学習指導要領に基づいて特別活動と教科指導との関係を整理する。特別活動は学校での学習の基盤となる「集団づくり」に大きく関わる。また，学んだことの意味と価値を深めたり，自らに合う学び方をみつける機会でもあることを示す。第二に，教科指導が特別活動の視点を欠いた「学校的学習」に陥りやすいこととその背景を批判的に検討する。第三に，子ども本来の自由で伸びやかな学習を実現する特別活動の視点を踏まえ，これが新学習指導要領の求める「主体的・対話的で深い学び」につながることを示す。

1　特別活動と教科指導の関係

（1）特別活動の意義

　特別活動は学級活動（ホームルーム活動），児童会・生徒会活動，クラブ活動（小学校のみ）と学校行事から成る。これら各活動・学校行事の単位となる集団の構成は異なっている。しかしどの活動単位であれ，特別活動では他者と協力し，ともに課題を発見し創造的に解決する過程を重視する。この過程を通して，子どもたちは互いの多様性や異質性を受け容れ，尊重し，集団への所属感や連帯感を深め，ともによりよい集団や学校生活を築くことを学ぶ。

　2017（平成29）年告示の新学習指導要領では，特別活動を指導する視点を
「人間関係形成」「社会参画」「自己実現」の３つに整理した。そして特別活動
を通して育成すべき資質・能力を，特別活動全体の「目標」として示した（小
学校は学習指導要領第６章の第１。中学校・高校は第５章の第１）。つまり特
別活動は，多様な集団活動や体験活動を通して，① 様々な他者と人間関係を
築き，協働して学級や学校文化の創造に参画する教育活動である，② 集団や
自己の生活の課題を見いだし，解決する過程を通して，話し合いの仕方を身に
付けたり，合意形成や意思決定，ならびに決めたことを実践する大切さを学ぶ
教育活動である，③ 身に付けたことを生かし，自己の生き方を深め，自己実
現の力を育む教育活動である。

　以上のことから，特別活動には児童生徒の「人間形成」と「人間関係形成」
とを統合的に図る特質があり，教科の課程とは異なる独自の意義を教育課程上
に有している。同時にこの特質は，教科指導や他の教育活動と特別活動との相
互作用のなかで生きるものでもある。具体的には，① 学習の基盤としての集
団づくり，② 教科の学習を実践に生かす，③ 学び方を学ぶという３点に整理
できる。それぞれについて次項以降で確認しよう。

（2）学習の基盤としての集団づくり

　特別活動は学校生活全般，なかでも教科学習における子どもたちの集団形成
に寄与する。学校での学習は個人ではなく集団を単位として行われる。このと
き，① 学習課題に対して自分の思いや考えを紡げること，② どの子の思いや
考えも，笑われたり馬鹿にされたりすることなく，安心して表明できること，
③ 誰かが表明したことを，皆が「わがこと」として受け止め，建設的な反応
ができるようになること，④ こうした過程を通して創造的な課題解決をめざ
し，ともに高め合う人間関係を実現することが大切である。

　支持的風土に満たされた集団とは，「支え合い・助け合い・高め合い」の３
つを共有した「課題解決型の学習集団」である。「支え合い・助け合い」だけ
では，単なる「なかよし集団」に陥り，低い方への同調圧力に流されることも
ある。また，さほど生産性も上がらない。めざすのは「高め合い」である。と

もに高まることを全員の目標とし，課題解決へ向けた厳しさを許し合う人間関係である。一人一人の良さや可能性を生かし，相手の失敗や間違いに寛容かつ共感的であり，その克服に向けた協力を惜しまない人間関係に育むことが大切である。

　特別活動は学習の基盤を支える「人間形成」と「人間関係の育成」の両方に寄与する。他者と関わりながら学ぶ力を身に付けること，そのために必要な情意面，態度面の資質・能力を育むことを特別活動は重視している。また，集団活動と体験活動を方法原理とする（＝なすことによって学ぶ）ことで，他者との協力を通して思考力・判断力・表現力を発揮し，実感を伴って知識・技能を体得し，学んだことや身に付けたことを積極的に生かそうとする「学習意欲や人間性」を培うことになる。

　さらに，特別活動は，特別活動に固有の資質・能力を育むだけではなく，教師による学級経営の要として寄与することも期待されている。学習指導要領第1章総則は，学習や生活の基盤として，教師が児童生徒との間に信頼関係を築き，また子ども相互の人間関係を育む学級経営の充実を求めている。これに呼応する形で，学習指導要領第6章特別活動（中学校・高校は第5章）は，学級活動（ホームルーム活動）における児童生徒の自発的・自治的な活動を中心とした学級経営（ホームルーム経営）の充実を図ることを求めている。

　学級は子どもたちにとって学校生活の基盤である。学級での人間関係は子どもたちの学校生活に決定的な影響を与える。その人間関係をよりよいものに築くには，教師による意図的・計画的な指導が不可欠である。しかし同時に大切なことは，子どもたちの自主性・自発性に働きかけ，「良好な人間関係を築きたい」という気持ちを喚起することである。学習の基盤となる集団づくりを進める主体は，教師であるとともに子どもたちでもあるということを忘れてはならない。

（3）教科の学習を実践に生かす

　特別活動は，各教科の課程で学び，身に付けた知識・技能・技術や資質・能力を発揮する実践的な場面である。つまり，各教科で身に付けたことは特別活

動を通して実感を伴って体得され，思考力・判断力・表現力の深化をもたらし，各教科を学ぶ意義を深めたりする。

　教科学習と特別活動の関連について，学習指導要領解説はいくつかの事例を挙げている。たとえば特別活動における集団活動は「話し合い」を重視する。課題に対して個人が調べたり考えたりしたことを重ね合わせ，意見をまとめる話し合いや，体験したことや調べたことを発表する活動がある。これらの活動を支えるのは，たとえば国語科で身に付けた「話すこと・聞くこと」や「書くこと」の能力である。また発表の際，効果的に発表内容をまとめ，相手にわかりやすいプレゼンをする際には，算数・数学科，理科，社会科，図画工作・美術科等で学んだことを生かして図表を作成したり，グラフィカルなデザインを工夫したりすることもある。また，学校行事では，事前の準備を含め日常の学習や経験を総合的に発揮し，発展を図ることになる。たとえば文化的行事（文化祭や合唱祭）では音楽科や図画工作・美術科，健康安全・体育的行事（体育祭）では保健体育科，遠足（旅行）・集団宿泊的行事では社会科・地歴科・公民科等とのつながりが深い。

　以上はほんの一例である。いずれにしても特別活動で育成をめざす資質・能力や内容は，教科指導と深い関連をもっている。その具体を教師が把握するためにも，他の教育活動との関連を充分整理した特別活動の年間指導計画を作成することが重要となる。

（４）「学業指導」という視点

　学習指導要領の第 3 次改訂（小学校：昭和 43 年，中学校：昭和 44 年，高校：昭和 45 年）および第 4 次改訂（小・中学校：昭和 52 年，高校：昭和 53 年）では，特別活動の内容に「学級指導」という項目が独立して存在し，そこには「学業指導」という内容を含んでいた。たとえば1969（昭和44）年の中学校学習指導要領では，「B　学級指導」の 1 の(3)に「学業生活に関すること」とあり，その内容の取り扱いに係る配慮事項として「ウ　学業生活に関することとしては，学業上の不適応の解消，学習意欲の高揚，望ましい学習習慣の形成など」と記載されていた。つまり，特別活動の授業時数のなかに明確に時間

を確保し，教師の指導によって教科学習に必要な「学び方の学習」に取り組ま
せ，子どもに学習の仕方を身に付けさせることが行われていたのである。

　「学業指導」を含む「学級指導」の項目は，平成元年の第5次改訂の際，「学
級活動（ホームルーム活動）」の項目に統合され，今日に続いている。今回の
第8次改訂の場合，小学校では「学級活動」の「⑶　一人一人のキャリア形成
と自己実現」の「ウ　主体的な学習態度の形成と学校図書館等の活用」，中学
校では同じく学級活動⑶の「ア　社会生活，職業生活との接続を踏まえた主体
的な学習態度の形成と学校図書館等の活用」，高校ではホームルーム活動⑶の
「イ　主体的な学習態度の確立と学校図書館等の利用」が該当する。すなわち，
かつての「学業指導」は「主体的な学習態度の形成（確立）」という言葉に引
き継がれたといえる。

　特別活動が教科指導と強く結びつくのは，特別活動が「学び方の学習」を促
す役割を担うからである。学習に向かう意欲や態度は，本人を取り巻く集団と
の関係性に支えられる。しかしそれと同等かそれ以上に大切なことがある。そ
れは有効な「学び方」を身に付けることで得られる「手応え」が，さらなる学
習へと向かう一人ひとりの意欲や態度を支えるということである。

　「学び方の学習」とは，特定の話形や発表の仕方を教師から子どもへ一方的
に押しつけ，馴らすことではない。子どもたちが自分のこととして，手応えを
もって学習を進められるための具体的な方法や習慣を開き合い，共有すること
が必要である。予習の仕方やノートの作り方，家庭学習の仕方や集中して取り
組むための工夫といった「個人の学習方法」に関わる知恵がある。一方，仲間
とともに学ぶ授業では，「めあて」を確認する仕方，個の自力解決に必要な時
間の決め方，ペアや小集団で話し合って意見を整理する仕方，考えたことを表
明したり意見交換したりする仕方をみんなで考え，共有することが大切である。

　子どもたちが手応えをもって学べる仕方を知ることは，教師が自らの偏った
教え方や学ばせ方を問い直す機会ともなる。また，習得させるべき「学び方」
を，受け持ちの子どもに合うかたちで提示する際の手がかりともなる。より良
い学び方を見つけようとする話し合いは，教科指導につながる学級活動の重要
なテーマなのである。

2　「学校的学習」の批判的検討

（1）ひとつの事例から

SEL（Social and Emotional Learning：社会性と情動の学習）やピア・サポート，アンガー・マネージメント，グループ・エンカウンターといった心理学由来の体験活動を学級活動として実践する取り組みが増えている。学校不適応や生徒指導上の諸問題に対する予防開発的アプローチとして脚光を浴び，一定の成果をあげているといわれる。対人関係スキルを習得する実践的かつ段階的なプログラムをもち，年間指導計画に組み込んだ取り組みを充実させている学校もある。

しかし，一定の手応えを感じている教師のなかにも，次のような疑問を抱える人たちがいる。SELやピア・サポートの学活の時間，確かに生徒は熱心に，そして楽しそうに取り組んでいる。振り返りの記述も好意的である。しかし，そこで身に付けたスキルが普段の授業の人間関係や，全員で学習に向き合う意欲・態度・姿勢に必ずしも発揮されていないのはなぜかという疑問である。

その要因はおそらく複合的なものである。たとえば，①「SELはSEL，授業は授業」といった具合に子どもは無意識に線引きをし，まったく別物と捉えている。あるいはSELで学んだことを授業中の振る舞いにつなげて良い（あるいは「つなげるべき」）という認識がない，②教師の側が，SEL等で身に付けたスキルを授業に生かすよう子どもに指導しきれていない，あるいは生かすような機会を授業に設定できていない，③そもそも教科指導の授業は，SEL等で身に付けたスキルを発揮させにくい構造的な限界を抱えている，といったことである。

（2）教室は一斉授業をしやすいようにできている

それでは「授業という形式が抱える構造的な限界」とはどのようなものだろうか。ここでは一般的な教室授業を例に考えよう。教室とは限られた時間にできるだけ多くの知識・技能を効率よく子どもたちに伝達する目的でつくられた

空間である。教室の中央正面に黒板と教卓があり，それに向かって子どもたちの机と椅子が整然と並ぶ配置は，知識伝達型の一斉授業形式を前提にした構造であり，活動主体の授業を想定したものではない。つまり，教室というハードはソフトである教授法や教師と子どもの関係のあり方を縛るのである。

　知識伝達の効率を優先した一斉授業形式は，しかし次のような問題を常に抱えている。第一に，教師の説話・発問・指示が教室のコミュニケーションの大半を占め，子どもたちのヨコのつながりを必要としない。そのため，子どもを受け身の状態にしやすくできている。第二に，あらかじめ教師が用意した枠組みで授業が展開するため，子どものはみだした思考やつまずきを受け容れたり，間違いや誤りを手がかりにさらに学習を深化させることができにくい。第三に，学習意欲の面で子どもたちの人間関係を分断してしまう。授業の中心で活躍できる一部の子どもは意欲を高めることができる。一方，進度が遅れがちな子どもには「授業は自分を馬鹿にするための時間でしかない」という思いを抱かせ，学習意欲を低下させる。

　本来，授業は「できなかったことができるようになる」「わからなかったことがわかるようになる」ための時間である。しかし，一斉授業形式は子どもたちを「進度の早い子」と「遅れがちな子」に分断する。そして学校は，ペーパーテストに現れた「学力」によって子どもを色分けし，社会に送り出してしまう。教室は子どもたちが自分に合う学び方を見つけ，わからないことやできないことを共有しつつ主体的に学習を深める場ではなく，「おとなしく教えられる客体」になることを強いる空間に陥りやすいのである。

（3）授業における「気がかりな子」
　もちろん，教師は授業における「気がかりな子」を放置しているわけではない。むしろ，そうした子どもたちが授業についてこられるよう，極めて良心的に創意工夫を重ね，少しでも効果のあがる実践を日々模索している。しかし，このような教師の良心的な取り組みが，かえって授業の悪循環を生んでいる事実もある。
　まず，「気がかりな子」とは何かを整理しよう。「気がかりな子」には2つの

ことが不足している。ひとつは「語彙」である。語彙は学習課題に対して粘り強く向き合うための武器であり，最も基礎的な学習力を支える。学習とは曖昧模糊とした対象（課題）を言葉の力によって自分なりに切り分け，整理整頓し，咀嚼することである。その営みを支えるのが語彙である。これが不足していると，学ぶことや目の前の困難に向き合う「自信」をなくさせてしまう。したがって，2つめに不足しているものは「自信」である。「自信」とは文字通り「自分を信じられる」ということ，すなわち新しい課題や困難に対して自分自身を前向きに押し出してくれる安心感のことである。

　「語彙」と「自信」が不足していると学習意欲は大きく下がる。そして，意欲の下がった状態をどのように表現するかは，子どもによってさまざまである。机に伏せて寝たフリを決め込む子，私語や手悪さが止まらない子，落ち着きなく立ち歩いたり，逆にボーッとしている子，ことあるごとに「わからん‼」と大声を連発する子などさまざまである。しかし教師にとって最も困るのは「わかったフリ」をしてしまう子どもではないだろうか。実は学習意欲が低いにもかかわらず，わかったフリをされてしまうと，教師は自分の指導を改善する手がかりを失うからである。

（4）教師による「良心的な取り組み」の落とし穴

　子どもたちは学習意欲の低さをさまざまに表現する。これに対して，教師は極めて良心的に応じている。たとえば，さらに説明や解説を加えてなんとかわからせようとしたり，特定の話形や形式を与え，これに則った発表を促して活躍の機会を与えたりしようとする。穴埋め式のワークシートを多用し，そこに必要な単語を埋めてくれさえすれば授業に参加したとみなしたりする。お互いの疑問や考えを共有しやすいよう4人組の小集団を編成したり，コの字型の学習形態を採用したりする。班の活動に入らせたあと，思い描いた方向に進んでいないと教師が判断すれば，「机間支援」と称して軌道修正のための指示や助言を次々に加えたりする。また，班で話し合った意見をまとめやすいよう，はじめから小さなホワイトボードをあてがったりする。

　しかし，このような「対症療法」の結果，授業には次のような悪循環が生ま

れる。先生に教えてもらうことが授業だ，言われたことをするのが勉強だといった「隠れたカリキュラム」を子どもたちは学んでいる。自分で考えるしんどさ・面倒くささと，「どうせ最後は先生が答えを言ってくれる」という理由で，自ら進んで考えようとせず，問われたことに単語だけで答えるようになる。機械的な操作や解き方だけ憶えようとして，「なぜその方法が良いのか？」という理由を考え抜こうとしない。みんなの前で間違えたり恥ずかしい思いはしたくないので，わからなくても良いからやり過ごそう，わからなくて困っている自分を隠そう，授業でわからなくても，あとで塾の先生に訊いたり，友達に教えてもらえばいいやといった思いを抱かせている。また，わからない自分が悪い，頭が悪いからできないのだといった「不当な劣等感」を抱かせている場合もある。さらに，友達の前でやる気を見せることへの警戒心が強く，教室全体を低い方への同調圧力に流すことに加担している場合もある。

　教師が4人班やホワイトボードを用いるのは，子どもたちの話し合いの質を高めたいからである。単に考えたことを出し合って終わるのではなく，さらに練り上げたり，問いを深めたりする「重ね合う話し合い」に取り組ませたいからである。しかし実際には，4人のなかで最も正解に近い子どもの答えをホワイトボードに転記させている。せっかく各自が一生懸命に考えたことを「捨てさせる話し合い」になっているケースが多い。常に教えてばかりの子どもと，常に教えられてばかりの子どもに分断し，かえって小集団での人間関係を悪くさせている。教師による良心的な指導や配慮こそが，むしろ「おとなしく教えられる客体」を育ててしまい，「自ら学ぶ主体」を育て損なっている実態がある。

3　特別活動の視点から授業を変える

(1)「教える側」ではなく「学ぶ側」に立つ

　新学習指導要領が求める「主体的・対話的で深い学び」の考え方は，上述した「学校的学習」にありがちな困難を克服する可能性を秘めている。またこれは活動の主体を子どもに預けることを旨とする特別活動の発想と親和性が高い。

つまり教科指導における教師の立ち位置を,「教える側」からだけではなく,「学ぶ側」にしっかりつなぎ止めることで,「指導者」と同時に「支援者」としての特性を最大限に引き出そうとするものである。

　教師が「学ぶ側に立つ」ためには,「教師の言葉は子どもに届いているはずがない」という前提で子どもと向き合い,「どのように届いていないのか?」を知ろうとすることが大切である。もちろん指示,発問,説明を端的かつ丁寧にして子どもに届けようとする努力は必要である。しかし,どれほど言葉を研ぎ澄ましても,それは子どもに届いていない。子どもの側にはつねに誤解や勘違いや聞き漏らしが生じるからである。

　だからこそ,「どのように届いていないのか?」を子どもに訊ねることが大切であり,その疑問や誤解をつまびらかにさせる時間が必要である。特に授業の導入では,「めあて」や「課題」を提示した直後の「課題の吟味」を充実させるべきである。どれほど教師がわかりやすく「めあて」や「課題」を提示しても,その受け止めは子どもによってさまざまである。また捉え損なっている子どももたくさんいる。そこで「どのように届いていないか?」を確認する「課題の吟味」を行う。「めあて」や「課題」に対して,わかりにくいところ,確認しておきたいところ,ハッキリさせたいことを子どもに訊ねる。そして,少しでも曖昧なところがあれば,遠慮なく表明すること,それは決して恥ずかしいことではないこと,あなたが困っているのと同じことで困っている友達がいるはずだ,ということ,それを表明してくれれば救われる友達もきっといる,ということ,したがって誰かが発言することは自分にも関わりのあることと思って耳を傾けることを伝え,安心して誤解や勘違いを開き合うようガイダンスする。

　また,そのとき表明された子どもの疑問や勘違いを,教師が解消しようとしてはいけない。むしろ子どもの集団に働きかけ,子どもたち自身で解決させるよう振り向けることが必要である。一人の子どもから発した問いを,全員に返し,誰もが自分にも関わりのあるものとして受け止めさせ,みんなでその子の問いに答えようとする関係を育てること,この過程を経ることで,一人も置き去りにすることなく,学習のスタートラインに立たせることが大切である。

（2）学び方には個性がある

　次に，「子どもの学び方には個性がある」という認識をもつことが大切である。教師から見れば効率が悪く洗練されていないやり方でも，その子なりに懸命に取り組んでいる姿があれば，それを「学び方の個性」として受け容れる必要がある。そのうえで，その子がどのように課題に向き合おうとしているのか，どのように問題を解こうとしているのか，どのように理解しようとしているのか，どこで困っているのかといったことを訊ね，表現させることが大切である。

　学習とは，課題に対して自己内対話を繰り返し，自分なりの「思い」をつくることである。その自己内対話の繰り返しが語彙を蓄積させ，蓄積した語彙を使う機会となり，概念形成やより深い理解にたどり着かせることになる。子どもは教師に教えられてわかるよりも，自分なりに理解したいと思っている。しかし，自己内対話の力が弱い段階では，問われたことや課題に対して，曖昧模糊とした生煮えの言葉しか持ち得ない。しかし，その曖昧さやわからなさを外に向けて表現させることで，子どもは自分なりに課題を整理し，理解に近づくことができる。

　逆にいえば，曖昧模糊とした生煮えの状態に対して，教師がどれほど丁寧な説明や解説を加えても，それはほとんど子どもには届かない。子どもによっては「せっかく先生が説明してくれているのだから，間違っているはずはない」，「しかし，何度聞いても先生の説明を理解できない。それは理解できない自分が悪いのだ」と不当な劣等感を抱かせたり，「教えてくれている先生に悪いから，本当は腑に落ちていないのだけど，わかったフリをしてしまおう」という思いを抱かせてしまう。その結果「おとなしく教えられる客体」が育ってしまうのである。

　課題に対するその子なりの学び方やアプローチの仕方を，まず認めることが必要である。しかし，学び方の個性は外側から容易に理解できるものではない。だからこそ，どのように取り組もうとしているのかを子どもに訊ね，表現させる必要があるのである。

（3）授業で支持的風土を育むとは

　「学ぶ」とは「わからない」と言えるところから始まる。「わからない」とは本来恥ずかしいことである。特に授業は子どもたちを必要以上に「わからない＝はずかしい」という気持ちに追い込んでいる。その積み重ねによって，子どもたちは「わからない自分」を覆い隠す高度なテクニックを身に付けていく。そのテクニックが身に付けば身に付くほど，学習に向かって心を解き放てず，むしろ萎縮した身体になってしまう。だからこそ，安心して「わからない」と言える状況を教師は用意する必要がある。その状況とは，相互の信頼と愛着に支えられた人間関係，すなわち支持的風土に満たされた状況である。ただし，支持的風土は学校のあらゆる教育活動，特に授業を通して育むものであり，最初から与件として存在するのではない。

　授業を通して支持的風土をつくるとはどういうことか？　ここには，①学習者個人に対する働きかけと，②学習集団に対する働きかけが同時進行で必要である。まず学習者個人に対しては，安心して「わからないこと」を表明してよい（あるいは表明すべきである）ことを伝え，学習上の規範として共有する。そして誰かが「わからない」という意志を表明しても，これに教師が説明や解説を加えてわからせようとしてはいけない。先述したとおり，過剰な説明と解説は子どもを「おとなしく教えられる客体」に追い込むからである。

　大切なことは「ほどよい不親切」である。単に「わからない」と言わせるだけではなく，「どこがどのようにわかりにくいのか？」という「わからなさの内訳」を，生煮えの言葉のまま，中途半端にこそ説明させ，言葉を紡がせるよう仕向けるのである。これを「一往復半の関係」という。その際，優れた実践を積み重ねているある小学校の先生は，「人と同じ考えでよい，自信がなくてもよい，まとまっていなくてもよい，間違えてもよい。それでも自分は○○だと思う」という「自分の思いをつくる」ことを促している。

　次に学習集団に対して，教師は次のような規範を共有するよう子どもたちに働きかける必要がある。つまり「教室で誰かが発言することは，つねに自分に関係のあることだという思いをもって受け止める」という規範である。全員の前で発言することは孤独であり恥ずかしいものである。しかしどんな発言も笑

ったり馬鹿にされたりせず，共感をもって受け止められたり，問いをもちなが
ら耳を傾けてくれる友達が周りにいれば安心して発言することができる。本人
に力を発揮させるものは，本人の資質・能力や技術以上に，本人に対して好意
的な周りの人間の存在なのである。

　ただし，ここで注意が必要である。このような関係に育てるために，学校で
は「誰かが発言しているときは，そちらを向きましょう」とか「うなずきなが
ら聞きましょう」といった「形式」を振り回すことがある。形式通りに流れて
も，学習の深まりがいっこうに感じられないケースは多い。真にそのような形
式が生き，有効に作用するには，課題に対して自分の考えを紡ぐ時間が保証さ
れ，誰もが自分なりの思いをつくっていることが前提である。一人で一生懸命
に考えた過程があれば，自ずと他の友達の考えが気になり始める。「わからな
いことを表明した方が，自分にも友達にも得になる」という成功体験の積み重
ねこそ学習への手応えを生む。学習意欲はこの積み重ねによって育まれるもの
であり，興味関心を皮相に刺激することではもたらされない。

（4）学習カウンセラーとしての教師

　「カウンセリング」の本来の意味は「悩み相談」ではなく，「相手のなかに眠
っている力を引き出すこと」である。教師は「学習」という営みについて，個
人に対しても集団に対しても，自ら学ぶ力を引き出すよう働きかけるカウンセ
ラーである。

　教師の「授業力」は「教科指導力」と「学習指導力」という2つの柱で成り
立っている。教科指導力とは，各教科がもつ知識・技能・技術を子どもに伝え
きる力である。その教科に対する深い見識と学識が必要であり，教材研究の力
に多くを負うことになる。一方，学習指導力とは，その教科の指導を通じて子
どもたちに特定の学び方を提示したり，自分に合う学習の仕方を見つけさせ，
習熟させ，「学ぶ手応え」を子ども自ら実感させる力である。自律した学習者，
主体的な学習者とは，すなわち自分で自分の学習を組み立てられる力をもって
いるということである。

　新学習指導要領が求める「主体的・対話的で深い学び」のためには，「教師

が教え切ろうとする授業」から「子どもに学び取らせる授業」への転換が必要である。その前提として，本章では学校的学習が不可避的に抱える問題を整理し，進度が遅れがちな子どもへのまなざしを変えること，「学習規律」を管理統制的なルールではなく「学習に向けて子どもたちを解放する規律」と捉えること，正答を見つけさせるのではなく，課題に対して自分なりの思いをつくらせる学習への転換が必要であること，そして究極には「わかったフリをさせない授業」をめざすことの大切さを整理した。いずれも，特別活動の視点から導き出されたことである。

　最後に，ひとつのエピソードを紹介し，読者への問題提起としたい。

　とある公立高校で生物を担当する女性の先生がいる。その先生は，これまで授業で穴埋めのワークシートを多用する先生であった。それは極めて良心的な配慮によるものであった。つまり，定期テストや模擬試験，あるいは入試に対応できるように，また復習もしやすいよう，効率的に生徒が学習を進められるツールとして作り込まれたワークシートであった。しかし，ワークシートを配布した途端，寝はじめる生徒がいたり，答えを書き写すだけの生徒がいたり，きちんと提出するが試験の成績は芳しくない生徒がいるといった状態が続いていた。やがてその先生は，ワークシートが生徒のためではなく自分のため，つまり生徒が学習を深めるためのものではなく，教師が 1 時間の授業をそつなくこなすシナリオになっているのではないかと考え始めた。

　そこでその先生は，ワークシートに頼らない授業を考えた。そして，教科書を使い切る授業をはじめた。次時に学習する該当頁を毎時の終末に生徒に伝え，どのような形式でもよいから自分なりのノートをつくり，教科書を読み込んでくるよう指示した。はじめのうち，生徒はどのようにノートをつくれば良いかわからず混乱した。大切だとおぼしきキーワードを抜き書きするだけで精一杯の子，何が大切か区別できず教科書をほぼ丸写しする子，文字ではなくイラストを多用してビジュアルに整理する子，手も足も出ずノートがつくれないまま授業に出る子などさまざまであった。しかし，つくってきたノートに基づいて，小集団で生徒が発表をしながら進め，自分たちで疑問を解消させることを授業の中心に据え，粘り強く繰り返した結果，一人一人が自分にとって学ぶ手応え

のもてるノートをつくれるようになり，学力も向上したという。

　このような授業改善を行って2年目のとき，生徒に授業評価をさせた。2年生は「はじめは慣れなかったけれど，今のように自分でノートを作る方が，以前よりもずっと勉強した気持ちになれるし，実際に学力も身に付いたと思う」と答えた。一方，1年生は「こんな勉強の仕方はしたことがないので困っている。中学の時のように穴埋めのワークシートを配って先生が説明してほしい」と答えたという。2つの意見の違いを，あなたはどのように考えるだろうか。

学習課題

（1）「特別活動の視点を教科指導の授業に生かす」ことを，あなたが専門とする教科ではどのように実現できるだろうか。具体的な実践例を考え，発表しよう。

（2）理科の実験の授業で，① 先生が実験の手順書を配布し，それを先生が説明をして実験に入らせる場合と，② 先生は何も言わず実験の手順書を子どもに読み込ませ，疑問や意見を出させ，それらを子どもに解決させてから実験に入らせる場合とでは，授業にどのような違いが出ると考えられるか話し合ってみよう。

引用・参考文献

相原次男・新富康央・南本長穂編著（2010）『新しい時代の特別活動』ミネルヴァ書房.

髙旗浩志（2010）「第4章　教室」有本章・山﨑博敏・山野井敦徳編著『教育社会学概論』ミネルヴァ書房.

髙旗正人・倉田侃司編著（2011）『新しい特別活動指導論（第2版）』ミネルヴァ書房.

髙旗浩志（2016）「第2章　授業をつくる教師」南本長穂編著『新しい教職概論』ミネルヴァ書房.

文部科学省（2018）『小学校学習指導要領解説　特別活動編』東洋館出版社.

文部科学省（2018）『中学校学習指導要領解説　特別活動編』東山書房.

文部科学省（2019）『高等校学習指導要領解説　特別活動編』東京書籍.

（髙旗浩志）

第8章

特別活動と「特別の教科　道徳」

　特別活動も「特別の教科　道徳」も，学校教育の目標を達成するために設けられている。では，学校教育の目的は何か。日本の教育の基本的指針を明記している教育基本法には，教育の目的は人格の完成を目指すことであることが示されている。そして第2条（教育の目標）には，人格を育てる中核となるのが道徳性であることが読み取れるようになっている。道徳性の育成を図るのが道徳教育であり，すべての教育活動を通して行われる。このことを基本的な押さえとして，特別活動と「特別の教科　道徳」について考察したい。

1　道徳教育の構造と目標と方法

　まず，日本の学校の教育課程において，道徳教育がどのように規定され行われているのかを見てみたい。

（1）道徳教育を充実させるための基本的視点
　学習指導要領の総則には，小学校教育，中学校教育の基本と教育課程の役割について明記されている。そこには，教育基本法の理念に基づき，知育，徳育，体育について基本的方針が示されている。そのなかで徳育に関わる部分は次のように記されている。

① 体験活動，多様な表現や鑑賞等の活動を通して豊かな心や創造性の涵養を
　目指す教育の充実を図る

　2017（平成29）年に告示された新学習指導要領では，道徳教育の目標を記す
前に，「道徳教育や体験活動，多様な表現や鑑賞等の活動を通して，豊かな心
や創造性の涵養を目指した教育の充実に努めること」と示されている。道徳教
育を一層充実させるために，豊かな体験活動や感性を育てる体験的学習，豊か
に心を通わせ，感受性を高め，創造的に新しい価値を創り出す学習を積極的に
取り入れていくことを求めている。道徳教育を，豊かな体験活動を充実させ，
心の教育や新しい価値を創造する教育，という視点から捉え直し充実させてい
こうとする意図が読み取れる。

② 道徳教育は学校教育全体で行うものであり，その要として「特別の教科　道
　徳」が設けられている

　総則の第1の2の(2)の本文の最初に「学校における道徳教育は，特別の教科
である道徳（以下「道徳科」という。）を要として学校の教育活動全体を通じ
て行うものである」ことが明記されている。そして，すべての各教科等の「第
3　指導計画の作成と内容の取扱い」において，「特別の教科　道徳の第2に示
す内容について，○○（各教科等）の特質に応じて適切な指導をすること」と
記されている。特別活動においては，「第1章総則の第1の2の(2)に示す道徳
教育の目標に基づき，道徳科などとの連携を考慮しながら，第3章特別の教科
道徳の第2に示す内容について，特別活動の特質に応じて適切な指導をするこ
と。」となっている。

③ カリキュラム・マネジメントの視点を反映させること

　新学習指導要領においては，カリキュラム・マネジメントという言葉が総則
に明記され，指導計画の充実を求めている。総則の第1の4で「児童（生徒）
や学校，地域の実態を適切に把握し，教育の目的や目標の実現に必要な教育の
内容を教科等横断的な視点で組み立てていくこと」と記されている。道徳教育
の内容は，すべての教育活動とかかわるものであり，その要として「特別の教

科　道徳」が設置されていることから，カリキュラム・マネジメントの視点を最も反映させる必要があると捉えられる。

（2）道徳教育の目標

　道徳教育の目標は，「自己の生き方（人間としての生き方）を考え，主体的な判断の下に行動し，自立した人間として他者とともによりよく生きるための基盤となる道徳性を養うこと」（（　）内は中学校）と記されている。この文面からいえば，道徳教育は道徳性を養うことを目標とする，ということになる。学習指導要領解説では，道徳性を「道徳的諸価値が統合したもの」と捉えているので，基本的な道徳的価値が示されている道徳の指導内容を指導することになる。

① 道徳教育の目標は，自律的に道徳的実践を行い共によりよく生きようとする子どもたちを育てること

　そのことを踏まえた上で，道徳教育の目標に示されているめざすべき子どもの姿を押さえたい。ポイントが2つある。

　まず，人間としての自己の生き方をしっかり考えられる子どもである。そして，二つ目のポイントは，それを追い求めて，日常生活やさまざまな学習活動やこれからの自らの生き方において，主体的に判断し行動できる子どもである。

　それは，簡単ではない。いろいろと葛藤し，チャレンジしながら成長する。それが，自立した人間ということである。そういう子どもたちが一緒になって，よりよい社会を創っていくのである。これが，道徳教育の求める子ども像である。一言でいえば，自律的に道徳的実践ができる子どもを育てるのが，道徳教育の目標だということになる。

② 人間尊重の精神と生命に対する畏敬の念を具体的な生活の中に生かす

　さらに，目標に続いて留意事項が書かれている。この内容は，従来は道徳教育の目標として書かれていたものであり，同様の重みをもって捉える必要がある。一言でいえば，日本国憲法の「崇高な理想」（世界の平和と人類の福祉）

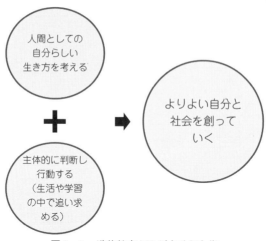

図8-1　道徳教育がめざす子ども像

を具現化できる子どもたちの育成である。そのための基本が「人間尊重の精神と生命に対する畏敬の念を家庭，学校，その他社会における具体的な生活の中に生か」すことなのである。

（3）「特別の教科　道徳」の目標

　道徳教育の要である「特別の教科　道徳」の目標は，「よりよく生きるための基盤となる道徳性を養うため，道徳的諸価値についての理解を基に，自己を見つめ，物事を（広い視野から）多面的・多角的に考え，自己の生き方（人間としての生き方）についての考えを深める学習を通して，道徳的な判断力，心情，実践意欲と態度を育てる」（（　）は中学校）となっている。

① 道徳教育の目標と関わらせて指導する

　まず，「よりよく生きるための基盤となる道徳性を養うため」と記されている。この文言は，道徳教育の目標の最後の文言と同じである。当然のことながら，「特別の教科　道徳」は，道徳教育の目標を要となって追究していく時間であることを表している。つまり，道徳教育の目標と関わらせて，指導しなければいけないということである。

② ３つのキーワード

「特別の教科　道徳」の目標を図式化すると図8-2のようになる。

道徳の授業のポイントを，３つのキーワードで示すことができる。一つは「道徳的諸価値の理解」。二つは「自己を見つめる」。三つは「物事を多面的・多角的に考える」。この３つのキーワードは別々にではなく，相互に関わらせて指導する必要がある。そのことを通して，「人間としての自分らしい生き方についての考えを深める」学習を展開しなければならないことが記されている。

「道徳的諸価値の理解」は，自分を見つめる判断基準，いろいろな状況下でどうすればよいのかを考える判断基準になる。道徳的価値を，人間として成長するとはどういうことかということとかかわらせて，捉える必要がある。

「自己を見つめる」は，人間としての自分らしい生き方という視点から，今の自分，今までの自分，これからの自分を捉えなおしてみる。あるいは，いろいろな状況のなかで自分はどうすればよいのかを考えることである。

「物事を多面的・多角的に考える」は，いろいろな道徳的な事象や状況において，どのように対応することが人間としての自分らしい生き方なのだろうか，といったことをしっかり考えられる力を育てることである。

そして，それらの学びを通して「人間としての自分らしい生き方についての考えが深め」るのが「特別の教科　道徳」であるということになる。

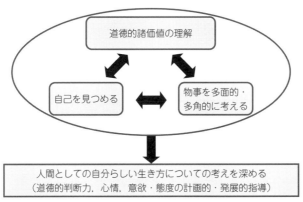

図8-2　「特別の教科　道徳」の目標の図式化

③ 道徳的判断力，道徳的心情，道徳的実践意欲・態度を計画的・発展的に育
　めるようにする

　「特別の教科　道徳」は，基本的な道徳的価値全体にわたって計画的・発展的
に指導する役割を担っている。具体的には，道徳性の基本である道徳的判断力，
道徳的心情，道徳的意欲・態度（道徳性に関わる知，情，意と捉えられる）を，
それぞれの道徳的価値にかかわって育み，道徳性全体を計画的・発展的に高め
ていくのである。

　道徳的判断力とは，善悪の判断である。しかし，今日，善ではないが悪でも
ないという事象が多く見受けられる。そこにおいて何が判断基準として大切な
のかといえば，「人間としてどうすることが求められるのか」という基準から
の判断である。つまり道徳的価値意識による判断である。

　道徳的心情は，「人間として望まれる事象や状況」に喜びの感情をもち，「人
間として望ましくない事象や状況」に不快の感情をもつことと捉えられる。し
かし，不快の感情だけで考えていればいじめの要因にもなりかねない。「人間
として望ましい事象や状況」に不快の感情をもつと同時に，よくしてあげられ
ないかという感情を同時に育むことであると捉える必要がある。

　道徳的実践意欲・態度は，「人間として望まれることを自分らしく実行しよ
うとする構え」である。逆にいえば「人間として望ましくないことはやめてお
こうとする自制心」も含める必要がある。さらに，目標をもってよりよいこと
を行おうと取り組んでもうまくいかず挫折することがある。その状況をいかに
回復していくか，いわゆるレジリエンスの育成も含めて捉える必要がある。

　つまり，「特別の教科　道徳」の目標にある，「人間としての自分らしい生き
方についての考えを深める」ことを基盤とした道徳的判断力，道徳的心情，道
徳的実践意欲・態度の育成が求められるのである。道徳的判断力，道徳的心情，
道徳的実践意欲・態度は，相互に関わり合うことによって，生きて働く道徳性
が育まれていく。

④「特別の教科　道徳」を要に各教科等の特質に応じた指導で育む道徳性

　道徳的判断力，道徳的心情，道徳的実践意欲・態度は，学校教育全体で取り

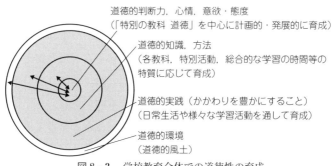

図8-3　学校教育全体での道徳性の育成

組む道徳教育においても，それぞれの特質に応じて育成される。「特別の教科
道徳」は，それらを踏まえて，計画的・発展的に指導する。この意味において，
道徳教育の要としての役割を果たすことになる。

　そのことを踏まえた上で，各教科等においては，それぞれの特質に応じて，
特に道徳的知識や道徳的実践方法，道徳的事象についての追求方法などを学ぶ。
それらを育むことによって，自律的な道徳的実践がより具体化する。また，日
常生活やさまざまな学習活動においては，道徳的実践の指導が行われる。さら
に，道徳的な視点から，環境（物理的環境，人的環境，情報的環境など）を整
備することによって，道徳性を育むことができる。そのような状況においては，
当然，その場が道徳的な雰囲気（道徳的風土）になっていく。

⑤　道徳教育の指導内容の捉え方
　「特別の教科 道徳」に示されている指導内容は，各教科等の特質に応じて指
導するものであり，「特別の教科 道徳」においては，それらを踏まえて，毎学
年，全部の内容項目について指導しなければならないものである。
　道徳教育の指導内容は，4つの関わりごと*に，かつ学年段階ごとに重点的
に示されている。このような内容の示し方は，道徳教育の在り方を示している。
　　＊学習指導要領では，以下の4つの視点から分類整理し，道徳の内容項目を示し
　　　ている。A　主として自分自身に関すること，B　主として他の人との関わり
　　　に関すること，C　主として集団や社会との関わりに関すること，D　主とし
　　　て生命や自然，崇高なものとの関わりに関すること。

　すべての子どもたちが，道徳性の萌芽をもって生まれてくる。その萌芽は，日常生活におけるさまざまな関わりを通して成長する。つまり，道徳性が成長するとは，日常生活における関わりを豊かにしていくことだと捉えることができる。その関わりの基本的なものが，4つの視点として示されている。主に，自分自身，人，集団や社会，生命・自然・崇高なものである。

　道徳教育がめざすのは，人間としての自分らしい生き方を考え追い求める子どもたちを育てることである。すべての関わりを，自分らしく発展させていくために必要なものとして，指導内容項目が，発達段階ごとに示されている。子どもたち一人一人が，指導内容項目を窓口として，日常生活や様々な学習活動において，4つの関わりを豊かにしていくことが求められるのである。

　つまり，各教科等における道徳教育とは，それぞれの授業において，これらの4つの関わりを教材や様々な学習活動を通して豊かにしていくことと捉えられる。そのことを踏まえて，「特別の教科　道徳」の授業では，それぞれの道徳的価値を人間としてよりよく生きるという視点から捉えなおし，自分を見つめ，自己の成長を実感するとともに，これからの課題を確認し，追い求めようとする意欲，態度を育てるのである。

　そして，事後の学習や生活において，それらとの関わりをより豊かにもてるようにしていく。それが道徳的実践ということになる。つまり，道徳的実践とは，これら4つの関わりを豊かにするための道徳的諸価値の自覚を深めることを通して，実際の生活やさまざまな学習活動のなかで，関わりを豊かにしていくことなのである。「豊かな体験による内面に根差した道徳性の育成」が道徳教育の基本原理であることが理解できる。

2　特別活動の目標，内容と道徳教育

　これからの学校教育，道徳教育を踏まえて，特別活動の目標と内容を捉えるとどのようになるだろうか。次に見ていきたい。

（1）特別活動の目標と道徳教育

特別活動の目標は，次のように示されている。

> 　集団や社会の形成者としての見方・考え方を働かせ，様々な集団活動に自主的，実践的に取り組み，互いのよさや可能性を発揮しながら集団や自己の生活上の課題を解決することを通して，次のとおり資質・能力を育成することを目指す。
> ⑴　多様な他者と協働する様々な集団活動の意義や活動を行う上で必要となることについて理解し，行動の仕方を身に付けるようにする。
> ⑵　集団や自己の生活，人間関係の課題を見いだし，解決するために話し合い，合意形成を図ったり，意思決定したりすることができるようにする。
> ⑶　自主的，実践的な集団活動を通して身に付けたことを生かして，集団や社会における生活及び人間関係をよりよく形成するとともに，自己の生き方についての考えを深め，自己実現を図ろうとする態度を養う。

　このことを道徳教育の視点から読み解くとどのように捉えられるだろうか。一言でいえば，子どもたちが，主体的，実践的に集団活動を充実させていくことによって，よりよく生きる力を身に付け，自己形成をしていくことである。そのことを具体的に述べれば，次のような点が挙げられる。

① 集団活動の意義や活動の理解と方法の取得

　特別活動の特質は，さまざまな集団活動を通して，人間としての在り方や生き方について学ぶことである。子どもたちの集団の場における生活そのものが特別活動の実践の場であり，人間としての在り方や生き方を学ぶ場である。

　特別活動の特徴として，なすことによって学ぶことが指摘される。この場合のなすこととは，望ましい集団活動を行うことである。学校において望ましい集団活動を展開するためには，まず一人一人が学級，学校集団のなかに位置づけられていることが大切である。そして，それぞれが役割をもって共通の目標に向かって行動できるときに，望ましい集団活動が展開される。

　したがって，望ましい集団活動には，一人一人が大切にされていること，それぞれが役割や課題をもって集団に関わっていること，さらに集団自体が望ましい集団になるための目標をもっていること，などが前提となる。そのような

なかで行われる集団活動においては，おのずと道徳性の育成が図られる。

　望ましい集団活動における自主的，実践的な態度は，多く道徳的態度と重なる。特別活動は，道徳教育の観点からみれば，道徳的実践を計画的・発展的に取り組むことを通して，実践を豊かにし，あわせて内面的な力の育成を図ろうとするものである。「特別の教科　道徳」は，道徳的実践の内なる力の育成を計画的・発展的に図りながら，道徳的実践へとつなげる指導が行われる。

　道徳教育は，一人一人が自律的に道徳的実践のできる子どもたちを育てるものである。そのためには，内面的な資質を育てると同時に，具体的に実践できる力を身に付ける必要がある。

　つまり，道徳的実践には「どうしてそのことが必要なのか」を考えることと「具体的にどうすればよいのか」を考えることが大切である。特別活動は，後者を中心に，「特別の教科　道徳」は，前者を中心に学びを深めることになる。

② 集団活動や生活を充実させるための課題を解決するための力を身に付ける

　特別活動においては，集団活動や生活を行ううえで出てくる具体的な課題や問題に対して，解決できる力を育てることになる。そのためには，日常生活やさまざまな集団活動を主体的・実践的に取り組めるようにする必要がある。

　集団生活を行うためには，集団規範が大切である。また，望ましい集団活動を行うためには，約束事が必要である。話合い活動を行うなかで，それらを創ったり，確認したり，修正したりする。そこにおいて，いろんな課題や問題が出てくる。それらについて，原因を探ったり，具体的対応を考えたりして，解決していける力を身に付けるのである。

　望ましい集団活動は，同時に望ましい集団生活のあり方をおのずと体得していくことになる。社会性の発達は，さまざまな集団の役割の取得と関係しており，子どもたちのパーソナリティ発達の基礎となるものである。望ましい集団活動を通して，みんなで目的をもって取り組むことの楽しさや素晴らしさを実感できる。そして，どのようにすれば，みんなと力を合わせて，より充実した活動を行うことができるのかを学んでいく。

　そのことが同時に，集団の一員としての自覚を深めていくことになる。例え

ば，協力することや助け合うこと，互いに信頼し合うこと，約束を守ること，公正，公平な態度をもつことなどが必要なことを自覚し，身に付けていくのである。そのような人間関係の育成を求めている。

③　よりよい生き方を考え自己実現を図ろうとする態度を育む

　特別活動は，自主的，実践的に望ましい集団活動を行うことによって，よりよい自己を形成するための自主的，実践的な態度が養われる。すなわち，特別活動は，自主的，実践的な望ましいさまざまな集団活動において，活動そのものを豊かにしていくなかで，内面的な自主的，実践的な態度をおのずと育成しようとするのである。

　結局，特別活動は，望ましい集団活動を通して，実践的に，人間として生きる力を身に付けていく。そして，そのような実践を繰り返していくことによって，人間として生きるとはどういうことかを，実感しつつ，自覚を深め，自分のよさを把握し，そのよさを生かす能力を養っていくのである。特別活動は，体験を通しての道徳教育を大きな目標としていることが理解できる。

3　学級活動と「特別の教科　道徳」の関係

　特別活動のなかでも学級活動は，週 1 回，時間割に位置づけられ，授業が行われる。学級活動は，学級生活を楽しく潤いのあるものにしていくとともに，子どもたち一人一人が自己形成していくために大きな役割を果たす。学級活動と「特別の教科　道徳」が響き合うことによって，より自律的に道徳的実践のできる子どもたちを育てることができるのである。

（1）学級活動の目標

　学級活動の目標は，小学校，中学校ともに，「学級や学校での生活をよりよくするための課題を見いだし，解決するために話し合い，合意形成し，役割を分担して協力して実践したり，学級での話合いを生かして自己の課題の解決及び将来の生き方を描くために意思決定して実践したりすることに，自主的，実

践的に取り組むことを通して，第1の目標に掲げる資質・能力を育成すること
を目指す。」と記されている。

　内容に関しては，小学校，中学校ともに，次の3つが示されている。「(1)
学級や学校における生活づくりへの参画」「(2)　日常の生活や学習への適応と
自己の成長及び健康安全」「(3)　一人一人のキャリア形成と自己実現」である。

　目標と内容をトータルに捉えると，学級活動は，学級や学校生活をよりよく
することをめざして，課題を見いだし，みんなで解決していく方策を考え，取
り組むことを通して，よりよい学級や学校を創っていくと同時に，自己形成を
図っていくものであるといえる。

　そのための重点的指導として，「子どもたちが主体的・実践的に自治的能力
を育む授業」と「教師の指導も重視しながら子どもたち自身が自己指導能力を
育む授業」と，「なりたい自分を目指して具体的に取り組んでいける自己実現
力を育む授業」が行われる。これらを響き合わせて，学級活動の目標，特別活
動の目標を追求していこうとするのである。

　次に，それぞれの具体的な授業を検討することから，「特別の教科　道徳」と
の関連を考えてみたい。授業例は，国立教育政策研究所教育課程研究センター
のホームページ（2019）に掲載されているものである。(https://www.nier.go.jp/
kaihatsu/pdf/tokkatsu_Dh301220_oj.pdf)

① 学級活動(1)の授業と「特別の教科　道徳」

　学級活動(1)の「子どもたちが主体的・実践的に自治的能力を育む授業」とし
て，次の例が示されている（図8-4）。

　小学校3年生での授業例である。転校してきた「○○さんをむかえる会をし
よう」という，子どもたちからの提案を取り上げ，どのようなことを行うのか
を具体的に考え，実行するための役割分担までを話し合っている。このような
取組をより効果的に行うには，転校生の気持ちを考えることが大切である。
「特別の教科　道徳」の授業で転校生の気持ちを考えられる教材（たとえば
「貝がら」など）を使って話し合えば，このような具体的実践を考える取り組
みが，より相手のことを考えた取り組みになっていくと考えられる。

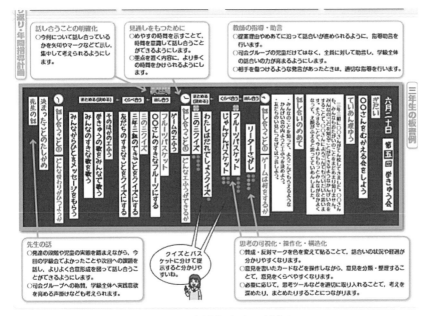

図 8 - 4　学級活動（ 1 ）の授業案

出所：文部科学省・国立教育政策研究所教育課程研究センター（2019：10-11）。

② 学級活動⑵の授業と「特別の教科　道徳」

　　学級活動⑵の「教師の指導も重視しながら子どもたち自身が自己指導能力を
育む授業」の授業例として，次のものが示されている（図 8 - 5 ）。

　　小学校 4 年の実践例である。アンケートをもとに学級の実態を把握し，その
結果から学級の課題（「仲間外れ」「無視」「かげ口」）を把握し，なぜ「仲間外
れ」や「かげ口」をしてしまうのかについて話し合う。次に，仲良くするには
どうすればよいのかについて話し合う。そして，自分はどのようにするかを決
定する。事後に，そのことが実行できているかを振返り，次の課題を見いだし
取り組めるようにする，といった学習過程が組まれている。

　　この授業をより効果的にするには，真の友情とは何かについてじっくりと考
えることが大切である。そうでないと，課題への対応等の話し合いが深まらな
いし，表面的なものになりがちである。「特別の教科　道徳」の授業と響き合わ

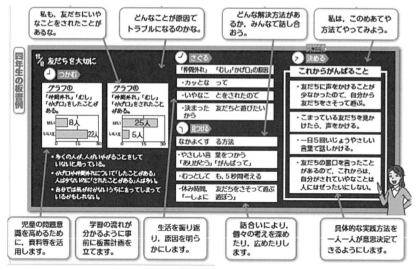

図 8-5　学級活動（2）の授業例
出所：文部科学省・国立教育政策研究所教育課程研究センター（2019：14-15）。

せることによって，経験レベルを超えた深まりのある人間理解や価値理解にもとづく創造的な思考が促され，より深い学びが展開できる。

③　学級活動(3)の授業と「特別の教科　道徳」

　学級活動(3)の「なりたい自分を目指して具体的に取り組んでいける自己実現力を育む授業」においては，次のような授業例が示されている（図8-6）。

　小学校6年の授業例である。まず，中学校へと進学するに当たりどのような楽しみや不安があるかをアンケート調査した結果を示し，自分自身の課題を把握する。そして，中学校生活の楽しみややりがいについて提示される資料をもとに考え，中学校になって活かしたいことを，小学校の生活を振返りながら探っていく。それを友だちの考えと交流することで，より広い立場から，今から取り組むことを見いだし，それぞれが個人目標を決める。そして，授業後に，決めたことを実行し，記録し，振返り，実践意欲と実践の継続化を図り，よりよい自己形成へとつなげていくようにする，といった指導がなされる。

　このような授業をより効果的に行うためには，一人一人が自己課題をより主

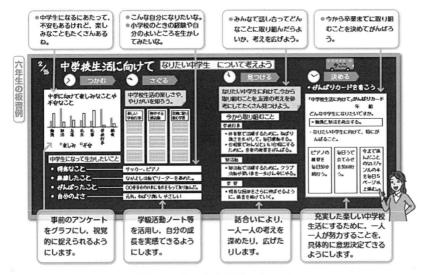

図8-6 学級活動（3）の授業例
出所：文部科学省・国立教育政策研究所教育課程研究センター（2019：16-17）。

体的に捉えられるようにすることが大切である。「特別の教科 道徳」において，人間として生きるとはどういうことか，そのことに関わって中学生期はどのような課題があるのか，といったことを中心とした授業を通して，内発的な意欲を高めておく必要がある。また，愛校心の視点から，最高学年生としてどのようなことが大切なのかを，自分らしい生き方との関連で考えられるようにすることも大切である。内面の指導を「特別の教科 道徳」でしっかりと行いながら，学級活動において，具体的実践の方法について考え，取り組めるようにし，自己の成長を図っていけるようにすることが求められるのである。

4 学級づくりと特別活動，「特別の教科 道徳」

特別活動は，よりよい学級・学校生活を創るものである。それは同時に，一人一人のよりよい自己形成を図っていけるようにすることが大切である。特別活動は，よりよい集団や社会を協力しながら創っていくとともに，そのなかでよりよい自己形成を行うことを目的とするのである。

　このことは，道徳教育の目標と密接に関わる。道徳教育は，教育の目的である人格形成の基盤となる道徳性を育むものである。道徳教育の原則は，「豊かな体験による内面に根差した道徳性の育成」である。豊かな体験と関わらせて内面を育んだり，内面を育みながら体験を豊かにすることを通して，道徳性を高め，よりよい自己形成を図っていくのである。

　それは，日々の生活を通して行われる。学校においては，学級生活が基本になる。学級を豊かな人間形成を図る場にしていくためには，どのようなことが大切なのか。特別活動を中核とする道徳的実践の指導と，「特別の教科　道徳」を中核とする道徳的実践を支える道徳的実践力の育成を両輪とすることである。図示すれば図8-7のようになる。

　学級は，子どもたちにとって居心地のよい場であることが大切である。そのためには，みんなから認められている，みんなから助けてもらえる，やりたいことを応援してもらえる，といった意識をもてるようにすることである。具体的には，学級の中で自分の役割が与えられていること，あいさつや声かけ，自由な話し合いができること，困っていることがあれば気軽に相談できること，やりたいことを提案すれば知恵を出し合って実現しようと取り組んでくれること，などが求められる。そのことによって，具体的に日々の道徳的実践が豊かになされることになる。

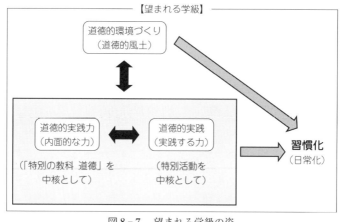

図8-7　望まれる学級の姿

　それらがよりよい学級づくり，よりよい自分づくりへと発展するには，それ
らの活動の意義についての共通理解が必要である。その根幹に道徳的価値意識
がある。道徳的価値意識を育むことは，人間としてのよりよい生き方を考える
ことでもある。このような学びを通して，一人一人をかけがえのない存在とし
てリスペクトする力を高めていくのである。そして，そのことを学級の中でど
のように具現化していくかを考える。そのなかに，さまざまな体験活動を提案
したり，とらえ直したりして，具体的に取り組むことによって，よりよい学級
づくりとよりよい自分づくりが響き合って高まっていく。そこでは，当然に学
級が道徳的な風土になる。そのことを助長していく道徳的環境づくりも大切で
ある。特別活動を充実させ，「特別の教科　道徳」と響き合わせることによって，
真の道徳教育の充実が図れるのである。

学習課題

（1）特別活動がなぜ道徳教育の充実にとって重要なのかをまとめておこう。
（2）学級活動と「特別の教科　道徳」とを響かせ合う学習指導案を創ってみよう。
（3）学級経営案を道徳的実践と道徳的実践力を響かせ合う形で考えてみよう。

引用・参考文献

安部恭子他編著（2018）『「みんな」の学級経営（1〜6年）』東洋館出版社.
押谷由夫編著（2018）『平成 29 年改訂　小学校教育課程実践講座　特別の教科　道徳』ぎ
　　ょうせい.
押谷由夫編著（2018）『平成 29 年改訂　中学校教育課程実践講座　特別の教科　道徳』ぎ
　　ょうせい.
杉田洋（2013）『自分を鍛え，集団を創る！　特別活動の教育技術』小学館.
髙旗正人（2003）『論集「学習する集団」の理論』西日本法規出版.
文部科学省・国立教育政策研究所教育課程研究センター（2019）『特別活動指導資料　小
　　学校学習指導要領準拠　みんなで，よりよい学級・学校生活をつくる特別活動　小学
　　校編』文溪堂.

（押谷由夫）

第9章

特別活動と総合的な学習の時間

　本章では，特別活動と総合的な学習の時間との関連について検討する。具体的には，まず，新学習指導要領の目標（「見方・考え方」と「育成を目指す資質・能力」）を特別活動と総合的な学習の時間とで比較する。

　次に，特別活動の特質について述べる。

　最後に，特別活動に見られるような特質を総合的な学習の時間が兼ね備えているといえるのかどうか，という点について検討することにより，特別活動と総合的な学習の時間との共通点と相違点を明らかにする。加えて，特別活動と総合的な学習の時間とがそれぞれ独自性をもちつつも，共通点を多く備えていることを踏まえ，特別活動と総合的な学習の時間との融合の可能性を探ることとしたい。

1　特別活動と総合的な学習の時間の目標

　2016（平成 28）年 12 月 21 日に，中央教育審議会から「幼稚園，小学校，中学校，高等学校及び特別支援学校の学習指導要領等の改善及び必要な方策等について（答申）」が出された。本答申では，「社会に開かれた教育課程」（社会の変化に目を向け，教育が普遍的にめざす根幹を堅持しつつ，社会の変化を柔軟に受け止めていく教育課程）の実現に向けて，学習指導要領が「学びの地図」としての役割を果たすことが期待されている。「学びの地図」とは，学校教育を通じて子どもたちが身に付けるべき資質・能力や学ぶべき内容などの全体像をわかりやすく見渡すことができるようにすることを意味している。

　また，各学校において教育課程を軸に学校教育の好循環を生み出す「カリキ

ュラム・マネジメント」の実現をめざすことなどが求められた。「カリキュラム・マネジメント」には，３つの側面がある（田村 2017）。第一に，「カリキュラムデザインの側面」である。これは，各教科等の教育内容を相互の関係で捉え，学校教育目標を踏まえた教科横断的な視点で，その目標の達成に必要な教育の内容を組織的に配列していくこと，である。第二に，「PDCA サイクルの側面」である。これは，教育内容の質の向上に向けて，子どもたちの姿や地域の現状等に関する調査や各種データに基づき，教育課程を編成し，実施し，評価して改善を図る一連の PDCA サイクルを確立すること，である。第三に，「内外リソース活用の側面」である。これは，教育内容と，教育活動に必要な人的・物的資源を，地域等の外部の資源も含めて活用しながら効果的に組み合わせること，である。

　この答申を受けて，2017（平成29）年３月31日に学校教育法施行規則が改正されるとともに，新たな学習指導要領が公示された。

　それでは，新学習指導要領において，特別活動と総合的な学習の時間それぞれの目標はどのように規定されているのであろうか。

（１）「見方・考え方」

　新学習指導要領の特徴のひとつは，目標の冒頭部分に各教科等の「見方・考え方」が示されたことである。各教科等の「見方・考え方」とは，「『どのような』視点で物事を捉え，どのような考え方で思考していくのか』というその教科等ならではの物事を捉える視点や考え方」のことである。これらを身に付けることを通して，資質・能力が形成されることとなることから，各教科等の見方・考え方は，各教科等を学ぶ本質的な意義の中核をなす。たとえば，中学校の国語科については「言葉による見方・考え方」という用語が用いられており，「言葉による見方・考え方を働かせるとは，生徒が学習の中で，対象と言葉，言葉と言葉との関係を，言葉の意味，働き，使い方等に着目して捉えたり問い直したりして，言葉への自覚を高めること」（『中学校学習指導要領解説　国語編』）とされている。

　それでは，特別活動や総合的学習の時間に特有の「見方・考え方」とは，ど

のようなものであろうか。まずは，特別活動から見ていきたい。特別活動については「集団や社会の形成者としての見方・考え方」という用語が用いられており，「各教科等の見方・考え方を総合的に働かせながら，自己及び集団や社会の問題を捉え，よりよい人間関係の形成，よりよい集団生活の構築や社会への参画及び自己実現に向けた実践に結びつけること」（『小・中学校学習指導要領解説　特別活動編』）とされている。これより，特別活動が「人間関係形成」（集団の中で，人間関係を自主的，実践的によりよいものへと形成するという視点），「社会参画」（よりよい学級・学校生活づくりなど，集団や社会に参画しさまざまな問題を主体的に解決しようとするという視点），「自己実現」（集団の中で，現在及び将来の自己の生活の課題を発見しよりよく改善しようとする視点）という3つを重要な視点としていることがわかる。

　次に，総合的な学習の時間について見てみたい。総合的な学習の時間については「探究的な見方・考え方」という用語が用いられており，「各教科等における見方・考え方を総合的に活用して，広範な事象を多様な角度から俯瞰して捉え，実社会・実生活の課題を探究し，自己の生き方を問い続けるという総合的な学習の時間の特質に応じた見方・考え方のこと」（『小・中学校学習指導要領解説　総合的な学習の時間編』）とされている。これより，総合的な学習の時間には「横断的・総合的な学習」と「探究的な学習」の双方を満たすことが求められていること，つまりは，ある特定の教科等の内容に偏らない横断的・総合的な課題について学習するとともに，その学習のプロセスが探究的であることが求められていることがうかがえる。

（2）育成をめざす資質・能力

　中央教育審議会答申（「幼稚園，小学校，中学校，高等学校及び特別支援学校の学習指導要領等の改善及び必要な方策等について」2016（平成28）年12月21日）では，「生きる力」の重要性が再認識されるとともに，「生きる力」を具体化し，教育課程全体を通して育成をめざす資質・能力が，次の三つの柱に整理された。

　第一に，「何を理解しているか，何ができるか（生きて働く『知識・技能』の習得）」である。第二に，「理解していること・できることをどう使うか（未

知の状況にも対応できる『思考力・判断力・表現力等』の育成）」である。第三に，「どのように社会・世界と関わり，よりよい人生を送るか（学びを人生や社会に生かそうとする『学びに向かう力・人間性等』の涵養）」である。

　このことを踏まえ，新学習指導要領では，すべての教科等の目標および内容が「知識及び技能」「思考力，判断力，表現力等」「学びに向かう力，人間性等」の3つの柱に基づき再整理された。まずは，特別活動において育成が目指される資質・能力について見ていきたい（以下は，いずれも中学校の場合である）。

　第一に，「多様な他者と協働する様々な集団活動の意義や活動を行ううえで必要となることについて理解し，行動の仕方を身に付けること（『知識及び技能』）」である。具体的な「知識及び技能」としては，次のようなことが挙げられている（『中学校学習指導要領解説　特別活動編』，以下同様）。

> ○集団で活動する上での様々な困難を乗り越えるためには何が必要になるのかということへの理解。
> ○集団でなくては成し遂げられないことや集団で行うからこそ得られる達成感があることの理解。
> ○集団と個との関係についての理解。
> ○集団活動が社会の中で果たしている役割や意義，人間としての在り方や生き方との関連で集団活動の価値を理解すること，など。

　第二に，「集団や自己の生活，人間関係の課題を見いだし，解決するために話し合い，合意形成を図ったり，意思決定したりすることができるようにする（『思考力，判断力，表現力等』）」である。具体的な「思考力，判断力，表現力等」としては，次のようなことが挙げられている。

> ○人間関係をよりよく構築していくために，多様な場面で，自分と異なる考えや立場にある多様な他者を尊重し，認め合いながら，支え合ったり補い合ったりして，協働していくこと。
> ○集団をよりよく改善したり，主体的に社会に参画し形成したりするために，自他のよさや可能性を発揮しながら，主体的に集団や社会の問題について理解し，合意形成を図ってよりよい解決策を決め，それに取り組むこと。

○現在及び将来に向けた自己実現のために，自己のよさや個性，置かれている環境を様々な角度から理解するとともに，進路や社会に関する情報を収集・整理し，将来を見通して人間としての生き方を選択・形成すること。また，意思決定したことに向けて努力したり，必要に応じて見直したりすること。

　第三に，「自主的，実践的な集団活動を通して身に付けたことを生かして，集団や社会における生活及び人間関係をよりよく形成するとともに，人間としての生き方についての考えを深め，自己実現を図ろうとする態度を養う（『学びに向かう力，人間性等』）」である。具体的な「学びに向かう力，人間性等」としては，次のようなことが挙げられている。

○多様な他者の価値観や個性を受け入れ，助け合ったり協力し合ったり，新たな環境のもとで人間関係を築こうとする態度。
○集団や社会の形成者として，多様な他者と協働し，問題を解決し，よりよい生活をつくろうとする態度や多様な他者と協働して解決しようとする態度。
○日常の生活や自己の在り方を主体的に改善しようとしたり，将来を思い描き，自分にふさわしい生き方や職業を主体的に考え，選択しようとしたりする態度。

　次に，総合的な学習の時間で育成がめざされる資質・能力について見ていきたい（『中学校学習指導要領解説　総合的な学習の時間編』，以下同様）。
　第一に，「探究的な学習の過程において，課題の解決に必要な知識及び技能を身に付け，課題に関わる概念を形成し，探究的な学習のよさを理解するようにする（『知識及び技能』）」である。総合的な学習の時間における探究の過程において，子どもたちはさまざまな事柄を知り，さまざまな人の考えに出会う。そのなかで，個別具体的な事実が互いに独立したものとしてではなく，相互に関連し合ったりしていることを理解するようになる。このような知識は，既存の知識や体験とも結びつけられることによって，知識が構造化されるとともに，子どもたちのなかに概念が形成される。このことは，技能についても同様である。たとえば，課題解決に向けて必要とされる技能としては，誰かにインタビューする際には聞くべきことを予め計画しておく技能，資料を読み取る際にはポイントとなることを整理する技能などが求められる。このような技能は，各教科等の学習を通して事前にある程度習得されているかもしれないが，探究の

過程においてより洗練されていくとともに，それぞれの技能が関連づけられて構造化されていく。そして，子どもたちは総合的な学習の時間に限らず，さまざまな場面で探究的な学習を進めていくようになる。このことが，探究的な学習のよさを理解していることの証左となるのである。

　第二に，「実社会や実生活の中から問いを見いだし，自分で課題を立て，情報を集め，整理・分析して，まとめ・表現することができるようにする（『思考力，判断力，表現力等』）」である。総合的な学習の時間の核となる「探究的な学習」とは，「課題の設定」（日常生活や社会に目を向けた時に湧き上がってくる疑問や関心に基づいて，自ら課題を見つける）→「情報の収集」（課題解決に向けて必要とされる情報を収集する）→「整理・分析」（収集した情報を整理・分析し，課題の解決に取り組む）→「まとめ・表現」（明らかとなったことをまとめ，表現する）→「新たな課題の設定」（課題解決に向けた活動を行うなかで，新たな疑問や関心が生まれ，それに基づき新たな課題を設定する）という一連の知的な営みのことである。

　自分で課題を立てるとは，実社会や実生活に存在する解決すべき課題に向き合い，問題をよく吟味して，自分で取り組むべき課題を見いだす，ということである。課題を立てたら，その解決に必要とされる情報を収集することが不可欠となる。たとえば，地域の伝統行事を活性化するためには何が必要なのか，ということを課題とするならば，文献やインターネット等で地域の伝統行事の歴史や現状について調べたり，伝統行事の担い手の方々や地域の人々にインタビューをしたり，地域の伝統行事に実際に参加したりして情報を収集することが求められる。情報を収集したら，それらを整理・分析することが必要となる。情報を整理するとは，収集した情報を課題解決に向けて必要かどうか，という点から取捨選択したり，情報をある観点からグルーピングしたり，順序立てて並べたりすることである。情報を分析するとは，整理した情報を比較・分類したりするなかで何らかの傾向を読み取ったり，ある情報と別の情報との間に因果関係を見出したりすることである。整理・分析した情報については，それらをもとに自身の考えや意見をまとめ，表現することとなる。その際，他者と意見や考えを交わしたり，活動を振り返ったりすることにより，自身の意見や考

えがより一層整理され明確になったり，新たに解決すべき課題や新たに調べる必要のあることが見出されたりする。

　第三に，「探究的な学習に主体的・協働的に取り組むとともに，互いのよさを生かしながら，積極的に社会に参画しようとする態度を養う（『学びに向かう力，人間性等』）」である。探究的な学習に主体的に取り組むとは，自らが設定した課題の解決に向けて，真剣かつ本気になって学習活動に取り組む，ということである。また，協働的に取り組むとは，課題解決のためには，一人の力だけでは限界があるため，他者との協働が必要不可欠である，ということである。たとえば，他の生徒と協働することによって，自分とは異なる物の見方や考え方に触れることとなるため，学習活動が発展したり，課題解決のための糸口を探るきっかけを得たりすることができる。さらに，探究的な学習に主体的・協働的に取り組むことによって，互いの資質・能力を認め合い，相互に生かし合う関係が築かれることが期待されるとともに，自ら社会に関わり参画しようとする意思や社会を創造する主体としての自覚が一人一人の生徒のなかに育まれることが期待される。

2　特別活動の特質

　特別活動と総合的な学習の時間の共通点と相違点はどういったところにあるのであろうか。この点について検討するために，まずは，特別活動の特質から見てみたい。渡部・緑川・桑原編（2018）は，特別活動の特質を次の5つに整理している。

①　教育課程に位置づけられている教育活動である
②　集団活動を特質とする教育活動である
③　実践的な活動を特質とする教育活動である
④　一人一人の人格形成を主とする活動である
⑤　多様な活動内容を持つ教育活動である

　以下でそれぞれみていこう。

① 教育課程に位置づけられている教育活動である

　小学校，中学校，高等学校等の教育課程は，学校教育法施行規則に基づき「教科」（高校の場合は教科・科目），「特別の教科　道徳」（高等学校を除く），「外国語活動」（小学校），「総合的な学習の時間」（高等学校の場合は「総合的な探究の時間」），「特別活動」の各領域から構成されている。このことから，特別教育活動は，学校の教育課程に正規に位置づけられている必修の教育活動であることがわかる。

② 集団活動を特質とする教育活動である

　学習指導要領を見ても，「集団」という用語は，随所に見受けられる。このことからも，集団活動は，特別活動の極めて重要な特質であることがうかがえる。子どもたちは，学級における当番活動や係活動，班活動，ひいては学級や学年の枠を超えた各種委員会活動や児童会・生徒会活動，学校行事など，学校生活におけるさまざまな集団活動を行っている。このような集団における活動を通じて，子どもたちは，多様な他者との人間関係を形成したり，集団の一員として所属集団の充実・発展に向けて尽力したり，集団の一員としての自覚と責任感をもって活動に取り組むことにより社会に参画する力を育んだり，現在及び将来の自己の生活の課題を発見し，課題解決に向けて取り組み，自己の可能性を発揮しようとするようになるのである。

③ 実践的な活動を特質とする教育活動である

　実践的な活動とは，児童生徒が学級や学校生活の諸問題の解決に向けて協議するなかで合意形成し，決定したことをそれぞれが実践していくことにより，自分たち自身の力で学級や学校生活の充実や向上をめざしていく活動であるということを意味している。このような実践的な活動を行うことにより，子どもたちは教科書中心の座学では理解することの難しいさまざまなこと（多様な他者と協働していくうえで必要とされることや，意見が対立した場合などにお互いが納得するかたちで合意形成するために必要とされることなど）を経験的・体験的に学んでいく。まさに特別活動は，「なすことによって学ぶ」というこ

とを主要な行動原理としているといえる。

④　一人一人の人格形成を主とする活動である

　　近年，社会の変化は加速度を増し，複雑で将来を予測することが困難となっている。このような複雑で変化の激しい社会において，将来，社会的・職業的に自立して生きるための「生きる力」が求められている。特に，グローバル化や情報化の進む社会では，多様な他者と協働し，課題を解決していくための力が重要である。また，平和で民主的な国家および社会のあり方に責任を有する主権者として，主体的に社会に参画する力も強く求められる。これらの力は，子どもたち一人一人の人格の形成と密接に関わるとともに，「人間形成」「社会参画」「自己実現」という3つの視点を重要視する特別活動で育成がめざされる資質・能力とも密接に関わっている。

⑤　多様な活動内容をもつ教育活動である

　　特別活動は，「学級活動」（高等学校の場合はホームルーム活動，以下同様），「児童会・生徒会活動」「クラブ活動」（小学校のみ），「学校行事」から構成される。「学級活動」（中学校）の内容は，「学級や学校における生活づくりへの参画」「日常の生活や学習への適応と自己の成長及び健康安全」「一人一人のキャリア形成と自己実現」という大別して3つから構成されている。「生徒会活動」（中学校）の内容は，「生徒会の組織づくりと生徒会活動の計画や運営」「学校行事への協力」「ボランティア活動などの社会参画」という3つから構成されている。「学校行事」（中学校）の内容は，「儀式的行事」「文化的行事」「健康安全・体育的行事」「旅行・集団宿泊的行事」「勤労生産・奉仕的行事」の5つから構成されている。

　　以上を踏まえると，特別活動で取り上げる活動の内容，方法，形態などは多種多様であることがわかるであろう。

3　特別活動と総合的な学習の時間との共通点・相違点

それでは，総合的な学習の時間は先に見たような特別活動の特質を備えているといえるのだろうか。この点について検討することを通じて，特別活動と総合的な学習の時間との共通点や相違点について考えてみたい。

第一に，教育課程に位置づけられている教育活動である，という点についてである。総合的な学習の時間は，特別活動と同様，正規の教育課程に組み込まれた活動である。また，教科の授業とは異なり，教科書を使用しない，という点も特別活動と共通している。その一方で，授業時数については，違いが見られる。学校教育法施行規則では，各教科等の標準授業時数が記載されている。それによると，特別活動の年間授業時数については35時間（小学校1年生の場合は34時間）であるのに対し，総合的学習の時間の年間授業時数については70時間（小学校1，2年生については，授業時数はなし。また，中学校1年生の授業時数は50時間）となっている。ただし，このことをもって，特別活動の実際の授業数が総合的な学習の時間の授業数の半分であると結論付けることはできない。学習指導要領の総則（中学校）には「特別活動の授業のうち，生徒会活動及び学校行事については，それらの内容に応じ，年間，学期ごと，月ごとなどに適切な授業時数を充てるものとする」（第2の3の(2)イ）との記載があるからである（小学校の場合のクラブ活動も同様）。つまりは，特別活

表9-1　特別活動と総合的な学習の時間の授業数
【小学校】

	1年生	2年生	3年生	4年生	5年生	6年生
特別活動	34	35	35	35	35	35
総合的な学習の時間	—	—	70	70	70	70

【中学校】

	1年生	2年生	3年生
特別活動	35	35	35
総合的な学習の時間	50	70	70

動の 35 時間という授業時数は，特別活動の総授業時数を示しているわけではなく，学級活動の授業時数を示しているといえる。

　第二に，集団活動を特質とする教育活動である，という点についてである。総合的な学習の時間では，探究的学習が求められるが，その過程のなかでは個人の学習だけではなく，他者との協働も求められる。他者と活発に話をすることによって，新たな気づきを得ることができたり，自分の考えを整理することができたり，他者にわかりやすく伝えるためにはどのような工夫が必要なのか，ということを知ることにつながったりするからである。しかし一方で，総合的な学習の時間は，必ずしも集団活動の形態をとるわけではなく，個別に学習を進めていく場合もある。そのため，総合的な学習の時間は，集団活動を特質とする教育活動であるとは必ずしもいえない。

　第三に，実践的な活動を特質とする教育活動である，という点についてである。総合的学習の時間では，課題を設定した後，課題解決に必要となる情報を収集することが求められる。情報収集の方法として，黒上編（2017）は，図書資料やインターネットで調べるだけではなく，観察，実験，見学，調査などの体験を通して情報を収集することの必要性を述べている。加えて，① 何のために情報収集を行うのか（目的），② どのようにして情報収集するのか（方法），③ 収集した情報をどのように蓄積・整理するのか（情報の蓄積・資料化）を明確化することの重要性を指摘している。たとえば，地域の川の環境を学習対象（課題）とする場合，目的が「地域の人々の思い」であるならば，アンケート調査を実施し（方法），得られた情報を表やグラフにしたりする（蓄積・資料化）。また，目的が「保全対策」であれば，地域や行政，団体の人々などにインタビューを実施し（方法），得られた情報をカードやレポートにまとめる（情報の蓄積・資料化）。このような活動を総合的な学習の時間で行うのであれば，その活動は十分に実践的であるといえよう。

　一方，『中学校学習指導要領解説　特別活動編』では，特別活動と総合的な学習の時間との関連について述べられている。そこでは，双方の目標を比較したうえで，特別活動は「実践」に，総合的な学習の時間は「探究」に本質がある，とされている。このことを踏まえると，特別活動と総合的な学習の時間は，

ともに実践的な要素をもちつつも，特別活動は「実践」を核とした活動であると理解することができよう。

　同様に，特別活動にも探究的な要素がある。たとえば，学級活動においては，「問題の発見」→「議題の設定」→「計画の作成・問題の意識化」→「話し合い活動」→「実践・振り返り」→「次の活動へ」（文部科学省 国立教育政策研究所教育課程研究センター 2016）という流れが基本的な活動の過程となる。この過程は，総合的な学習の時間における探究的な学習の過程とよく似ている。ただし，総合的な学習の時間は，「探究」を核とした活動であるといえる。そのため，総合的な学習の時間では，学校で設定した探究課題が「目標を実現するにふさわしい探究課題」となっているのか，ということが厳しく問われることとなる。

　第四に，一人一人の人格形成を主とする活動である，という点についてである。この点について考えるにあたり，長沼・柴崎・林編（2005）が参考になろう。長沼・柴崎・林編（2005）は，教科，道徳（新学習指導要領では，「特別の教科 道徳」），特別活動，総合的な学習の時間のそれぞれに，学習指導と生徒指導という学校教育の2つの機能がどのように関わっているのか，という点について述べている。図9-1は，学校教育の4つの領域と2つの機能との関連性を示したものである。2つの機能は基本的には4つの領域すべてに見られるが，その機能は領域によって強弱がある。図の「●」は，各領域において2つの機能のうちのいずれかがより強く見られることを示している。

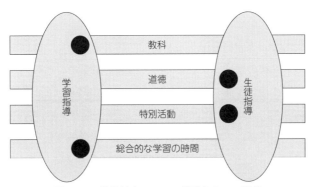

図9-1　学校教育の4つの領域と2つの機能
出所：長沼ほか編（2005：4）。●印は，強い関連性を意味する。

　特別活動については生徒指導の機能が強く見られる一方で，総合的な学習の時間については学習指導の機能が強く見られる。生徒指導は，『生徒指導提要』（文部科学省，平成22〔2010〕年3月）において「一人一人の児童生徒の人格を尊重し，個性の伸長を図りながら，社会的資質や行動力を高めることを目指して行われる教育活動」と記されていることからもわかるように，人間形成と密接に関わっている。このことを踏まえると，図9−1は，特別活動については，子どもたちの知的理解を促す学習指導の機能以上に人間形成機能をより一層重視していることを示している一方で，総合的な学習の時間については，人間形成機能以上に学習指導の機能を重視していることを示しているといえよう。

　ただし，総合的な学習の時間についても，育成がめざされる資質・能力として「(3)　探究的な学習に主体的・協働的に取り組むとともに，互いのよさを生かしながら，積極的に社会に参画しようとする態度を養う」（『中学校学習指導要領』）ということが挙げられていることから，学習の側面だけではなく人間形成の側面を重視していることがうかがえる。

　第五に，多様な活動内容をもつ教育活動である，という点についてである。総合的な学習の時間では，ある特定の教科等に偏らない横断的・総合的な課題について学習することとなっている。総合的な学習の時間では，各学校で取り上げるべき探究課題が学習指導要領においてあらかじめ決められているわけではない。

　その一方で，学習指導要領では，「目標を実現するにふさわしい探究課題については，学校の実態に応じて，たとえば，国際理解，情報，環境，福祉・健康などの現代的な諸課題に対応する横断的・総合的な課題，地域や学校の特色に応じた課題，生徒の興味・関心に基づく課題，職業や自己の将来に関する課題などを踏まえて設定すること」（『中学校学習指導要領』第4章第2の3の(5)）と明記されている。第一に，「国際理解，情報，環境，福祉・健康などの現代的な諸課題に対応する横断的・総合的な課題」とは，社会の変化に伴って切実に意識されるようになってきた現代社会の諸課題のことである。第二に，「地域や学校の特色に応じた課題」とは，まちづくり，伝統文化，地域経済，防災など，各地域や各学校に固有な諸課題のことである。第三に，「生徒の興味・関心に

基づく課題」とは，生徒がそれぞれの発達段階に応じて興味・関心を抱きやすい課題のことである。たとえば，ものづくりなどを行い楽しく豊かな生活を送ろうとすることや，生命の神秘や不思議さを明らかにしたいと思うことなどである。第四に，「職業や自己の将来に関する課題」とは，とりわけ中学校の生徒については義務教育の最終段階にあるため，切実かつ現実的な課題である。この課題について生徒が探究的な学習を進めることは，自己の生き方を具体的，現実的なものとして考えることにつながるとともに，自己の将来を切り拓いていこうとする資質・能力を育成するうえでも重要である。加えて，特別活動における「学級活動」（中学校）を構成する内容のひとつである「一人一人のキャリア形成と自己実現」と重なるところも多い。

　以上を踏まえると，総合的な学習の時間は特別活動と同様，多様な活動内容となる可能性を秘めているといえよう。

　先述した通り，特別活動と総合的な学習の時間は，それぞれ独自性をもちつつも，共通点も多い。このことを踏まえ，学習指導要領の総則では「総合的な学習の時間における学習活動により，特別活動の学校行事に掲げる各行事の実施と同様の成果が期待できる場合においては，総合的な学習の時間における学習活動をもって相当する特別活動の各行事の実施に替えることができる」（『中学校学習指導要領』第1章第2の3の(2)エ）と明記されている。具体的には，総合的な学習の時間に行われる自然体験活動が，環境や自然を課題とした問題の解決や探究活動として行われると同時に，旅行・集団宿泊的行事と同様の成果を期待できると考えられる場合，などである（『中学校学習指導要領解説　特別活動編』）。また，渡部編（2000）は，学校行事と総合的な学習の時間を関連づけて相互発展をめざすにあたり，①学校行事で得た課題を，「総合的な学習の時間」で課題として取り上げ探究する，②「総合的な学習の時間」に習得した学び方やものの考え方を，学校行事のなかで応用し，さらに深め発展させる，③学校行事で「総合的な学習の時間」の学習の成果を，学校内外に公開発表する，④勤労生産・奉仕的行事と「総合的な学習の時間」の密接な関連を図る，という4点を挙げている。これらを踏まえ，安易に総合的な学習の時間の実施をもって学校行事の実施に代替するのではなく，特別活動と総合的な学習の時間との

融合を図っていくことにより，子どもたちにとって実りある教育活動を展開していく必要があろう。

学習課題

（1）特別活動と総合的な学習の時間それぞれの学習指導要領や学習指導要領解説を見て，共通点と相違点を整理しよう。

（2）特別活動と総合的な学習の時間とを融合した実践事例について調べ，それらを参考にして自分でも学習指導案を考えてみよう。

引用・参考文献

黒上晴夫編（2017）『平成 29 年版　小学校　新学習指導要領ポイント総整理　総合的な学習の時間』東洋館出版社.

杉田洋編（2017）『平成 29 年版　小学校　新学習指導要領ポイント総整理　特別活動』東洋館出版社.

田村学（2017）『カリキュラム・マネジメント入門』東洋館出版社.

長沼豊・柴崎直人・林幸克編（2005）『特別活動概論』久美.

藤田晃之編（2017）『平成 29 年版　中学校新学習指導要領の展開　特別活動編』明治図書出版.

文部科学省 国立教育政策研究所 教育課程研究センター（2016）『学級・学校文化を創る特別活動　中学校編』東京書籍.

渡部邦雄編（2000）『中学校・特別活動＋総合的学習の展開プラン集』明治図書出版.

渡部邦雄・緑川哲夫・桑原憲一編（2018）『新学習指導要領準拠　特別活動指導法　改訂版』日本文教出版.

（久保田真功）

第 10 章

特別活動と学級経営

　本章では，特別活動と学級経営の関連について理解する。具体的には，まず 2017・18（平成 29・30）年の学習指導要領改訂で明記された「学級経営の充実」が教育課程に果たす役割を明らかにする。次いで学級経営の充実に果たす特別活動の役割について，学習指導要領及び解説を踏まえて示す。最後に，学級経営の充実を行ううえで，特別活動指導上のポイント 3 点を理解する。第一が特別活動の内容相互の関連化や他の教科等とのカリキュラム・マネジメントの重要性である。第二が学級活動の学習過程を通じた「やりぬく力」の育成である。第三が学級経営の領域を意識した指導内容の整理である。

1　教育課程に果たす学級経営の役割

　2017・18（平成 29・30）年学習指導要領改訂において，「学級経営の充実」が強く求められるようになった（高等学校では学習指導要領上，ホームルーム経営と表記されているが，本章では，字数の関係上，高等学校のホームルーム経営もあわせて学級経営と表記することとしていることを先に示しておきたい。なお，本節では例示の場合，「中学校学習指導要領」および「同解説 特別活動編」を使用している）。中央教育審議会答申「幼稚園，小学校，中学校，高等学校及び特別支援学校の学習指導要領等の改善及び必要な方策等について」（平成 28 年 12 月 21 日：以降，中教審第 197 号答申と表記）では，「小・中・高等学校を通じた学級・ホームルーム経営の充実を図り，子供の学習活動や学校生活の

基盤としての学級という場を豊かなものとしていくこと」が強調された。

　これまで学習指導要領では，小学校の総則にしか「学級経営の充実」が明記されていなかった。しかし平成 29・30 年改訂では，この答申を受けて，中学校・高等学校の学習指導要領の総則においても，「学級経営の充実」が明記されたのである。この理由としては，第一に児童生徒の学習や生活に果たす学級（ホームルーム）の重要性にある。たとえば，『平成 29 年中学校学習指導要領解説　総則編』には，次のように示されている（小学校・高等学校でもほぼ同様の文章が示されている）。

> 　学級は，生徒にとって学習や学校生活の基盤であり，学級担任の教師の営みは重要である。学級担任の教師は，学校・学年経営を踏まえて，調和のとれた学級経営の目標を設定し，指導の方向及び内容を学級経営案として整えるなど，学級経営の全体的な構想を立てるようにする必要がある。

　これまでも，いじめ・不登校等のような生徒指導上の問題が学級に起因していると指摘されてきた。特に日本のいじめは，欧米に比べて学級内あるいは学級の人間関係において生じやすいということがいわれており，学級における児童生徒の安全な生活の確保の必要性は，1990 年代以降，一貫して強く求められてきた。そこでは，特に学校生活面について，学級経営の充実が求められてきたことになる。これに加えて，平成 29・30 年改訂において「学級経営の充実」が強く求められているのは，次の第二と深く関わっている。

　第二に平成 29・30 年学習指導要領改訂では，「主体的・対話的で深い学びの実現」という学習に果たす学級経営の役割が重視されている。この学びの実現のためには，児童生徒一人一人がのびやかに自由な発言・発想をできて，多様な活動を安全・安心な環境で行うことができるようにする必要がある。たとえば，授業中，失敗したり間違えたりすると馬鹿にされたり，容姿や短所などを嘲笑されたりするような環境では，主体的・対話的で深い学びの実現は困難である。

　たとえば，国立教育政策研究所の実施した「平成 24 年度　学習指導要領実施状況調査教科等別分析と改善点（小学校特別活動（質問紙調査））」の結果で

は，特別活動に関する質問紙調査項目に「している」「どちらかといえばしている」という肯定的な回答をしている児童が多い学級ほど，ペーパーテスト調査において平均正答率が高い傾向が見られている。この項目には，たとえば「みんなで話し合って，なかよく楽しい学級にしている」「学級会で，よい学級や友だち関係をつくるため，学級としての目標や方法を決め，実行している」などがある。これらの項目に「あてはまる」と回答している児童が多い学級ほど，ペーパーテスト調査の平均正答率が高くなっていたという結果である。

　この結果には，児童生徒の所属する学級やホームルームにおける人間関係や文化が支持的風土（互いを支え合ったり，自発的自治的によりよい学級になろうとしたりする文化）となるほど，教室での学習にプラスの影響を与えることを示唆している*。

　　　*もちろんパネルデータではないので，学力の高い児童生徒が集まるほど，学級
　　　の文化もよりよくなりやすいという相関の可能性も考える必要がある。

　そこで教育課程に果たす学級経営の役割とは，「学習や生活の基盤づくり」であり，人格の完成をめざした教育課程による陶冶（知識や技能，思考・判断・表現等に関する学び）と訓育（人間性や道徳性，社会情動的スキル等の涵養）の基盤づくりということを意味する。

　これらを踏まえて学習指導要領総則（中学校を例示）では，「学習や生活の基盤として，教師と生徒との信頼関係及び生徒相互のよりよい人間関係を育てるため，日頃から学級経営の充実を図ること」と明記されているのである。

2　学級経営の充実に果たす特別活動の役割

　特別活動には，伝統的に学級経営，道徳教育，生徒指導に果たす役割が強調されてきた。それは，特別活動の目標で「望ましい集団活動を通して」と示されてきたように，「望ましい集団活動」が目的であり，かつ方法原理であるという特質に由来する。平成29・30年改訂では，この文言が目標から消えており，この特質のゆらぎや薄れに対する懸念を指摘する声もある。しかしながら，

学習指導要領解説で示されているように，「よりよい集団づくりへの参画」として，この伝統は大切に継承されている。すなわち，学級経営，道徳教育，生徒指導と関連化させた指導により，よりよい集団づくりへの参画が高まる。そして，特別活動を通じたよりよい集団づくりへの参画によって，学級経営，道徳教育，生徒指導が充実する。この必要十分条件としての相互効果が，期待されてきたのである。

　特別活動は，学級や学校の様々な集団づくりに重要な役割を果たしている。特別活動では，学校の内外で，多様な他者と関わり合う集団活動の機会が豊富にある。各活動・学校行事を通して，生徒は，多様な集団活動を経験し，集団における行動や生活の在り方を学び，よりよい集団づくりに参画する。

（『中学校学習指導要領解説　特別活動編』：24頁）

　このような多様な集団づくりへの参画には学級活動のみならず，学校行事，児童会生徒会活動などを通じたものがある。そこで目指されている「よりよい集団づくり」は学級経営のみならず，学校経営においても極めて重要なものとなる。興味深いデータに長谷川ら（2013）の研究がある。主に高学年の小学生を対象にしたアンケート調査から，児童の学級や学校への適応が教師そのものの直接的な影響よりも，学級の文化や人間関係への働きかけの結果，促進されることを明らかにしている。

　ここには，2つの含意がある。第一は，よりよい学級づくりのための教師による仕組みづくりが児童生徒の学校生活の充実に関わることと，第二は，よりよい学級づくりについて，児童生徒による自発的，自治的な活動の活性化が重要な鍵となっていることである。特別活動を通じた自発的，自治活動の醸成や自主的，実践的態度の育成が学級経営や学校経営の充実に果たす役割は，かねてより言われてきたが，長谷川らの研究は，この役割をデータとして明らかにしている。

　ここで整理しておかなければならないのは，学級経営概念の混乱である。これまで学級経営は，「各教科等の教育活動のための条件整備」と捉えられる向きもあった。しかし図10-1に示すように，我が国では，これまでの学級経営

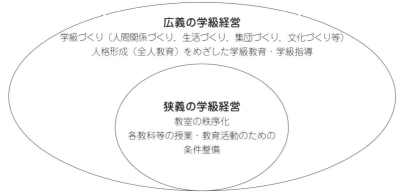

図10-1 我が国の学級経営の射程

出典：白松 (2017：18)。

の展開において，「学級づくり」と呼ばれる人格形成（全人教育）をめざした学級教育・学級指導を包含した広範囲にわたるものとなっている。

　そのため，学級教育や学級指導を包含する学級経営の充実は，我が国では人間形成に果たす役割としても重視されてきた。特別活動は，その役割を担う重要な教育課程として展開されている（『学習指導要領解説　特別活動編』第2章第2節参照）。なかでも，平成29・30年改訂において強調されたものが，下記に示す学級活動と学級経営・ホームルーム経営の関連づけである（下線部は，筆者による）。

小学校学習指導要領

<u>学級活動における児童の自発的，自治的な活動</u>を中心として，各活動と学校行事を相互に関連付けながら，個々の児童についての理解を深め，教師と児童，児童相互の信頼関係を育み，<u>学級経営の充実を図ること</u>。その際，特に，いじめの未然防止等を含めた生徒指導との関連を図るようにすること。

中学校学習指導要領

<u>学級活動における生徒の自発的，自治的な活動</u>を中心として，各活動と学校行事を相互に関連付けながら，個々の生徒についての理解を深め，教師と生徒，生徒

相互の信頼関係を育み，学級経営の充実を図ること。その際，特に，いじめの未然防止等を含めた生徒指導との関連を図るようにすること。

高等学校学習指導要領
ホームルーム活動における生徒の自発的，自治的な活動を中心として，各活動と学校行事を相互に関連付けながら，個々の生徒についての理解を深め，教師と生徒，生徒相互の信頼関係を育み，ホームルーム経営の充実を図ること。その際，特に，いじめの未然防止等を含めた生徒指導との関連を図るようにすること。

　ここで示されているように，特別活動では，「学級活動（ホームルーム活動）における自発的，自治的な活動」を中心として，活性化することで，学級経営の充実が目指されているのである。

　この特別活動と学級経営の関連を整理して21世紀型学級経営のあり方を示したものが，図10-2「学校・学級経営の3領域」である。

　これまで狭義の学級経営では，「児童生徒をいかにコントロールするか」が大きなテーマであった。しかし，特別支援教育や人権教育の進展により，外国にルーツのある児童生徒や合理的配慮を必要とする児童生徒など，多様な子ど

図10-2　学校・学級経営の3領域
出典：白松（2017：21）。

もたちを包摂し，できないことをできるように援助することの大切さが指摘されるようになった。また 1990 年代，支持的風土やカウンセリングマインドの重要性の浸透により，互いの失敗や短所を認め合い，支え合いながら，よりよい自分やよりよい組織を高める指導・援助のあり方も求められるようになってきた。

　特別活動との深い関わりは，図 10-2 の「偶発的領域」である。学級や学校は不確実性のアリーナであり，児童生徒の突発的な問題が生じることもあれば，予期せぬ感動的な体験を得ることもある。そこで，特別活動を通じて，児童生徒による「問題解決」と「文化創造」の力を高めることで，学級（学校）経営がより充実することにつながるのである。

　たとえば，児童生徒の問題行動が噴出している学校では，教師のパワー（怒鳴るなどの脅しや威嚇）で問題行動を押さえ込みがちである。この場合，怖い先生や一目置かれている先生の場合，児童生徒は言うことを聞くが，そうでない先生の前では問題行動が出やすいことも多々生じてしまうものである。

　しかしながら，このような問題行動には児童生徒の願いと教師側の願いにズレがある場合も少なくない。そのため，このような状況は，児童会や生徒会，学級活動を機能させ，児童生徒の願いや想いを，学級経営や学校経営に取り入れることで，学校を改善させるチャンスでもある。いくつか，特別活動を用いて，生徒指導上の問題を改善した学校があるが，それらに共通することは，児童生徒の力を借りてピンチをチャンスに変えていることである。

　児童会生徒会活動を通じて，学校全体で取り組む目標や活動を決め，各学級と連携して，よりよい学校づくりを行う。たとえば，いじめの定義や内容を学級や学校全体の生徒会（多くは生徒総会）で話し合ったり発表したりしてから，学級や学校の決まりや約束を決める。このような活動を通じて，児童生徒自らが自分たちで問題（プロブレムやトラブル）を考え，課題（取り組むべきタスク）を設定し，実行し，振り返り改善する。こういった活動を通じて生じる自発的，自治的活動が，学級経営の充実に資することになる。

　また学校で児童生徒のトラブルが生じやすい理由には，学校が楽しくないということもある。楽しいと思えないがゆえに，悪ふざけをしたり，授業中に

茶々を入れたりして，時折教師の手に負えない荒れ（集団的沸騰状態）になる。このようなことを起こさせないためには，学校生活をより楽しく豊かにするものとしなければならない。というのも，集団はもろ刃の剣であるためである（杉田 2009）。集団は，プラスに機能するとお互いを高め合う文化につながる。しかしながら，同調圧力や排除など，マイナスに機能すると学校生活の苦痛を生み出す負の文化にもなる。集団がもろ刃の剣であることを前提として，学校のよりよい文化創造に努めておくことが，学級経営の充実につながることになる。なぜならば，児童生徒のエネルギーが，学校の教育活動にプラスに注がれることにより，安定した学校生活を学級で過ごせることになるためである。

3　特別活動を通じた学級経営の充実のための指導上のポイント

本節では，特別活動を通じて学級経営を充実させるための指導上の工夫を3点論じたい。

（1）学校経営との関わりを大切にする

特別活動の視点でいえば，学校行事や児童会生徒会活動の年間指導計画と連動しながら，学級活動を行うことになる。たとえば，生徒会総会（全校での生徒会）のテーマが「学校をあたたかい居場所とするために」であったとすれば，その前の1カ月を使って，学級での取り組みを決め，実施してみる。これらの実践を踏まえて，当日の生徒会総会では学級の意見や経験を発表し，他の学級や学年の取り組みや発表を聞く。その後，生徒会総会で決定されたことを参考にしながら，また学級での取り組みの内容を改善し，実行する。このように，学校経営と学級経営の関連化を，生徒会活動と学級活動を関連化させることによって行うことができる。この内容相互の関連化により，各学級での児童生徒の自発的，自治的活動が活性化し，学級経営の充実が図られるのである。

また，関連化には，カリキュラム・マネジメントの視点も重要である。ある中学校では，生徒会代表委員会で運動会のテーマが「感謝」に決まった。この学校では，各学級の学級活動で「感謝」をテーマとしてどのように運動会に取

り組むかを話し合うだけではなく，同時期に道徳の時間に「感謝」の価値項目を題材とする授業を実施し，道徳教育の実践の場として特別活動を活用したという。このようにさまざまな教育活動を深化・拡充する場が特別活動であり，特別活動の充実そのものが，学級経営の充実に資するという指導上のポイントである。すなわち，学校経営と学級経営の関連づけを高め，特別活動の内容相互の関連化や他の教科等との関連化を深めることで，教育活動の成果を高める，学級経営の充実につながるのである。

（2）「みんなとやりぬく力」と「個でやりぬく力」を育む

　特に学級活動の学習過程で，「みんなと（組織で）やりぬく力」と「個でやりぬく力」を育成することである*。

　　* Duckworth（2016）は，社会で成功する力に「やりぬく力」を挙げている。欧米では「個でやりぬく力」が重視されているが，我が国では，「みんなと（組織で）やりぬく力」も重視されてきた。特別活動では，この両方を伝統的に大切にしているため，本章では，あえて「個で」と「みんなと」の2つに分けている。また「個」に対するものとして「組織」としているが，表記上，意味が伝わらないこともあるため，「みんなと」とわかりやすく表記している。

　児童生徒は，特別活動を通じて，学級，係，委員会など，さまざまな組織に所属し，組織のなかで集団として行動することを学ぶ。それぞれの組織を通じて，学級や学校をよりよくする活動に従事する。そして，組織のなかで目標を決め，活動を行い，最後までやりぬくことが求められる。たとえば，委員会で運動会途中に活動を放棄することは，児童生徒の成長にとってよいことではない。

　まず学級活動(1)では，図10-3のように中学校学習指導要領解説に，学習過程が示されている。

　学級活動(1)では，「合意形成」の重要性が指摘されているが，組織（集団）で何に取り組むか，合意を形成し，集団決定したことを実践し改善する。この学習過程から，児童生徒は自分の所属する組織で目標を決め実行し，振り返り

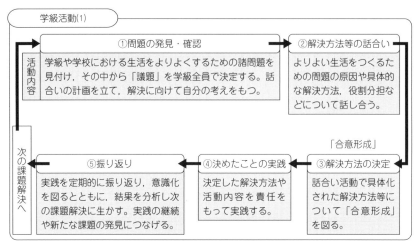

図10-3　学級活動（1）の学習過程

改善することを学ぶ。社会に開かれた教育課程として捉えると，この学びは，将来所属する組織の一員として目標を達成したり，組織をよりよくしたりする力を育成していることになる。その鍵が「みんなとやりぬく力」の育成である。

　一方，学級活動(2)(3)の学習過程は，図10-4のように例示されている。学級活動(2)では適応や健康安全に関すること，学級活動(3)では学業やキャリアに関することが題材となる。「健康」「安全」「学業」等に関する題材において，学習内容や他の児童生徒の考えや取り組みを参考に，自らの生活を振り返り，改善点や取り組む内容を自ら意思決定をする。たとえば，「ゲーム・インターネットと生活習慣」を題材にした場合，まず1週間のゲームやインターネットの時間についての生活チェックを行う。そしてゲームやインターネットのよりよい使い方や時間のあり方などを学び，自らの生活チェックや同級生の生活の状況と比較する。その後，自らの生活の改善点を見出し，次の1週間に取り組む目標や内容を意思決定する。そして実践し，振り返り，さらなる改善を図る。この過程によって育まれるものが「個でやりぬく力」である。

　学級活動(1)は主として集団や組織のなかでの自発的，自治的活動を醸成することを目的としており，学級活動(2)(3)は集団や組織での学びを通じて，主として個人の自主的，実践的態度を養うことを目的としている。この過程を通し

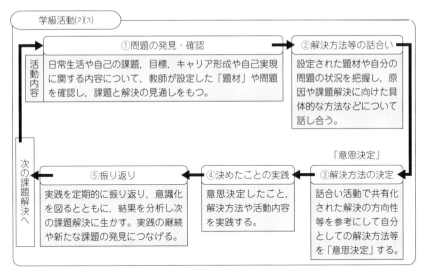

図10-4　学級活動（2）（3）の学習過程

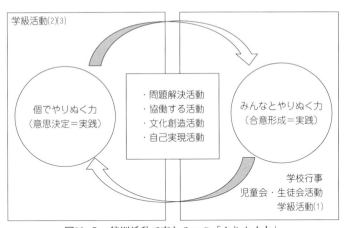

図10-5　特別活動で育む2つの「やりぬく力」

て，児童生徒の「みんなとやりぬく力」と「個でやりぬく力」の両方を育てることが，学校をよりよくすることにつながり，学級経営の充実にさらに寄与する。このことをわかりやすく図示したものが図10-5である。

（3）学級経営の領域を意識した指導の重み付けを大切にする

　最後に図10-2学級経営の3領域との整理のうえで，第三の指導上のポイントを説明してみたい（この対応については詳しくは白松（2017）を参照されたい）。それは各領域ごとの指導の重み付けである。

　学級経営の充実には，まず図10-2の「必然的領域」の指導を徹底することである。自己と他者の人権を尊重する姿勢を大切にし，人権（心と体）を傷つける言動・行動には厳格に指導することが重要である。それは，児童生徒一人一人が大切にされていると実感すると同時に，学級担任の先生は人を傷つける言動・行動を絶対に許さないという信頼をつくることである。

　特に，「暴言・悪口・陰口」などの侮辱罪・名誉毀損罪，「ものを壊す，傷つける」などの器物損壊罪，「殴る・蹴る」といった暴行罪・傷害罪に当たるものには，細やかかつ厳格に対応する必要がある。「無視」も精神的苦痛を与え続けることにより傷害罪が適用される可能性も指導する必要がある。これらの時には，指導の記録を丁寧にとる必要がある。

　この必然的領域の指導を基盤として，「社会的安全性（自己と他者を傷つける行為の抑止）」を高め，児童生徒が「心理的安全性」を感じる学級にする必要がある。

　計画的領域では，児童生徒の自発的，自治的活動を生じやすくする仕組みをつくり，「できないこと」を「できる」ように，指導・援助することが必要である。

　具体的な例をいくつか示したい。ある学校では，計画委員会や話し合い活動のルーティーンと手順を可視化し，学級活動の1週間前から，朝の時間や昼休みの時間などを活用して，学級活動の時間に臨むようにさせている。実際の話し合い活動では，合意形成をする際の視点（たとえば，案・意見の合成，順序づけ，経験のないことの経験時間の設定，など）を提示し，児童生徒の話合い活動が円滑に進むように計画的な工夫をしている。ほかにも，お互いの学級の取り組みを参考に各学級の活動を活性化させる目的で，学級活動掲示板を廊下に設置し，各学級の活動の取り組みの様子を広報する学校もある。

　このような仕組みづくりを行うことで，児童生徒の活動が行いやすくなる。

すなわち，計画的領域とは，学習や生活のルーティーンや手順を計画的に浸透させたり，準備したりすることで，児童生徒の学習や生活をよりよくするための指導・援助の領域なのである。

この領域では「できないこと」を「叱る」よりも，「できないこと」を容認し，「できる」ようにするための指導や仕組みの工夫を準備立てることが大切である。学級経営上，児童生徒を叱ることが多いとすれば，この領域の指導上の工夫や準備性が課題であることが多い。

最後に偶発的領域の指導についてである。学級や学校の文化創造は，教師以上に，児童生徒の力によるところが多い。「特別活動は，学校における集団活動や体験的な活動を通して，各教科や道徳等で身に付けた力を，実際の生活において生きて働く汎用的な力とするための人間形成の場」（『中学校学習指導要領解説　特別活動編』）である。すなわち，特別活動は学級や学校の楽しく豊かな文化を創造することを通して，人間形成を行う場である。そして，学級や学校を一つの社会として，児童生徒は，多様な他者と関わり合ってよりよく生きようとすることを学ぶ。

特に変化の激しい社会では，多様な他者と協働して創造的に課題を解決する力や目標をもって生きる態度を身に付けること等が特別活動に期待されている。そこで，多様な他者と生活するなかで偶発的に生じるピンチやチャンスを契機として，よりよい生活となるための目標や取り組む内容をみんなで話し合い，実行し改善する。この活動の活性化が極めて重要となるのである。

そのためには，計画的領域におけるルーティーンの定着，手順による可視化された指導・援助，活動の仕組みづくりを基盤として，偶発的なピンチやチャンスを契機とする学級経営の充実が求められるのである。

なお，偶発的領域における児童生徒の自発的，自治的活動の醸成（みんなとやりぬく力），あるいは自主的，実践的な態度の育成（個でやりぬく力）については，本節（1），（2）で示した指導のポイントと深く関わっている。各学級の活動の活性化には，（1）に示した特別活動の内容相互の関連化とカリキュラム・マネジメントが効果的である。また（2）の指導のポイントを踏まえると，児童生徒の二つの（みんなと，個で）やりぬく力が，この偶発的領域の

学級の活動をよりよくする。さらに，指導のポイントの3つを相互に関連させながら指導することで，学級経営の充実はさらに促進される。そのことはまた，学級経営の充実が特別活動の教育目標を達成するという双方向性を理解する必要を意味している。

学習課題

（1）主体的・対話的で深い学びを実現するために，学級経営の充実が必要な理由を整理してみよう。

（2）『学習指導要領』および『学習指導要領解説特別活動編』を参考にしながら，特別活動を通じた学級経営の充実の必要性と方策を考えてみよう。

引用・参考文献

Duckworth, Angela (2016) *Grit : The Power of Passion and Perseverance*, Scribner.（アンジェラ・ダックワース，神崎朗子訳（2016）『やり抜く力 GRIT（グリット）――人生のあらゆる成功を決める「究極の能力」を身につける』ダイヤモンド社.）

国立教育政策研究所「平成24年度学習指導要領実施状況調査 教科等別分析と改善点（小学校 特別活動（質問紙調査））」.
　　http://www.nier.go.jp/kaihatsu/shido_h24/01h24_25/10h24bunseki_tokkatsu.pdf（ダウンロード2019年3月19日）

長谷川祐介・太田佳光・白松賢・久保田真功（2013）「小学校における解決的アプローチにもとづく学級活動の効果――測定尺度開発と学級・学校適応に与える効果の検討」『日本特別活動学会紀要』（21）：31-40.

白松賢（2017）『学級経営の教科書』東洋館出版社.

杉田洋（2009）『よりよい人間関係を築く特別活動』図書文化社.

（白松　　賢）

第11章

特別活動と生徒指導

　学校教育における指導のなかでも特別活動と関連が強い生徒指導を取り上げ，生徒指導の今日的課題への対応における特別活動の意義について考察する。第1節では生徒指導の定義や目的を確認する。ここでわかることは，生徒指導は問題行動のある子どもだけではなく，すべての子どもを対象に，それぞれの人格のよりよき発達をめざして行われる指導ということである。第2節では今日の生徒指導上の課題を明らかにするために，非行と不登校に関する統計データを参照する。その結果，非行は減少傾向にある一方，再非行少年率が高まっていることや，不登校は減少していなかったことが明らかとされる。このことから生徒指導として取り組むべき今日的課題は非行防止ではなく，再非行や不登校のような学校不適応を生み出すメカニズムの解明とそれを踏まえた生徒指導と設定される。以上を踏まえ，第3節では，包摂を実現する特別活動と，子どもの主体性や自律性を育む特別活動について考察する。

1　生徒指導とは何か？

　日本の学校では，教師たち自身が自らの仕事を「学習指導」「生徒指導」「進路指導」の3つに分けて捉えている（志水 2002：74頁）。このうち生徒指導は小学校から高等学校まであらゆる学校段階において高い関心が向けられている。また後述するとおり，生徒指導は特別活動と関連が強い。教師は多くの時間を費やしながら日々，生徒指導を行っている。しかし生徒指導は教科のように基盤となる学問分野が不明瞭な点もあることから，現場では経験則に基づきなが

ら指導している。

　ここではまず，日常的に実践している生徒指導はそもそもどういったものなのか改めて考えてみたい。教師を含め多くの人たちは「生徒指導は子どもたちの問題行動を改善すること」といったイメージをもっているのではないだろうか。しかしそのイメージは正確なものではない。

　そのことを確認するために，文部科学省が2010（平成22）年に発行した『生徒指導提要』を参照したい。『生徒指導提要』において「生徒指導とは，一人一人の児童生徒の人格を尊重し，個性の伸長を図りながら，社会的資質や行動力を高めることを目指して行われる教育活動のことです。すなわち，生徒指導は，すべての児童生徒のそれぞれの人格のよりよき発達を目指すとともに，学校生活がすべての児童生徒にとって有意義で興味深く，充実したものになることを目指しています」（文部科学省 2010：1頁）となっている。

　生徒指導がめざしていることは問題行動の改善というものに限定されない。このことは『生徒指導提要』のまえがきにおいて「ともすれば学校における生徒指導が，問題行動などに対する対応にとどまる場合もあり，学校教育として，より組織的・体系的な取り組みを行っていくことが必要であることが指摘されてきました」と，言及されていることからもわかる。生徒指導は問題行動がないと思われるような子どもたちも生徒指導の対象となるのである。

　近年の教育改革は，育成すべき資質能力に高い関心を示している。そうした潮流を踏まえ，2017（平成29）年3月公示の学習指導要領において各教科等において「育成すべき資質・能力」が明記された。それ以前に『生徒指導提要』においても育成すべき資質能力に該当する概念が登場していた。それが自己指導能力である。自己指導能力は，「児童生徒自ら現在及び将来における自己実現を図っていく」（文部科学省 2010：1頁）ことができる資質能力と捉えられる。

　生徒指導は学校教育の目標を達成するうえで重要な機能を果たすものとされている（文部科学省 2010：1頁）。ただしここで留意しないといけないことは，生徒指導はカリキュラムではない，ということである。すなわち「生徒指導の時間」などというような授業時間は存在しない。それゆえ生徒指導は学校生活すべての時間で行われることが期待される。そのなかでも特に特別活動は生徒

指導と関連が強いカリキュラムである。

　また，進路指導は生徒指導と関連が強い指導である。進路指導は，子ども自らが将来の進路を選択・決定するための能力を育むための教育活動である。実は進路指導も生徒指導と類似した資質能力の育成をめざしている。生徒指導が自己指導能力，すなわち児童生徒自ら現在及び将来における自己実現を図っていく資質能力を育むための教育活動である一方，進路指導は自己指導能力のなかでも主に将来における自己実現を図るための資質能力形成をめざしているのである。ただし近年では，進路指導はキャリア教育の推進のなかに位置づけられている。特別活動とキャリア教育の関連は「第12章　キャリア教育との関連」のなかでも詳しく説明されているのでそちらを参照されたい。

2　今日の生徒指導の課題

　次に，今日の生徒指導の課題は何なのか検討したい。先ほど生徒指導は問題行動への対応に終始するものではない，と述べた。確かにそのとおりではあるのだが，問題行動が今日の現代社会の状況を映し出していることを忘れてはならない。子どもの問題行動の発生状況を把握することが，今日の子ども社会を把握する上での一助となる。問題行動の発生状況を整理することによって，生徒指導の今日的課題を浮き彫りにすることができる。

（1）問題行動とは何か

　ところで問題行動とは何か。その定義はさまざまあるが，ここでは社会学における逸脱の捉え方を参考に，問題行動を捉えてみたい。宝月（2004）は社会的世界において互いに守らなくてはならない約束事（＝ルール）に反した行為のことを逸脱としている。これを参考に本章では問題行動を，社会的に望ましい行動や社会のルールに反した行為，としてとらえておきたい。

　さて子どもの問題行動に関連した概念として非行がある。非行という概念は，少年法において法的に規定されている。少年法において非行は「①14歳（刑事責任を問える年齢である）以上の少年（満20歳に満たない者）による犯罪

図11-1　非行と問題行動の関係

行為」「② 14歳未満の少年による触法行為（刑事法令に触れる行為）」「③ 少年のぐ犯（保護者の正当な監督に服しない性癖があるなど，その性格又は環境に照らして，将来，罪を犯し，又は刑罰法令に触れる行為をするおそれがあると認められる行状）」の3つとされる。

　次に問題行動と非行の関係を検討したい。両者の関係を図示したものが図11-1である。ここでわかることは次の2つである。

　第1点は，非行が問題行動の一部と位置づけられることである。非行は問題行動の中でも社会におけるルールを犯す，反社会的な行為と捉えられる。具体的には暴力行為や万引き，少年の喫煙や飲酒などである。

　第2点は，問題行動の曖昧さについてである。たとえば15歳の少年が暴力をふるってケガをさせたという事件が発生したとする。それは犯罪行為と位置づけることができるので非行として数えることが可能となる。非行の判断は法的根拠に基づき判断することができるので，図11-1では非行の箇所は実線で記した。一方，問題行動の箇所は破線で記されている。これは問題行動の境界線は曖昧である，という特徴を表したかったからである。

　なぜ問題行動の境界線は曖昧なのか。ここでは茶髪（髪を染める）を例に考えてみよう。学校において子どもたちが黒髪を（茶色など）染める行為は望ましくない行為としてみなされてきた。これまでも茶髪を禁止の校則設定や頭髪の地毛が茶色い生徒らに書面や口頭で申告を求める地毛登録制度を導入してきた学校がある。しかし近年，高校における地毛登録制度の是非に関する議論が起きている。この制度に対し「いきすぎた指導だ」との声があがったのだ。茶

髪であることや，ファッションの一部として髪を染めることについて禁止する学校のあり方を見直す議論が起き始めている。

　ここで注目すべきは，茶髪の是非そのものではなく，問題行動の境界線が時代や社会状況が変化することで変化するということである。地毛登録制度からもわかるとおり，それぞれの行為について学校のなかでは何が問題行動なのか，ということを直接決めるのは教師たちである。問題行動の境界線は教師自身が恣意的に設定している側面があることを忘れてはならない。

（2）非行の推移

　問題行動の特性や非行との関連を踏まえたうえで，非行等の統計データを読み解いていきたい。はじめは非行の推移である。図11-2は戦後1946（昭和21）年から2015（平成27）年までの少年による刑法犯，危険運転致死傷及び過失運転致死傷等の検挙人員の人口比である。折れ線グラフの形状を見ると，戦

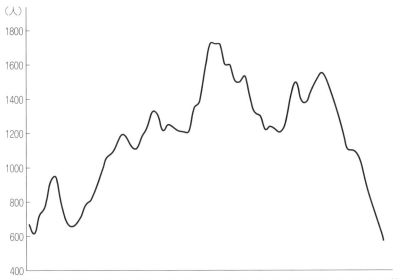

図11-2　少年による刑法犯等の人口比の推移

注：縦軸は10歳以上の少年10万人あたりの検挙人員，横軸は年（西暦）。
出所：法務省法務総合研修所編（2016）に掲載されたデータを基に筆者が作成。

後のピークは 1980 年代初頭に迎えていることがわかる。1980 年代初めは学校現場では校内暴力が問題視されていた時代であり，ヤンキーと呼ばれた少年たちの出現，暴走族が流行していたころである。その後，変動はあるものの，直近の 2015 年は大きく減少していることがわかる。ちなみに 2015 年の検挙人員数，具体的には少年 10 万人あたりの検挙人員数は約 578 人であった。この値は戦後最多を記録した 1981（昭和 56）年の約 1722 人（少年 10 万人あたりの検挙人員数）の約 33.6％で戦後最少の結果であった。非行は増加しておらず，減少傾向にあることが確認された。

　確かに 2000 年代以前と比べてヤンキーと呼ばれる少年たちが街を闊歩している姿は減ったかもしれない。また暴走族が夜間，集団で暴走行為を繰り返している姿をみることもいまやほとんどないだろう。学校教育において非行防止もしくは非行への対応は，かつてほど求められなくなってきたのだろう。

　しかし別の統計データを見てみると，異なる問題が進行していることがわかる。それは再非行少年率である（図 11-3）。非行に関する検挙人員は減っている一方で，再非行少年（前に道路交通法違反を除く非行により検挙（補導）されたことがあり，再び検挙された少年）の比率が増加しているのである。再非行少年率（少年の刑法犯検挙人員に占める再非行少年の人員の比率）は 2015 年に 36.4％となり，1975 年以降過去最高の値を示すに至った。非行少年のうち 3 分の 1 以上の者が 2 回以上，再び非行を犯していた。一度でも非行を犯した者はかつてと比べて，再び健全な社会生活を営むチャンスが小さくなってしまったことが推察される。

（3）不登校の推移

　次に，非行以外の問題行動はどのような状況にあるのだろうか検討したい。ここでは教育問題のひとつである不登校の推移を検討する。文部科学省の「児童生徒の問題行動等生徒指導上の諸問題に関する調査」では，不登校とは「何らかの心理的，情緒的，身体的，あるいは社会的要因・背景により，児童生徒が登校しないあるいはしたくともできない状況にあること（ただし，病気や経済的理由によるものを除く。）をいう」と定義されている。

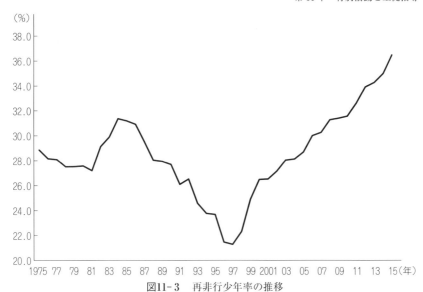

図11-3　再非行少年率の推移

注：縦軸は再非行少年（前に道路交通法違反を除く非行により検挙（補導）されたことがあり，再び検挙された少年）の比率，横軸は年（西暦）。

出所：法務省法務総合研修所編（2016）に掲載されたデータを基に筆者が作成。

　不登校それ自体，問題のある行動と捉えるかどうかは意見が分かれるところである。しかし不登校は学校不適応の一つの形態であり，不適応については生徒指導上，対応すべき課題となる。不登校が増加しているとするならば，学校生活に適応できていない子どもたちが多くいると推察することができる。

　図11-4は文部科学省が実施している「児童生徒の問題行動等生徒指導上の諸問題に関する調査」の結果を基に作成したグラフで，小中学生に占める不登校者割合の推移を示している。これを見てみると，1990（平成2）年の0.47％から2000（平成12）年の1.23％まで不登校の割合が上昇し，その後大きく下降することなく推移していることが読み取れる。2014（平成26）年は調査開始以来，過去最高の1.26％という割合であった。

　これまでの統計データからわかったことを整理すると次のとおりである。まず非行は減少傾向にあった。しかし再非行少年率は増加していた。このことから非行を犯した場合，かつてより更生する機会が減少していることが示唆され

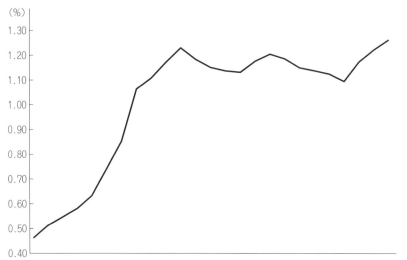

図11-4　小中学生に占める不登校者割合の推移

注：縦軸は全小中学生に占める不登校者割合，横軸は年（西暦）。
出所：文部科学省の「平成27年度児童生徒の問題行動等生徒指導上の諸問題に関する調査」のデータを基に筆者が作成。年度間に連続または断続して30日以上欠席した児童生徒のうち不登校を理由とする者について調査。

る。生徒指導上，注目すべき課題は非行そのものではなく，再非行の発生のメカニズムの解明や，再非行の防止策を考察することである。さらに不登校も1990年代以降，減少しておらず横ばい状態が続いていた。再非行や不登校を生み出すメカニズムに着目し，それを踏まえた生徒指導をこれから考えなければならない。

3　生徒指導上の課題を踏まえた特別活動実践のあり方

　今日の生徒指導上の課題を踏まえたとき，今後どのような特別活動実践が求められるのだろうか。次の2点について考察したい。

（1）包摂のための特別活動
　第一は，包摂のための特別活動である。近年，社会科学の分野において包摂

ならびにその対の概念である排除という概念に注目が集まっている。包摂もしくは社会的包摂とは，社会的立場が弱い人たちを社会のメンバーとして取り込むことである。それの対概念である排除もしくは社会的排除とは，社会的立場が弱い人たちを，文字通り社会から排除することを意味する。

　排除もしくは社会的排除の議論は 1980 年代以降のヨーロッパにおける福祉国家の危機からスタートしている。日本においても 2000 年代以降，格差問題などの進行により排除や社会的排除，さらには包摂ならびに社会的包摂という概念への関心が高まってきた。社会的排除に対応するための政策において，教育は重視されている。

　先ほど見たとおり，統計データから非行件数は減少にあったものの再非行少年率は上昇していることが確認された。これは非行を行った少年に対する更生システムがうまく機能していないことを意味している。ここでいう更生システムとは，たとえば少年院のような直接，非行少年に対し矯正教育を実施する機関だけではない。学校や地域社会など非行を犯した少年を取り巻く環境も含む。

　このことを排除という概念に着目すれば次のように説明できる。一度，犯罪を犯した子どもは非行少年というラベルが貼られ，社会的に排除されてしまう。その結果，健全な社会生活を営む手段が奪われ，生き延びるために犯罪に再び手を染めてしまっている。また周囲の人々は，知らず知らずのうち非行経験のある子どもたちを排除することに加担している可能性がある。

　不登校ならびに学校不適応の問題が解消していないということは，学校における包摂のあり方に課題があるともいえる。つまり学校がどのような子どもによっても，楽しく通うことができる場にはなっていない。むしろ学校には排除の力学が存在しており，その結果，不登校の問題がいまだ解消されていないといえそうである。

　以上から「包摂を実現するために学校は何ができるのか」ということが，今日の重要な生徒指導に問いかけられた重要な課題として浮上する。包摂の実現において，これまでのような問題行動を起こす一部の子どものみを対象とした生徒指導だけでは不十分である。包摂の実現は排除の対象とされてしまう特定のマイノリティだけの課題ではない。すべての人々の意識と行動の変容がない

限り，包摂の実現は達成しない。このことから，生徒指導がめざしている「学校生活がすべての児童生徒にとって有意義で興味深く，充実したものになること」の実現が欠かせない。そのとき特別活動が担う役割は非常に大きい。

　ここでは小学校の学級活動を事例に考察を進めよう。2017年公示の学習指導要領において，小学校の学級活動の内容は3つ設定された。具体的には「(1)学級や学校における生活づくりへの参画」（学級活動(1)），「(2)日常の生活や学習への適応と自己の成長及び健康安全」（学級活動(2)），「(3)一人一人のキャリア形成と自己実現」（学級活動(3)）である。

　このうち学級活動(1)は包摂を実現していくうえで重要な内容である。学級活動(1)は子どもたちの自治的活動を行うこととなる。学校という社会において，そこでの生活をよりよくするために子どもたちは学級会を中心に話合い活動を行い，生活上の諸問題の解決を図る。そしてさまざまな創造的な活動を行うことにより，全員が楽しく充実した学校生活をつくりだしていく。

　包摂を実現していくための学級活動(1)を行うとき，学級という集団の特性を理解しておかなければならない。学級は生活共同体であるといわれる（高橋1997）。生活共同体とは社会学の概念でいえば，利害関係に基づいて人為的に作られた社会組織であるゲゼルシャフトではなく，地縁・血縁などにより自然発生した社会集団であるゲマインシャフトが想定されている。すなわち学級内のメンバーは利害関係でつながっているのではない。学級では企業等で組織改革を行う時のようにメンバーを交代することはできない。地縁や血縁のように，どのような者であれその集団からの離脱は原則，許されない。別の言い方をすれば，学級のメンバーはそのなかのメンバーを学級の外に排除することは許されない。いかなるときも同じ集団のメンバーとして認めないといけないのである。

　こうした条件を踏まえながら学級活動(1)の実践を行っていくこととなる。仮に小学生が学級のなかでお楽しみ会をしようと考えたとする。多くの子どもたちが何か身体を使って遊びたいと思っていたとしよう。しかし学級のなかに肢体不自由の子どもがおり，その子はほかの子と同じように身体を使った遊びができない。そうしたとき，学級会においてお楽しみ会の内容を決めるとき，子

どもたちは肢体不自由の子も参加できるお楽しみ会のプログラムを考えること
となる。

　2017（平成29）年公示の小学校学習指導要領における学級活動の内容の取扱
いを見てみると，たとえば第5学年及び第6学年では「相手の思いを受け止め
て聞いたり，相手の立場や考え方を理解したりして，多様な意見のよさを積極
的に生かして合意形成を図り，実践すること」とある。肢体不自由の子の意見
を排除するのではなく，その子へ思いやりをもって傾聴することが大切となる。
また合意形成をするとき，つまり，お楽しみ会の内容を集団で決定するとき，
自分も含めたさまざまな意見の良さを生かして決定することが求められる。弱
い立場にいる子どもがいたとするならば，その子のことも考えて決定しないと
いけない。

　ただしここで気をつけないといけないのは，それぞれの子どもたちが自分自
身もまた学級のなかでは大切な存在であることを自覚しておかなければならな
いということである。たとえば何かを集団で決めるとき，当初の意見とは異な
ったとしても，他者のことを思いながら柔軟に考えを変化させることはあるだ
ろう。しかしだからといって自分の思いも大切にしないといけない。学級集団
としての決定を行う際，子ども同士で意見が衝突することがある。そうしたと
きは話し合いをしっかりし，折り合いを付けながら合意形成することが求めら
れる。このような学級活動(1)における活動経験の蓄積が，学級集団における包
摂の実現に向かわせる。

　特別活動では「なすことによって学ぶ」という言葉がよく用いられる。特別
活動では子どもたちを包摂の大切さを知識として理解してから活動をするので
はない。特別活動におけるさまざまな活動の経験をとおして包摂の大切さを知
り，それを実現するための方法を習得していくこととなる。ただし包摂を実現
するために必要な他者への配慮は，簡単なことではないことにも注意を払わな
いといけない。活動中，包摂の意義を見失い，自己利益を追求する子どもがで
てくるかもしれない。教師は子どもの主体的な取り組みを尊重しつつも，折に
触れ子どもたちの悩みや相談にのりつつ，適切な指導もしくは励ましをしてい
くことも大切であろう。

（2）子どもの主体性や自律性を育む特別活動

　第二は，子どもの主体性や自律性を育む特別活動についてである。包摂を実現した社会をつくり出していくためには，社会的立場の弱い者への配慮だけではなく，それぞれの市民が主体的かつ自律的に生活を営むことができなければならない。そうした主体性や自律性を育むことは学校教育における重要な課題である。また不登校など学校不適応の課題を克服し，楽しく学校に通えるようにするためにも，主体性や自律性を育むことは重要な教育課題となる。

　事実，『生徒指導提要』においても，主体性や自律性は生徒指導をとおして育まれるべき資質能力であることが指摘されている（文部科学省 2010：10-11 頁）。『生徒指導提要』からわかるように，主体性や自律性があるということは，自分の欲求や衝動を含め自らが律し，限られた条件のなかでも主体的に取り組むことができるということである。

　小学校を例にしたとき，主体性や自律性の向上に資する内容として学級活動(2)がある。2017 年公示の学習指導要領において小学校の学級活動(2)は「日常の生活や学習への適応と自己の成長及び健康安全」となっている。具体的には次の4つが設定されている。「ア　基本的な生活習慣の形成」「イ　よりよい人間関係の形成」「ウ　心身ともに健康で安全な生活態度の形成」「エ　食育の観点を踏まえた学校給食と望ましい食習慣の形成」であり，生徒指導と関連が強い内容となっている。いずれも子どもたちの現在及び将来の生活上，主体的かつ自律的に取り組まないといけない内容によって構成されている。

　学級活動(2)の指導方法を考えるうえで参考になるのが，文部科学省が 2019（平成 31）年に刊行した『特別活動指導資料』（文部科学省国立教育政策研究所教育課程研究センター 2019）である。

　学級活動(2)において留意すべきポイントは，授業後の展開である。学級活動(2)は学級活動(1)の学級会のように子ども同士の話合い活動ではなく，教科と同じような授業として取り組むことが多い。授業では取り上げた課題について子ども一人一人が自己決定，学習指導要領の用語でいえば意思決定を行う。たとえば，食事に関する課題を取り扱ったとするならば，授業において子どもたちが各々の意見を出し合い，解決方法を見つけ，最後に自分たちの食事内容を改

善するための取り組みについて自己決定，意思決定を行う。大切なのは，その後の取り組みである。特別活動は生活をよりよくするために行う活動である。だから授業で自ら決定したことを実行に移さないといけない。教師は授業後の子どもの実践を支援する手立てを行う必要がある。たとえば授業で，バランスよく食事をとる，と決めたとする。その目標や内容をプリント等に記入させ，継続して取り組みができているかどうか，可視化できる手立てを設ける必要がある。そのようにして子ども自身が自分の生活をセルフチェックし，改善の意欲を喚起するための指導・支援が教師には求められる。

　問題行動への対応に限定した生徒指導に終止符を打ち，本来の目的に基づいて生徒指導を実践しようとする際，特別活動の果たすべき役割は非常に大きい。生徒指導の充実はもちろん，学校教育をより豊かなものとするためにも，特別活動を通して個が生きる集団活動を創造していくことは不可欠である。

学習課題

（１）包摂を実現する学校を実現するために，どのような特別活動を実践すればよいのか，具体的な内容や指導計画を考えてみよう。
（２）子どもの主体性や自律性を育むために，どのような特別活動を実践すればよいのか，具体的な内容や指導計画を考えてみよう。

引用・参考文献

宝月誠（2004）『逸脱とコントロールの社会学——社会病理学を超えて』有斐閣アルマ.
法務省法務総合研修所編（2016）『犯罪白書（平成28年版）〜再犯の現状と対策のいま〜』日経印刷株式会社.
文部科学省（2010）『生徒指導提要』教育図書.
文部科学省（2017）『小学校学習指導要領解説　特別活動編』.
文部科学省国立教育政策研究所教育課程研究センター（2019）『特別活動指導資料　みんなでよりよい学級・学校生活をつくる特別活動　小学校編』文溪堂.
高橋克巳（1997）「学級は"生活共同体"である——クラス集団観の成立とゆらぎ」今津孝次郎・樋田大二郎編『教育言説をどう読むか　教育を語ることばのしくみとはたらき』新曜社，105-130.
志水宏吉（2002）『学校文化の比較社会学——日本とイギリスの中等教育』東京大学出版会.

（長谷川祐介）

第4部
特別活動の実践的課題と具体策

第12章

キャリア教育との関連

　2017（平成 29）年 3 月に告示された学習指導要領では小学校，中学校の特別活動の双方に「キャリア形成」という言葉が明示された。ここには，特別活動がキャリア教育を推進するための期待が込められている。特別活動における子どもたちの活動自体が，今後のキャリアを形成していくための豊かな経験となる。学級や学校での生活づくりはまさに人間関係形成・社会参画能力を培う機会となるし，当番活動や係活動などは働くことの実践であり，社会の中での役割分担という職業の社会的機能を体験的に学ぶ場としても貴重である。

　本章においては，キャリア教育がどのような経緯で導入され，どのように位置づけされているのか，その目標について理解することをねらいとする。第 1 節では，キャリア教育がどのように導入されたのか，キャリア教育の定義について，第 2 節ではキャリア教育でどんな力を子どもたちにつけたいのか，何を期待するのか，第 3 節では学級活動の時間で，どのような考えで，どのように展開をしていくのかを述べたい。

1　キャリア教育の導入

（1）背　景

　子どもたちが育つ社会環境の変化に加え，産業・経済の構造的変化，雇用の多様化・流動化等は，子どもたち自らの将来の捉え方にも大きな変化をもたらしている。また，環境の変化は，子どもたちの心身の発達にも影響を与え始め，全人的発達がバランス良く促進されにくくなっている。人間関係をうまく築く

ことができない，自分で意思決定できない，自己肯定感をもてない，将来に希望をもつことができない，といった子どもの増加がみられる。

　とどまることなく変化する社会の中で，子どもたちが希望をもって，自立的に自分の未来を切り拓いて生きていくためには，変化を恐れず，変化に対応していく力と態度を育てることが不可欠である。そのためには，日常の教育活動を通して，学ぶ面白さや学びへの挑戦の意味を子どもたちに体得させることが大切であり，ひいては生涯にわたって学び続ける意欲を維持する基盤をつくることができるようになる。また，多くの学校で実践されている自然体験や社会体験等の体験活動は，他者の存在の意義を認識し，社会への関心を高めたり社会との関係を学んだりする機会となり，将来の社会人としての基盤づくりともなる。さらに，子どもたちが将来自立した社会人となるための基盤をつくるためには，学校の努力だけではなく，子どもたちにかかわる家庭・地域が学校と連携して，同じ目標に向かう協力体制を築くことが不可欠である。

　今，子どもたちが「生きる力」を身に付け，社会の激しい変化に流されることなく，それぞれが直面するであろうさまざまな課題に柔軟かつたくましく対応できるようにしなければならない。

（2）キャリア教育の登場

　我が国において「キャリア教育」という文言が公的に登場し，その必要性が提唱されたのは，1999（平成11）年12月，中央教育審議会答申「初等中等教育と高等教育との接続の改善について」においてであった。同審議会は「キャリア教育を小学校段階から発達段階に応じて実施する必要がある」とし，さらに「キャリア教育の実施に当たっては家庭・地域と連携し，体験的な学習を重視するとともに，学校ごとに目的を設定し，教育課程に位置付けて計画的に行う必要がある」と提言している。その後国は，文部科学大臣，厚生労働大臣，経済産業大臣，経済財政政策担当大臣の関係4閣僚による「若者自立・挑戦戦略会議」が，2003（平成15）年6月に「若者自立・挑戦プラン」を策定し，目指すべき社会として，「若者が自らの可能性を高め，挑戦し，活躍できる夢のある社会」と「生涯にわたり，自立的な能力向上・発揮ができ，やり直しがきく

社会」を挙げ，政府，地方自治体，教育界，産業界が一体となった取り組みが必要であるとした。キャリア教育の推進は，その重要な柱として位置付けられた。

（3）法 的 根 拠

　2006（平成18）年12月に改正された教育基本法では，第2条（教育の目標）第2号において「個人の価値を尊重して，その能力を伸ばし，創造性を培い，自主及び自律の精神を養うとともに，職業及び生活との関連を重視し，勤労を重んずる態度を養うこと」が規定された。また，同法第5条（義務教育）第2項では「義務教育として行われる普通教育は，各個人の有する能力を伸ばしつつ社会において自立的に生きる基礎を培い，また，国家及び社会の形成者として必要とされる基本的な資質を養うことを目的として行われるものとする」と定められた。

　さらに，翌年，2007（平成19）年には，学校教育法第21条（義務教育の目標）において，第1号「学校内外における社会的活動を促進し，自主，自律及び協同の精神，規範意識，公正な判断力並びに公共の精神に基づき主体的に社会の形成に参画し，その発展に寄与する態度を養うこと」，第4号「家族と家庭の役割，生活に必要な衣，食，住，情報，産業その他の事項について基礎的な理解と技能を養うこと」，第10号「職業についての基礎的な知識と技能，勤労を重んずる態度及び個性に応じて将来の進路を選択する能力を養うこと」が定められ，キャリア教育が法的に捉えられるようになった。

（4）キャリア教育の定義

　一人一人の社会的・職業的自立に向け，必要な基盤となる能力や態度を育てることを通して，キャリア発達を促す教育
　（中央教育審議会「今後の学校におけるキャリア教育・職業教育の在り方について（答申）」平成23年1月31日）

　キャリア教育は，子ども・若者がキャリアを形成していくために必要な能力

や態度の育成を目標とする教育的働きかけである。そして，キャリアの形成に
とって重要なのは，自らの力で生き方を選択していくことができるよう必要な
能力や態度を身に付けることにある。したがって，キャリア教育は，子ども・
若者一人一人のキャリア発達を支援し，それぞれにふさわしいキャリアを形成
していくために必要な能力や態度を育てることを目指すものである。自分が自
分として生きるために，「学び続けたい」「働き続けたい」と強く願い，それを
実現させていく姿がキャリア教育の目指す子ども・若者の姿なのである。

（5）キャリアとは

　「キャリア」の語源は，中世ラテン語の「車道」を起源とし，英語で，競馬
場や競技場のコースやトラック（行路，足跡）を意味するものであった。そこ
から，人がたどる行路やその足跡，経歴，遍歴なども意味するようになった。
しかし，20世紀後半の産業構造の新たな変革期を迎え，「キャリア」は，特定
の職業や組織のなかでの働き方にとどまらず，広く「働くこととのかかわりを
通しての個人の体験のつながりとしての生き様」を指すようになった。人は，
他者や社会との関わりのなかで，職業人，家庭人，地域社会の一員等，さまざ
まな役割を担いながら生きている。これらの役割は，生涯という時間的な流れ
のなかで変化しつつ積み重なり，つながっていくものである。また，このよう
な役割のなかには，所属する集団や組織から与えられたものや日常生活のなか
で特に意識せず習慣的に行っているものもあるが，人はこれらを含めたさまざ
まな役割の関係や価値を自ら判断し，取捨選択や創造を重ねながら取り組んで
いる。このような自分の役割を果たして活動すること，つまり「働くこと」を
通して，人や社会に関わることになり，その関わり方の違いが「自分らしい生
き方」となっていくものである。このように，人が，生涯のなかでさまざまな
役割を果たす過程で，自らの役割の価値や自分と役割との関係を見いだしてい
く連なりや積み重ねが，「キャリア」の意味するところである。

2 キャリア教育でねらうもの

（1）キャリア教育にかかる4領域8能力

　国立教育政策研究所生徒指導研究センターが発表（平成14年）した「職業観・勤労観を育む学習プログラムの枠組み開発」のための研究結果のなかで，た「4領域8能力の枠組み」が，キャリア教育の枠組みの例として取り上げられた。しかし，「高等学校までの想定にとどまっているため，生涯を通じて育成される能力という観点が薄く，社会人として実際に求められる能力との共通言語となっていない」という課題が指摘されてきた。そのため，中央教育審議会では，「4領域8能力」をめぐるこれらの課題を克服するため，各省から出されている類似性の高い各種の能力論（内閣府「人間力」，経済産業省「社会人基礎力」，厚生労働省「就職基礎能力」など）とともに，改めて分析を加え，「分野や職種にかかわらず，社会的・職業的自立に向けて必要な基盤となる能力」として再構成して提示した。それが，2011（平成23）年1月にとりまとめられた「今後の学校におけるキャリア教育・職業教育の在り方について（答申）」に示された「基礎的・汎用的能力」である（図12-1）。「基礎的・汎用的能力」は，「4領域8能力」を補強し，社会的・職業的に自立するために必要な能力となっている。

（2）キャリア発達に関わる基礎的・汎用的能力

　「基礎的・汎用的能力」は，「人間関係形成・社会形成能力」「自己理解・自己管理能力」「課題対応能力」「キャリアプランニング能力」の4つの能力によって構成される。それぞれについて，少し解説を加えたい。

① 人間関係形成・社会形成能力

　多様な他者の考えや立場を理解し，相手の意見を聴いて自分の考えを正確に伝えることができるとともに，自分の置かれている状況を受け止め，役割を果たしつつ他者と協力・協働して社会に参画し，今後の社会を積極的に形成する

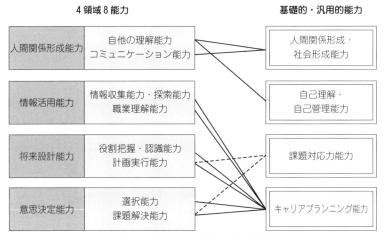

図12-1　4領域8能力から基礎的・汎用的能力への転換
出所：文部科学省（2011：15）。

ことができる力である。特に，海外からの労働者の増加，価値の多様化が進む現代社会においては，性別，年齢，個性，価値観等の多様な人材が活躍しており，さまざまな他者を認めつつ協働していく力が必要である。具体的な要素としては，他者の個性を理解する力，他者に働きかける力，コミュニケーション・スキル，チームワーク，リーダーシップ等が挙げられる。

② 自己理解・自己管理能力

　自分が「できること」「意義を感じること」「したいこと」が社会的にどのように役に立つのかと，今後の自分自身の可能性を含めた肯定的な理解に基づき主体的に行動すると同時に，自らの思考や感情をコントロールし，今後の成長のために進んで学ぼうとする力である。変化の激しい社会にあって多様な他者との協力や協働が求められているなかでは，自らの思考や感情を律する力や自らを研鑽する力がますます重要になってくる。これらは，キャリア形成や人間関係形成における基盤となるものであり，とりわけ自己理解能力は，生涯にわたり多様なキャリアを形成する過程で常に深めていく必要がある。具体的な要素としては，自己の役割の理解，前向きに考える力，自己の動機付け，忍耐力，

ストレスマネジメント，主体的行動等が挙げられる。

③ 課題対応能力

　仕事をするうえでのさまざまな課題を発見・分析し，適切な計画を立ててその課題を処理し，解決することができる力である。このことは，知識基盤社会の到来やグローバル化等を踏まえ，従来の考え方や方法にとらわれずに物事を前に進めていくために必要な力となる。また，社会の情報化に伴い，情報及び情報手段を主体的に選択し活用する力を身に付けることも重要である。具体的な要素としては，情報の理解・選択・処理等，本質の理解，原因の追究，課題発見，計画立案，実行力，評価・改善等が挙げられる。

④ キャリアプランニング能力

　「働くこと」の意義を理解し，自らが果たすべきさまざまな立場や役割との関連を踏まえて「働くこと」を位置付け，多様な生き方に関するさまざまな情報を適切に取捨選択・活用しながら，自ら主体的に判断してキャリアを形成していく力である。自立した一人の人間として自分がこれからどのような道に進んでいきたいのかを明確にするものであり，生涯にわたって必要となる能力である。具体的な要素としては，学ぶこと・働くことの意義や役割の理解，多様性の理解，将来設計，選択，行動と改善等が挙げられる。

（3）キャリア教育への期待

　今回の学習指導要領においては，キャリア教育に対して極めて強い期待を示している。主な期待を3点抽出して整理してみる。

① 教科等を学ぶ本質的な意義を伝える

　「今後の成長のために進んで学ぼうとする力」を育成し，「学ぶこと・働くことの意義」の認識を高めようとするものがキャリア教育である。すなわち，現在の学びとその学びの先にあるものとをつなぐものとなり得る。子どもたちに必要な資質・能力を育んでいくためには，各教科等での学びが，一人一人のキ

ャリア形成やよりよい社会づくりにどのようにつながっているのかを見据えながら，各教科等をなぜ学ぶのか，それを通じてどういった力が身に付くのかという，教科等を学ぶ本質的な意義を明確にすることが必要になる。

② これからの学びを支える

これからの教育では，いかに「主体的・対話的で深い学び」が実現できるかが鍵となる。そして，このような学びの基盤の一つとしてキャリア教育を位置づけている。日常の教科・科目等の学習指導においても，自己のキャリア形成の方向性と関連づけながら見通しをもったり，振り返ったりしながら学ぶ「主体的・対話的で深い学び」を実現するなど，教育課程全体を通じてキャリア教育を推進する必要がある。

・主体的な学びとキャリア教育

学ぶことに興味や関心をもち，自己のキャリア形成の方向性と関連付けながら，見通しをもって粘り強く取り組み，自己の学習活動を振り返って次につなげる。

・対話的な学びとキャリア教育

異年齢の子どもや障害のある児童生徒等多様な他者と対話しながら協働すること，地域の人との交流のなかで考えを広めたり自己肯定感を高めたりすること，自然体験活動を通じて自然と向き合い日頃得られない気づきを得ること，キャリア形成に関する自分自身の意思決定の過程において他の児童生徒や教員等との対話を通じて考えを深める。

・深い学びとキャリア教育

学びの「深まり」の鍵となるものとして，各教科等の特質に応じた「見方・考え方」がある。今後の授業改善等においては，この「見方・考え方」が極めて重要になる。「見方・考え方」は，新しい知識・技能をすでにもっている知識・技能と結びつけながら社会のなかで生きて働くものとして習得したり，思考力・判断力・表現力を豊かなものとしたり，社会や世界にどのように関わるかの視座を形成したりするために重要なものである。

③ 児童生徒の発達を支援する

　子どもたちに将来，社会や職業で必要となる資質・能力を育むためには，学校で学ぶことと社会との接続を意識し，一人一人の社会的・職業的自立に向けて必要な基盤となる資質・能力を育まなければならない。そのため，子どもたちが自己評価を行うことを，教科等の特質に応じて学習活動の一つとして位置付ける。教師が対話的に関わることで，自己評価に関する学習活動を深めていくことが重要となる。特別活動を要とし，各教科等と往還しながら，主体的な学びに向かう力を育て，自己のキャリア形成に生かすため，学びのプロセスを記述し，振り返ることができるポートフォリオ的な教材を作成することが求められる（図12-2）。

（4）学習指導要領から読み解く

　「総則」の「第3　教育課程の実施と学習評価(4)」において，「児童が学習の見通しを立てたり学習したことを振り返ったりする活動」の重要性を指摘している。小学校では「キャリア教育の充実を図ること」を明示的に求め，小学校

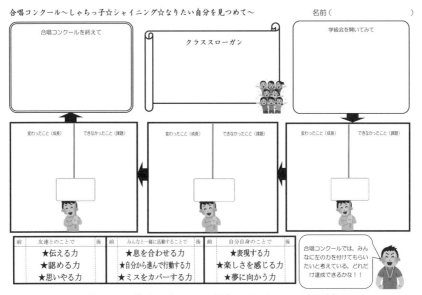

図12-2　学びのプロセスが見えるポートフォリオの例

からのキャリア教育の実践を義務づけた。学ぶことと自己の将来とのつながり
を見通すことがキャリア教育にとって必須事項とされ，社会的・職業的自立に
向けて必要な基盤となる資質・能力，すなわち「基礎的・汎用的能力」を身に
付けさせることがキャリア教育にとっての基盤であることが再確認され，キャ
リア教育の実践は特別活動を要としつつ，各教科等の特質に応じて，すべての
教育活動を通してなされるべきことが明示されている。そして，キャリア教育
の「要」としてその重要性を一層増した「第6章特別活動」では，「学級活動」
の内容に「(3)　一人一人のキャリア形成と自己実現」が新たに加えられ，次の
ように示された（下線は筆者）。

第2　各活動・学校行事の目標及び内容
〔学級活動〕
2　内　容
(3)　一人一人のキャリア形成と自己実現
ア　現在や将来に希望や目標をもって生きる意欲や態度の形成
　学級や学校での生活づくりに主体的に関わり，自己を生かそうとするとともに，
希望や目標をもち，その実現に向けて日常の生活をよりよくしようとすること。
イ　社会参画意識の醸成や働くことの意義の理解
　清掃などの当番活動や係活動等の自己の役割を自覚して協働することの意義を
理解し，社会の一員として役割を果たすために必要となることについて主体的に
考えて行動すること。
ウ　主体的な学習態度の形成と学校図書館等の活用
　学ぶことの意義や現在及び将来の学習と自己実現とのつながりを考えたり，自
主的に学習する場としての学校図書館等を活用したりしながら，学習の見通しを
立て，振り返ること。
3　内容の取扱い
(3)　2の(3)の指導に当たっては，学校，家庭及び地域における学習と生活の見通
しを立て，学んだことを振り返りながら，新たな学習や生活への意欲につなげた
り，将来の生き方を考えたりする活動を行うこと。その際，児童が活動を記録し
蓄積する教材等を活用すること。

　もちろん，小学校におけるキャリア教育は，上に引用した学級活動の(3)のみ

で実施されるべきものではない。たとえば，学級活動の「(1)　学級や学校にお
ける生活づくりへの参画」や，「(2)　日常の生活や学習への適応と自己の成長
及び健康安全」もキャリア教育と密接に関連している。しかし，こうして「(3)
一人一人のキャリア形成と自己実現」が明示的に設けられ，その指導において
「学校，家庭及び地域における学習と生活の見通しを立て，学んだことを振り
返りながら，新たな学習や生活への意欲につなげたり，将来の生き方を考えた
りする活動を行うこと。その際，児童が活動を記録し蓄積する教材等を活用す
ること」とされた点では，キャリア教育に対する期待が込められている。

3　学級活動(3)での実践例

　これまでは，キャリア教育の意義や目的について述べてきた。ここでは，ど
のように展開するのかを学級活動(3)における小学校での実践を紹介しよう。

（1）小学校4年生「掃除が自分を変える？〜自分の成長を見つめて〜」の実践

① 子どもの実態と題材の意味

　掃除は，友達と協力して役割を遂行することだけでなく，主体的に掃除をし
たり，楽をしたいという気持ちを克服して精一杯働き，達成感を味わったりす
ることに教育的な価値がある。友達と協力しながら掃除にどう取り組んでいく
かを一人一人が考え行動することは，掃除に対する自分自身の意識を見つめ直
すとともに，学級目標の達成へ向けて具体的な行動化へもつながると考えた。
しかし，家庭用の掃除道具の改良によってほうきや雑巾の扱いに慣れていない
子どもが増えたことや教員の多忙化も重なり，しっかりとした掃除の指導が行
われているとは言いがたかった。

　グループ活動や掃除では，「自分一人くらい手を抜いても大丈夫だろう」と
考えて，しなければならないから仕方なくしている子どももいた。実際に一人
が，間違った行動を起こしたとき，間違っているとわかっていても「自分だけ
じゃないからやってもいい」という気持ちをもっている子どもも少なくなかっ

た。「ルールは守らなければならない」と，思っている子どもは多いが，実際には楽な方へ流されがちである。掃除の役割分担をする際，何かしらの理由をつけ楽な役割をしようとする。自分自身に対してひどく几帳面で清潔であるが，ゴミが落ちていたり，ものが散乱したりしていても気にならないようだ。自分だけが清潔であっても，生活空間の清潔さには無関心である子どもが多いことに気付いた。

　学校掃除を児童生徒が行っているのは，日本をはじめアジア諸国とアフリカの一部の国のみである。外国では学校といえども掃除はプロの業者の仕事であるという考えがある。日本では，汚いものや不衛生な環境を適切に処理する技術を学ぶため，また，社会的協調性を獲得する教育的活動の一環として考えられている。掃除は，役割分担をしたり，掃除の順序を決めたりして，協力して仕事ができるようにすることが学級づくりのうえで大切な要素である。このことを通して学級集団のなかでよりよい人間関係が築け，一人一人の社会性（協調性・責任感・規範意識・公共心）が高まるであろうと考えた。

② 指導にあたって

　清掃指導は，子どもに指導が入りにくいという困難さがある。子どもたちの「めんどうくさい」「きたない」などのマイナス意識が高い壁になるからである。「清掃指導と給食指導ができれば，学級経営は半分できたようなもの」といわれることも，清掃指導の難しさを表している。こうしたマイナス意識を乗り越え，清掃活動に向かわせるための働きかけとして，「やらされる掃除」から「する掃除」への意識を変えさせる工夫が大切であると考えた。

　授業では，掃除についての意義を理解し，自分たちの課題に気づき，個人や集団の行動目標を決め，主体的に実践することができることをねらいとした。まず掃除をする意味について考えさせた。まず，日本に掃除をする文化があるのは，どうしてなのかを集団思考で考えさせた。次に，会社社長のトイレ掃除の動画を見せ，「どうして社長がトイレ掃除をしているのか」「ふだんの掃除をすることでどんな力が身に付くのか」を問うた。子どもたちからは「心がスッキリする」「役割分担をすること」「がまんすること」「手順良くおこなうこと」

などの意見が出された。その後に，事前アンケートの結果を知らせた。現時点の自分を見つめ，５年生ではどのようになりたいのかを聞いたもので，子どもたちの思いを引き出した。また，それが掃除を通して身に付くものだということを紹介した。ここでは，どうすれば効率的に掃除ができるか，という手順を考えさせ，工夫することで「段取り力」が身に付いたり，隅々まで掃除をすることが，相手の思いや考えていることに気が付ける「相手に対して気を配る力」にもつながったりすることを考えることができた。最後に，これからどんな取り組みをしていくか意思決定させた。

その後，自己決定したことを実践させ，帰りの会で記録表に記入させた。２週間たったところで，掃除に対する気持ちの変化や取り組み方がどうだったかを考えさせた。子どもたちからは「嫌なことでも積極的にできた」「友達と協力して取り組めた」「最後まできちんと取り組めた」「友達がさぼっていても，

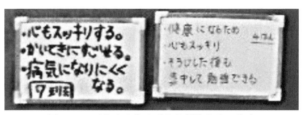

・心もスッキリする。
・かいてきにすごせる。
・病気になりにくくなる。
・健康になるため
・心もスッキリ
図12-３　子どもたちが考えた掃除をする意味

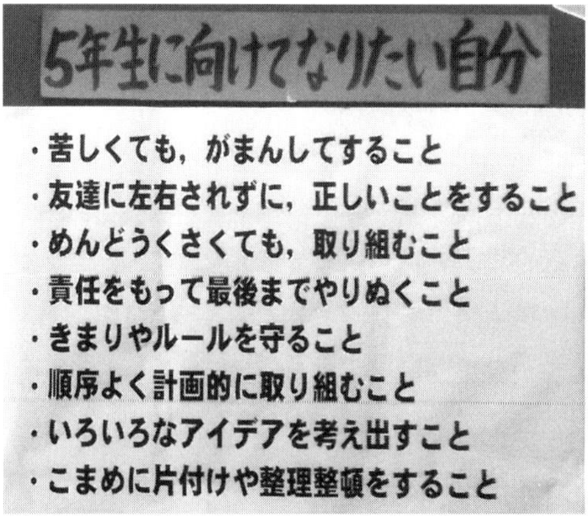

5年生に向けてなりたい自分
・苦しくても，がまんしてすること
・友達に左右されずに，正しいことをすること
・めんどうくさくても，取り組むこと
・責任をもって最後までやりぬくこと
・きまりやルールを守ること
・順序よく計画的に取り組むこと
・いろいろなアイデアを考え出すこと
・こまめに片付けや整理整頓をすること
図12-４　５年生に向けてなりたい自分

きちんと取り組めた」などが出た。こういうことが，これからの学校生活や家庭生活のなかで生かせる基礎的・汎用的な力であることを伝え，題材を締めくくった。

（2）小学校6年生「しゃちっ子☆シャイニング☆〜なりたい自分を見つめて　　〜」の実践

① 子どもの実態と題材の意味

　歌を歌うことは，本来人間にとって心を豊かにし，解放し，喜びを感じるものである。歌唱が，学校教育において音楽科だけではなく，学校行事や学校生活のなかで取り入れられているのも，歌うことが子どもの情操教育に役立っているからである。学級で歌ったり，全校で合唱したりするという活動のなかで，子どもたちは歌う喜びや音楽する楽しさを体験できる。本校においては，毎年6年生による合唱コンクールを行っている。各学級で実行委員を中心に最優秀賞を取るべく，音楽の時間を中心に練習に励む。徐々に学級のまとまりが出てきて，ハーモニーの美しさを味わうことができるようになり，学級の一体感が生まれ，学級経営の一助となっている。一方で，練習中，真剣に行えない，協力してくれないなどの問題点も出てくる。そういう問題点をみんなで話し合い，乗り越えるところに多くの学びが得られる。また，個人としても自分が集団の中でどのような役割を果たしていくべきか，合唱コンクールを通してどんな自分になりたいかを考えさせることができ，とても有意義な活動となると考えた。

　本校の校歌はアルトパートとソプラノパートがあり，6年生になるとアルトパートを歌うようになる。子どもたちは，6年生しか歌えない特権と理解し，誇りをもって歌っている。音楽の時間では，みんなで楽しそうに歌う姿が見られるが，「美しい歌声を響かせたい」や「友達と音を合わせて歌いたい」という思いをもって歌っている子どもは少なかった。また，「自分だけじゃないからやってもよい」という気持ちで合唱中にふざけたり，笑ったりする子どももいた。それにつられ，その行動が間違っているとわかっていても流されてしまい合唱の雰囲気が悪くなることもあった。

② 指導にあたって

　夢や希望は，明日を生きていく原動力となるものである。子どもが現在や将来に夢や希望を抱き，その実現をめざして物事に取り組むことは，今の自分の価値や意味を見いだすことにつながる。子どもが，社会的・職業的に自立していくためには，学ぶこと，働くこと，そして生きることについて考え，それらの結びつきを理解していくことで，多様な他者と協働しながら，自分なりの人生をつくっていく力が必要である。合唱コンクールを通して，どのような学びがあるのか，どのような自分に向かいたいのかを明確にさせながら指導を行った。

　学級みんなで取り組んでいけるためには，どのようなことが必要なのかを事前アンケートをとり，話し合う内容を決めた。実行委員が提案者となり，学級会を開いた（図12-5）。集団思考で合唱コンクールの目的や意義を考えさせた。集団決定することで，これから目標に向かって一丸になって頑張っていこうという意欲が高まった。学級会を開いて2週間たった時点で，合唱コンクールに向けた取り組み状況を子どものコメントを中心に考え直す活動を行った。また，合唱コンクールを通して「なりたい自分」に近づけているのかを考えさせた。練習では真剣に取り組めないし，最優秀賞を取ろうという思いがなくなっている実態をアンケート結果から知らせた。次に，合唱コンクールを通して「得す

図12-5　学級会の様子

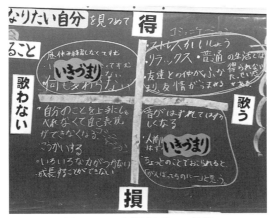

図12-6　4象限図を使って整理

ること」「損すること」について4象限図を用いて思考を整理させた（図12-6）。
「歌って得になること」は，合唱コンクールを通しての学びになることにつな
げた。「歌って損になること」「歌わないで得になること」に挙げられているこ
とが，子どもが乗り越えられない壁となっており，この壁を乗り越えられるた
めにみんなで協力していくことの大切さについて全体で話し合いを行った。最
後に，目標に向かって，「なりたい自分」に向かうためにどのように取り組ん
でいくかを再度確認し，「○○な自分になるために，……をしていく」という
具体的な意思決定させた。

　図12-7は，合唱コンクールが終わった後で答えてもらった子どもたちの感
想である。この合唱コンクールを通して，どのような学びがあったのかやリー
ダーとフォロアーの重要性を感じたこと記述が見られた。また，これからの生
活に生かしていきたい基礎的・汎用的な能力を身に付けていることがわかる。
このような取り組みの積み重ねがキャリア教育の一翼を担うものと考える。

┌─ 学習課題 ┐
（1）自分の学びを振り返る際，発達段階で差があったときに掘り起こす手立てをどうす
　　るか，話し合ってみよう。
（2）1週間後なのか，1ヵ月後なのか，いつ，そしてどこへ向けての「なりたい自分」
　　を設定するのか，話し合ってみよう。

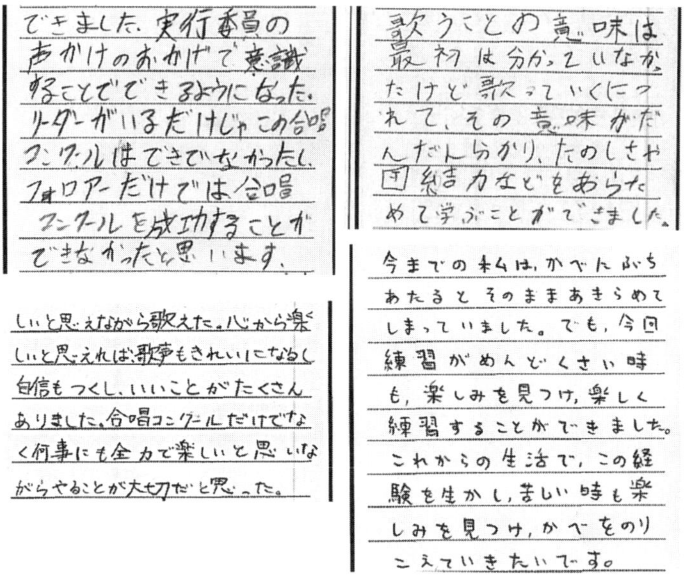

歌うことの意味は最初は分かっていなかったけど歌っていくにつれて、その意味がだんだん分かり、たのしさや団結力などをあらためて学ぶことができました。

今までの私は、かべにぶちあたるとそのままあきらめてしまっていました。でも、今回練習がめんどくさい時も、楽しみを見つけ、楽しく練習することができました。これからの生活で、この経験を生かし、苦しい時も楽しみを見つけ、かべをのりこえていきたいです。

できました。実行委員の声かけのおかげで意識することができるようになった。リーダーがいるだけじゃこの合唱コンクールはできていなかったし、フォロアーだけでは合唱コンクールを成功することができなかったと思います。

しいと思えながら歌えた。心から楽しいと思えれば、歌声もきれいになるし自信もつくし、いいことがたくさんありました。合唱コンクールだけでなく何事にも全力で楽しいと思いながらやることが大切だと思った。

図12-7　合唱コンクールを終えての子どもたちの感想

引用・参考文献

文部科学省（2011）『小学校キャリア教育の手引き（改訂版）』.
文部科学省（2018）『小学校学習指導要領解説　総則編』東洋館出版.
文部科学省（2018）『小学校学習指導要領解説　特別活動編』東洋館出版.

（梶原康裕）

命の教育との関連

　生命を尊び，大切にする態度を育むことは，教育の重要な課題だ。いじめや自殺など，子どもたちの命を脅かす社会的問題の存在は，この課題にあたる命の教育の重要性をより一層感じさせる。命に関する問題は，主には道徳の課題として考えられるが，特別活動における体験とつながりとをともなった実践的な学習をもって実感をともなった学びへと昇華する。東日本大震災など，物理的に子どもの命を危険にさらす事態も多発するなか，自己の命を大切にし，自ら危険を回避することができ，また，他者の命を支えることのできる資質の育成も期して，特別活動での命の学びは行われる。自他の命の尊重，その中心にある自己肯定感は，多様で良好な関係性のなかにおいて実感を重ねることから生じてくるものであり，地域をはじめとした学校内外の多様な主体との協働・連携をともなう，特別活動による学びの重要性が認められる。

1　学校教育における命の教育

（1）命の教育

　教育基本法第 2 条には「教育の目標」として 5 つの事項が示される。そのひとつが「生命を尊び，自然を大切にし，環境の保全に寄与する態度を養うこと」である。命を尊重する姿勢を育むことは，教育における重要な課題のひとつといえる。

　これに対して，現代の社会は非常に危機的な状況を迎えているといわざるを得ない。2012（平成 24）年には，文部科学省は「いじめ，学校安全等に関する

総合的な取組方針〜子どもの「命」を守る〜」をとりまとめた。度重なるいじめ問題の発生に加え，東日本大震災で多くの子どもたちが巻き込まれるなど，子どもの命に関する深刻な事案が相次いだことがあって，学校現場での命に関する意識を一層強める必要があったためである。本方針は，「いじめや学校安全等の問題に対して，いつまでにどのようなことに取り組むのかを示す」ものとして，子どもを守るための体制の整備について述べたところが大部分ではあるが，子ども自身が命の危機に抗する存在となるために，子どもの豊かな人間性を育むこと，また，子どもたち自身が自らの安全を確保することのできる素養を育成するといった教育内容も掲げている。

　命の危機を回避するためには，命の尊さや大切さ，生きていることのありがたさを実感させることが基本となる。命の教育とは，まさにこの基本をつくりあげていくことであるといえよう。

（2）命の教育と道徳教育

　命に関する教育は，学校教育のさまざまな教科・領域において行われることになるが，なかでも中心的な存在となるのが道徳教育であろう。

　道徳教育に関しては，2015（平成27）年3月の学習指導要領の一部改正によって，「特別の教科　道徳」が誕生した。小・中学校において，それまで特別活動などと同じ「領域」に位置づけられ，「教科」ではなく，「道徳の時間」と呼ばれていた道徳を教科化したのである。

　高等学校においても，道徳という教科はないものの，高等学校学習指導要領では「人間としての在り方生き方に関する教育」を，教育活動全体を通じて行うこととされ，その扱いについて小・中学校と同様，各教科に属する科目や総合的な探究の時間および特別活動のそれぞれの特質に応じて指導を行うものであるとしている。

　このうち，小・中学校におかれる「特別の教科　道徳」に関しては，「内容」が次の4つの視点に整理して示されている。すなわち，「A　主として自分自身に関すること」「B　主として人との関わりに関すること」「C　主として集団や社会との関わりに関すること」「D　主として生命や自然，崇高なものとの関わ

表13-1　中学校学習指導要領の「道徳」における「主として生命や自然，
崇高なものとの関わりに関すること」の記述

生命の尊さ	生命の尊さについて，その連続性や有限性なども含めて理解し，かけがえのない生命を尊重すること。
自然愛護	自然の崇高さを知り，自然環境を大切にすることの意義を理解し，進んで自然の愛護に努めること。
感動，畏敬の念	美しいものや気高いものに感動する心をもち，人間の力を超えたものに対する畏敬の念を深めること。
よりよく生きる喜び	人間には自らの弱さや醜さを克服する強さや気高く生きようとする心があることを理解し，人間として生きることに喜びを見いだすこと。

りに関すること」，の４つである。命の教育に関してはこれらのいずれもが関わるものともいえるが，なかでも「Ｄ」がその中心となる。「Ｄ」の内容としては，表13-1にあるように，４つの項目が示されている。

（3）命の教育と特別活動

「特別の教科　道徳」の誕生のきっかけとなったのは，2014（平成26）年10月に出された中央教育審議会の答申「道徳に係る教育課程改善等について」である。この答申では，学校の教育活動全体を通じた道徳教育の効果的な展開のための教育課程を提唱するとともに，「とりわけ，道徳的実践の指導の充実を図る観点から目標や内容を見直した現行の学習指導要領における特別活動については，道徳教育において特に重要な役割が期待されるものである」として，特別活動の特質を十分に踏まえ，特別活動と「特別の教科　道徳」とが，各々の役割を明確にしながら，密な連携をもって計画的な指導を行うことを求めた。すなわち，特別活動を「道徳的実践の中心的な学習活動の場」として位置づけているのである。高等学校学習指導要領においても，「道徳教育に関する配慮事項」には，公民科の「公共」および「倫理」と並べ，特別活動が人間としての在り方生き方に関する中核的な指導の場面であると述べられている。

このように，道徳教育にとって特別活動は重要な教育実践の場であり，そのことは，「特別活動において，道徳的価値を意図した実践活動や体験活動が計画的に行われている場合は，そこでの生徒の体験を基に道徳科において考えを

深めることが有効である」（『中学校学習指導要領解説　特別の教科　道徳編』：96頁）
等の記述に示されている。

　なかでも命の教育ということについては，特別活動の負うところが大である
といえよう。「いのちの教育」研究の第一人者である近藤卓は，その方法につ
いて，「一言で言えば，『共有体験』」であり，その共有体験の構成要素は「体
験の共有」と「感情の共有」であると述べる（近藤 2007：9頁）。すなわち，命
の教育には，「体験」と「つながり」が必要とされる。この点において，「実践
的」活動であること，「集団活動」であることを最大の特質とする特別活動は，
その教育の場として最も重要なものなのである。

2　命の大切さの意識に向けた特別活動

（1）自己を肯定できること

　前述の近藤は，「いのちの教育」を，「いのちのかけがえのなさ，大切さ，素
晴らしさを実感し，それを共有することを通して，自分自身の存在を肯定でき
るようになることを目指す教育的営み」とし，これが，① いのちのかけがえ
のなさを実感すること，② 共有，特に感情の共有を行うこと，③ 自分自身の
生を肯定的に受け止めることのできる自己肯定感を得ること，④ 意図的な目
標をもって体系的に行われる教育的営み，という4つの概念からなると整理し
ている（近藤 2003：14-15頁）。その目的とするところは，子どもたちが自分自
身の命を大切に思うこと，すなわち，子どもたち自身が基本的，無条件に自分
を大切に思え，自信を尊重する感情をもつことであるという（近藤 2007：11頁）。
命の教育の最重要課題となるのは，自己肯定感を育むことにほかならない。

　では，そのためにはどのようにしたらよいか。一つの手がかりとして，自己
肯定感とも密接に関連する自己効力感という概念がある。心理学者のバンデ
ューラ（Albert Bandura）は，この自己効力感の形成に影響するものとして4つ
の因子を示している。すなわち，制御体験（自分の成功体験），代理体験（う
まくできている他者をモデルにすること），社会的説得（自分に能力があると
言葉で言ってもらえること），生理的・感情的状態（生理的な何らかの刺激に

よって気分が高揚されること）である。

　特別活動は，集団の活動，また体験的な活動を通して，自分自身と他者とを共に尊重し，夢や希望をもって生きる自己実現に向けた力を育むことを期待されるものである。そうした特質上，自己効力感の形成因子として示された内容を取り込んだ活動が十分期待できる。たとえば，学校全体の行事としての体育祭の開催ということで考えてみよう。スポーツが得意不得意にかかわらず，学校全体で行うイベントとして，そのねらいを全員で共有し，自分たちで計画，運営を行う。そのプロセスにおいて，児童生徒が，学校・学級，また実行委員会等の組織の一員としての自覚を有し，互いにそれぞれの立場を尊重し，思いやりながら，活動への参画・協力を進め，そして，それらを自分たちの自発的，自治的なものとして行うことによって，結果として自己効力感を獲得につながっていくのである。

　ここで教師が気をつけたいのは，適切な指導と教員間でのねらいの共有ということである。行事に向けた活動を通して身に付けさせたいものは何なのか。こうした行事の活動は，ややもするとイベント的な成功にのみ注意が向きがちなところがある。教員側としては活動のねらいを明確にし，そのねらいに向けた活動になるように，子どもたちの主体性・自主性を尊重することをはじめ集団のなかの関係，役割等，プロセスのあり方，そしてそこへの自身の関わり方に留意したい。

（2）実感を積み重ねること

　自己肯定感が高まると，他者を受容することができるようになり，良好な対人関係の構築にもつながっていく。ただ，自己肯定感も一度の経験で育まれるものではないし，また，獲得した後であっても揺らぎが生じるものである。五百住満は，子どもたち一人ひとりが「いのちの大切さ」を実感として捉えていくこと，そしてその実感の積み重ねが大切だと指摘する（五百住 2016：8頁）。自己肯定感を含め，命の教育をしっかりしたものにしていくためには，他者と認め合うことのできる，実感を伴った活動を重ねていく必要がある。本郷一夫は，自己肯定を「自分のよさ」としてその多次元性を指摘する。すなわち，自

己肯定感は形成されるとある程度安定したものとなるが，何かの拍子でそれが低下することもあるのであって，大切なことは，落ち込んだ時に回復できる力をもつことであるという。そのためには，自己肯定のもととなる誇りを複数もつこと，すなわち自己肯定が多次元から構成されることの重要性を指摘する（本郷 2016：9頁）。ゆえに，多次元で，安定した自己肯定感を形成していくためにも，他者と認め合う実感を「重ねる」ことが必要であるし，そのためには基盤となる望ましい集団の形成がなされたい。

　また，さまざまな主体との関係でもって，多様な体験活動を行うことも求められる。他者といっても，友人同士をはじめとした家庭や学校のなかで日常的に出会う親しい人々のほかに，異年齢やある種の異文化のなかにある普段関わりのない他者，すなわち自分たちとは異なる学年の児童生徒たち，また乳幼児や高齢者，地域住民や事業所の人々などといった存在もある。こうした存在との交流を含む活動を行うことで，新たな価値やものの見方に触れることができ，「実感」を重ねることができる。

（3）命の大切さを実感する教育のデザイン

　前出の五百住は，「実感」のための要素として，① 自尊感情を育み，生きる喜びを実感させる，② いのちの「関連性・連続性」を学ぶ，③ いのちの「有限性」「不可逆性」を学ぶ，④ 体験活動を充実する，といったことを子どもの発達段階に応じて行っていくことを挙げる（五百住 2016：8頁）。命の関連性・連続性とは，自分の命が一人だけで存在しているのではなく，他者とともに生きているものであるということ。また，家族に守られ，先祖から受け継がれてきたものであること，加えて自然や動植物との関わりのなかで生きていることをいう。命の有限性，不可逆性とは，命は一度失うと取り返すことができない，唯一無二，かけがえのないものであるということである。こうした諸点を織り込んだ「体験活動」を行うことが，命の教育を進める特別活動となる。

　近年は核家族化が進み，異年齢と交流する機会が減少している。このことが児童生徒の発達・成長に大きく影を落としているということは広く認識されることである。ゆえに，特別活動では，児童会・生徒会活動の場をはじめとした

校内での異年齢での活動や地域の高齢者との交流など，多様な他者との関係を体験する活動を創出していくこととなる。これらの体験を通じて，児童生徒たちは，命の関連性・連続性や有限性，不可逆性について実感し，ひいては自分を見つめなおす機会を得る。

　中学校で行われた実践事例を見てみたい。「赤ちゃんふれあい体験教室」である。「赤ちゃんが先生」を合言葉に行われたこの授業では，中学校に多くの親子を招いて，生徒たちがその親子と交流することを中心とした活動を行った。乳幼児とのふれあいを第一義に，保護者との交流において，また，専門家を招いてのワークショップによって，というようなかたちで，子育てについて話を聞いて，見て，学ぶ取り組みとなった。交流した母親から子どもの夜泣きで苦労している話を聞くなどした生徒からは，「子育ての大変さを感じたし，自分の母親も大変だったんだろうなと思った」との声が聞かれた。最初のぎこちなさがとれると，あとは終始なごやかな雰囲気のなかで行われたというこの活動で，生徒たちが体験したものは乳幼児とのふれあいだけでなく，保護者，また友人たちとの呼吸でもある。乳幼児という存在に命の魅力を感じながら，言語での意思疎通の十分でない彼らに対して，保護者の様子や友人の所作をうかがいながらあたっていく。そこにはある種の協働と挑戦が存在する。

図13-1　赤ちゃんふれあい体験教室の1コマ

　こうした命の大切さを「実感」する活動について，一つ留意しておきたいのが，五百住も指摘するように発達段階に応じて行うということである。子どもたちが「実感」する仕方，対象といったものは，発達の段階によって異なる。たとえば，自己肯定感の形成についても，他者からの承認や賞賛がその源泉になるというものの，乳幼児期・学童期・思春期・青年期・成人期と進むなかで，その核となるものは，愛情であったり，理解であったり，受容であったりと段階によって異なる。成功体験にしても，乳幼児期には「何ができたか」であったものから，学童期を越えてくると「どのようにできたか」に価値がおかれる。この点に留意して，体験活動を考えたい。

　また，特別活動としての教育活動をデザインするうえで，実感をより強める活動をこころがけたい。例として挙げた「赤ちゃんふれあい体験教室」のような活動は，あとで感想文等を提出して終わるようなかたちが多い。これは，生徒たちに実感の振り返りをさせる意義をもつものではあるが，それ以上に実感をより強化させるような取り組みを工夫したい。「話し合い」をしてみるのも面白いだろう。この場合の話し合いは何か問題を解決することを期して行うものではない。答えのない探索的なものである。その際，自分とは異なる見方や意見に触れたりしながら，共感のポイントを探っていく。時には論争に発展したりすることもあるだろう。そうした葛藤の場面を乗り越える工夫も経験することを含みながら，取り組みによって共通の体験がより深い実感となっていく。すなわち，「主体的・対話的で深い学び」の実現へとつながっていくといえよう。

（4）命を学ぶ：自然との関わり

　前述のように，命の教育の中心となるのは，小・中学校では道徳においてであり，命の性質等についてはそこで学ぶこととなる。中学校学習指導要領の当該箇所は先の表13-1に示したとおりだが，小学校については低学年から高学年の3段階に分けて示されており，そのうち「生命の尊さ」については次のとおりとなっている。すなわち，第1学年及び第2学年は「生きることのすばらしさを知り，生命を大切にすること」，第3学年及び第4学年は「生命の尊さ

を知り，生命あるものを大切にすること」，第5学年及び第6学年については「生命が多くの生命のつながりのなかにあるかけがえのないものであることを理解し，生命を尊重すること」である。

　2017（平成29）年改訂の学習指導要領では，すべての学校教育段階において，基礎としての幼児教育への意識が示されている。幼児教育の側においても小学校以上の学校教育への接続を意識し，新たに「幼児期の終わりまでに育ってほしい姿」として10の「力」が示されている。このうちのひとつが「自然との関わり・生命尊重」であり，以下のように説明されている。

　自然に触れて感動する体験を通して，自然の変化などを感じ取り，身近な事象への関心が高まりつつ，好奇心や探究心を持って思い巡らし言葉などで表しながら，自然への愛情や畏敬の念を持つようになる。身近な動植物を命あるものとして心を動かし，親しみを持って接し，いたわり大切にする気持ちを持つようになる。

（幼稚園教育要領 2017：5頁）

　生命についての学習の萌芽が，自然とのふれあいに求められている点については，幼児の発達段階をして，自然が好奇心や探究心を掻き立て，ひいては情動を喚起する要素となるだろうとの見方に対応しているものといえよう。これが，小・中学校になると，「自然愛護」として，「生命の尊さ」とは別にされており，両者に直接の関係を見ることはできない（小学校学習指導要領の「自然愛護」の説明としては，第1学年及び第2学年が「身近な自然に親しみ，動植物に優しい心で接すること」，第3学年及び第4学年は「自然のすばらしさや不思議さを感じ取り，自然や動植物を大切にすること」，第5学年及び第6学年については「自然の偉大さを知り，自然環境を大切にすること」と記載されている）。

　だが，こうした自然との関わりは，幼児期に限らず，多様な原体験の乏しい児童生徒にとって，命の教育を行ううえで特別活動のテーマとして価値のあるものと考えられる。自然との関わりを行う活動では，豊かな感情や好奇心，思考力，表現力の導出につながる可能性が考えられる。さらには，そうしたふれあい体験を共有することでの感動を伝え合い，共感し合うことなど，児童生徒

同士の関係性の改善，また，関わりを通してそれらに対する親しみや畏敬の念，生命を大切にする気持ち，公共心，探究心などを養うきっかけとなすこともできよう。

　特に野外での自然体験活動が，子どもの成長に資するという声はよく聞かれる声だ。経験的に感じられているこうした効果については，前出のバンデューラの示す自己効力への4つの影響因子，制御体験（自分の成功体験），代理体験（他者のうまくできている他者をモデルにすること），社会的説得（自分に能力があると言葉で言ってもらえること），生理的・感情的状態（生理的な何らかの刺激によって気分が高揚されること）といった点で考えても，自然体験活動のなかではそれらがより鮮明に得られやすい傾向にあることが考えられる。

3　現代的課題への対応

　本章の冒頭でも述べたように，近年，子どもの命に関する深刻な事案が相次いでおり，重大な危機感をもって，児童生徒の命に関する施策が提示されてきている。そして命が危険にさらされるような事案を未然に防ぐためにも，現代的課題に対応する教育が求められている。

（1）いじめ

　いわゆる「いじめ」が社会問題化し，さまざまな対策が施されてきたが，なかなか十分な効果をあげることができず，児童生徒が落命に至るような痛ましい事案も後を絶たない。こうした深刻な状況に対して，2013（平成25）年，文部科学大臣決定として「いじめの防止等のための基本的な方針」が出された。そこでは，「いじめの防止等のために国が実施すべき施策」として，いくつかの内容が示されているが，そのなかで直接教育内容に関わるものとして，ひとつには「学校の教育活動全体を通じた豊かな心の育成」がある。ここには，教育活動全体を通じた道徳教育の推進，情操やコミュニケーション能力などを育むための読書や対話・創作・表現活動等を入れた教育活動の推進，生命や自然を大切にする心や思いやり，社会性，規範意識などを育てるための自然体験活

動や集団宿泊体験等の推進といったことが示されている。もうひとつ，「児童
生徒の主体的な活動の推進」として，道徳科の授業はもとより，学級活動，児
童会・生徒会活動等の特別活動において，児童生徒が自らいじめの問題につい
て考え，議論する活動等，子どもたち自身の主体的な活動を推進するとある。
すなわち，いじめ問題の対処方策のうちの子どもたちへの教育場面の部分にお
いて，特別活動が中心的な位置を占めることが認識されているといえよう。さ
らには，この「方針」の別添として示されている「学校における『いじめの防
止』『早期発見』『いじめに対する措置』のポイント」には，「自己有用感や自
己肯定感を育む」として，ねたみや嫉妬などいじめにつながりやすい感情を減
らすことを期して，学校の教育活動全体を通じた自己有用感の向上への努力を
求め，また，自己肯定感を高めるために，困難な状況を乗り越えるような体験
の機会を設けることの推奨がなされている。まさに命の教育であり，なすこと
によって学ぶ特別活動の学びが期待されている。

（2）安全の教育

　命に関わる教育のひとつのかたちとして安全教育がある。その目標とすると
ころは，「日常生活全般における安全確保のために必要な事項を実践的に理解
し，自他の生命尊重を基盤として，生涯を通じて安全な生活を送る基礎を培う
とともに，進んで安全で安心な社会づくりに参加し貢献できるような資質や能
力を養うことにある」（文部科学省 2010：31 頁）とされ，大きく分けて「災害安
全（防災）」「交通安全」「生活安全（防犯）」の３つの領域からなる。

　2011（平成23）年の東日本大震災の発生以降，災害時において自らの命を守
ること，また支援者として他者の命を支えることが重要視されてきている。こ
の面において，安全に関する知識等の学習については各教科を中心に扱われて
いるが，安全確保のための行動等の指導については特別活動が中心になってい
る。また，社会貢献の意識等については，社会科・地理歴史科・公民科や道徳，
総合的な学習の時間，特別活動で扱われることが多い。このように，特別活動
は防災教育において中心的な役割を担っている。震災の教訓からは特に主体的
に危険を回避する判断力の育成が課題とされ，それに資するように安全指導や

避難訓練のさらなる充実が図られている。

　防災教育（災害安全）のほかにも，子どもの犯罪被害割合の増加や，自転車の乗り方など道路交通法等の改正による新しい知識の必要性，また，スマートフォンをはじめとするメディアの普及や，それに伴うSNS（ソーシャルネットワークサービス）をはじめとしたインターネット利用に伴う課題に対応した情報モラルの育成など，安全教育については，今日的な課題が山積している。特にインターネット利用に関しては，前述のいじめ問題とリンクした「ネットいじめ」の問題が注目されており，新たな，しかも深刻な命の問題として認識されているところである。こうした問題に関しても，特別活動のなかでは，単に知識を得るだけではなく，学校や学級の活動において，自分たちで問題点について考えたり，対処策を考案したりするプロセスを通じ，より深く，自分たちの意識のなかに根付く学習が期待される。

4　特別活動で命の教育を進めるために

　命の教育としての特別活動をよりよく進めるには，どのような点に留意したらよいだろうか。

（1）地域や団体との連携・協働

　災害安全に関する実践事例として，地域での合同避難訓練を紹介しよう。この事例は，当初，小学校の行事として計画していた避難訓練について，地域との連携を模索する点から学校運営協議会に相談したところ話が拡大したもので，結果的に，幼稚園，保育所，小学校，中学校，大学，地域コミュニティ，福祉施設，行政など多くの団体が参加し，最終的には市当局の総合防災訓練に位置づけられる大規模なものとなったものだ。地震が発生して津波が押し寄せてくるという想定のもと，高台にあって避難場所に指定されている小学校まで，各所からの避難を図るもの。小・中学生は，シェイクアウト訓練をはじめ，消防署の用意した煙体験ハウスやAED（自動体外式除細動器）等の防災体験を行い，また，専門家による講話を聞き，防災に関して考える機会をもった。それ

だけでなく，中学生たちは，近隣の幼稚園の園児の避難を支援する役割を果たした（図13-2）。このように，メインは安全教育だが，命の教育に関わる要素が複合的に含まれていた。

　この訓練での防災体験では地元の消防団も支援にあたり，また避難誘導には自主防災組織をはじめとする地域のメンバーがあたった。こうした取り組みを行うためには，地域や各種団体，行政機関との連携が欠かせない。先に例示した「赤ちゃんふれあい体験教室」の運営についても，中学校の授業ではあるものの，NPO法人が主体となり，母子保健推進協議会などの地域の子育て支援団体も協力して行われた。いじめ問題に関わって子どもたちの規範意識や倫理観の育成を図るうえでも，学校・家庭・地域が連携をして取り組みを進める必要が示されている。

　子どもたちの学びや成長を支える点から「地域学校協働活動」が進められている。学校自体が地域の一メンバーとして信頼される関係をつくりあげていくことで，子どもたちがより多様な関係性のなかで実感を重ねられる特別活動を行いやすくなる。

図13-2　合同避難訓練の様子

（2）文化・風土をつくる

　そもそも特別活動は，「集団活動や体験的な活動を通して，多様な他者と人間関係を築き，協働して学級や学校文化の創造に参画する教育活動」（『小学校学習指導要領解説　特別活動編』：25頁）である。そしてそのプロセスを通して自他の尊重や自己実現の力の育成を行うことが期待されているのであるが，同時に，形成された集団の文化・風土には，正のスパイラル効果とでもいうべき効用が期待できる。学級・学校集団において互いを認め合い，思いやる風土を有し，生命の営みを気遣い，尊ぶ学校文化をつくりあげていくこと。学級や学校が，皆が自分らしく，安心していることのできる場になること。これがなされることで，ひとつひとつ仕組まずとも，そこに所属する子どもたちは自然と命を尊重する方への行動と思考を重ねるようになっていく。「望ましい集団活動」によって「望ましい集団」を形成するように導きたい。

（3）命の輝きにあふれた教師に

　命の教育を行う特別活動にあって，まずは，教師自身が命の輝きにあふれた存在でありたい。教師をめざす者の動機が，しばしば，「学校の先生にあこがれて」というものであることからもわかるように，子どもたちは教師をモデリングの対象とすることが多い。

　また，自己肯定感は関係性のなかから生起すると述べたが，これは子どもたちの場合だけではない。前述したように，地域や団体との連携が重要であるが，指導する側も，こうした対象との関係性を愉しみ，誇りをもって自己の職務にあたる存在でありたい。良好な関係はよりよき教育実践の大きな力となるだろうし，子どもたちは，そうした教師の後ろ姿を見習いながら，またときに代理体験にしながら学んでいく。

学習課題

（1）道徳と特別活動における命の教育に係るスタンスの違いを学習指導要領に沿ってまとめてみよう。
（2）友人とお互いに自分の短所を書きだしたものを交換して，それを長所として捉え直してみよう。

引用・参考文献

五百住満（2016）「「いのちの大切さ」を実感させる教育についての研究」『教育学論究』
　　8：1-8.

近藤卓編著（2003）『いのちの教育』実業之日本社.

近藤卓編著（2007）『いのちの教育の理論と実践』金子書房.

中央教育審議会（2014）「道徳に係る教育課程の改善等について（答申）」.

中央教育審議会　スポーツ・青少年分科会　学校安全部会（2014）「学校における安全教育
　　の充実について（審議のまとめ）」.

アルバート・バンデューラ編著，本明寛・野口京子監訳（1997）『激動社会の中の自己効
　　力』金子書房（Edited by Albert Bandura, *Self-Efficacy in Changing Societies*,
　　Cambridge University Press, 1995）.

本郷一夫（2016）「子どもの中で「自分のよさ」はどう生まれ育つのか」『児童心理』
　　1031：1-10.

文部科学省（2010）「「生きる力」をはぐくむ学校での安全教育」.

文部科学省（2013）「いじめの防止等のための基本的な方針（平成25年10月11日　文部
　　科学大臣決定・平成29年3月14日最終改定）」.

文部科学省（2018）『小学校学習指導要領解説　特別活動編』東洋館出版.

文部科学省（2018）『中学校学習指導要領解説　特別の教科　道徳編』教育出版株式会社.

文部科学省（2018）『中学校学習指導要領解説　特別活動編』東山書房.

（伊藤一統）

第14章

健康（食育）・安全指導との関連

　健康の保持や安全の確保は，人が生きていくうえで最も基本となるものである。発達に応じて家族や保育士，教員らに導かれながら，子どもは自身の健康や安全保持の基礎を身に付ける。「健康」に関しては，うがい，手洗い，睡眠確保や運動の習慣づけ，「安全」では道路への飛び出し，水や火への注意など日常生活で最低限必要な知識や行動を身につけるようさまざまな配慮がされる。学年が上がり生活圏が広がるにつれ，交通安全，部活動の事故から自然災害に至るまで健康や安全に関する事柄は増加し，その知識や関わり方は深化して，他者への配慮も求められるようになる。
　本章では，まず学習指導要領に依拠しながら，特別活動における健康・安全の規定・位置づけを把握し，「学校安全」が強調されるようになった社会的背景を解説する。次に，特別活動の授業において，教科学習と連携しながら，地域に生きる"生活者"として主体的に健康や安全について考え，協力して行動できるようになる指導のあり方を考えたい。

1　特別活動における「健康・安全指導」の規定と社会的要請

　2017（平成29）年『小学校学習指導要領』「総則」には次のように記述されている。「学校における食育の推進並びに体力の向上に関する指導，安全に関する指導及び心身の健康の保持増進に関する指導」については，幅広い課題であるので，体科科，家庭科及び特別活動だけでなく，他教科，道徳，総合的な学習の時間など学校生活全般を通して適切に行うとともに，その指導を通して，家庭や地域社会と連携を図りながら，日常生活において体育・健康活動の実践

を促し，「生涯を通じて健康・安全で活力ある生活を送る基礎が培われるよう
配慮すること」（4 頁）とある（下線筆者，以下同様）。これを受けて特別活動の
「学級活動」の内容「(2)　日常の生活や学習への適応と自己の成長及び健康安
全」では，「基本的な生活習慣の形成」「心身ともに健康で安全な生活態度の形
成」「食育の観点を踏まえた学校給食と望ましい食習慣の形成」などが置かれ
（165 頁），「学校行事」の内容には「(3)　健康安全・体育的行事」が置かれて
いる（168 頁）。同年の『小学校学習指導要領解説　特別活動編』では，複雑で
変化の激しい社会で求められる能力として，自治的能力やキャリア教育と並ん
で，「防災を含む安全教育や体験活動」（6 頁）が挙げられた。社会からの要請
を視野に入れ，各教科等と関連づけて育成していく必要がある能力として，健
康・安全をいっそう重視するようになっている。

　健康・安全への言及は，当然，これまでの『学習指導要領』でもなされてき
たが，食育や学校安全については，2008（平成 20）年の小学校・中学校『学習
指導要領』（小学校 2011 年度，中学校 2012 年度施行）から強調されるようになった。
同年公示の『小学校学習指導要領』「総則」の編成方針として掲げられた 3 つ
のうち 1 つが健康・安全についてであり，次の文章の下線部が 1998（平成 10）
年度『小学校学習指導要領』に付け加えられた。「学校における体育・健康に
関する指導を，児童の発達の段階を考慮して，学校の教育活動全体を通じて適
切に行うことにより，健康で安全な生活と豊かなスポーツライフの実現を目指
した教育の充実に努めること。特に，学校における食育の推進並びに体力の向
上に関する指導，安全に関する指導及び心身の健康の保持増進に関する指導に
ついては……」（4 頁）と，食育や安全に関する指導が加えられ，生涯にわたる
基礎づくりと位置づけた。以下，食育と安全が新たに付け加えられた背景を確
認する。

（ 1 ）食育・健康について

　「食育」については，国民全般の栄養の偏りや不規則な食生活の実態が明ら
かとなり，生活習慣病や痩身志向などの問題，さらには食品偽装など「食」の
安全に関する問題などが指摘された社会背景から，2005（平成 17）年に「食育

基本法」が施行された。子どもが生涯にわたって食の自己管理を行い，望ましい食習慣を身に付けることなどを目的に栄養教諭が設けられるなど，食育が大きくクローズアップされ，家庭科を中心とする教科の時間，総合的な学習の時間とともに特別活動においてもこれに関する取り組みが強調された。2017（高校は2018）年に改訂された『学習指導要領』においても，「規則正しく調和のとれた食生活は，健康の保持増進の基本である。近年の生徒等の食生活の乱れが，生活習慣病はもとより心の健康問題にも発展するなど食に起因する新たな健康課題を生起していることから，学校においても食育を推進し，望ましい食習慣を形成することは極めて重要な課題」（文部科学省 2017d：55頁）と捉えられている。食育に関しては，すでに家庭や地域などと連携しながら，さまざまな試みが蓄積されてきた＊。

　　＊食育に関しては，研究や実践が蓄積されてきた。たとえば，京都府教育委員会では，「食に関する指導実践事例集」などの成果を公開している。他にもさまざまなサイトがあるので，参照してもらいたい。

　食育以外の健康一般については，保健体育科を中心としながらも特別活動を含め，体力の増進や衛生管理，睡眠時間の確保，規則正しい生活習慣づくりなど，さまざまな実践活動が取り組まれてきた。このほか，今日の新たな問題・課題としては，ソーシャルネットワークの利用が生徒や児童にも広がってきたことで，その使用のあり方が注目され，インターネット依存などによる睡眠不足や生活習慣の乱れ，ネット中毒などが新たな問題として指摘されるようになっている。

（2）学校安全について

　「学校安全」とは，「自他の生命尊重を基盤として，自ら安全に行動し，他の人や社会の安全に貢献できる資質や能力を育成するとともに，児童生徒等の安全を確保するための環境を整えること」（文部科学省 2010：11頁）をねらいとするものである。学校教育における学校安全の強調は，2008（平成20）年，学校保健法に「学校安全」の章が付け加えられて「学校保健安全法」と改題され，

学校安全に関する設置者の責務，学校安全計画の策定，危険等発生時対処要領の作成，地域関係機関との連携などが示された影響が大きい[＊]。

　＊学校保健安全法（学校安全計画の策定等）第 27 条「学校においては，児童生徒等の安全の確保を図るため，当該学校の施設及び設備の安全点検，児童生徒等に対する通学を含めた学校生活その他の日常生活における安全に関する指導，職員の研修その他学校における安全に関する事項について計画を策定し，これを実施しなければならない」

　法改正の背景には，2001（平成 13）年，学校に侵入した者が児童と教師を殺傷する事件（大阪教育大学附属池田小学校事件）が起こるなど，外部の者が学校へ侵入したケースが 2002（平成 14）年には 2,168 件となって，1999 年（1,042 件）の 2 倍に跳ね上がるなど（文部科学省 2004），安全な場所とされてきた学校の危機管理が問われたことがある。その対策として，2004（平成 16）年に文部科学大臣が「学校安全緊急アピール：子どもの安全を守るために」を出し，学校の安全に関して具体的留意事項を提示するなどした。2008（平成 20）年改訂の『小学校学習指導要領解説　特別活動編』では，「安全指導」を以下のように説明している。

　防犯を含めた身の回りの安全，交通安全，防災など，自分や他の生命を尊重し，危険を予測し，事前に備えるなど日常生活を安全に保つために必要な事柄を理解し，進んできまりを守り，危険を回避し，安全に行動できる能力や態度を育成する。　　　　　　　　　　　　　　　　　　　　　　　　　　　　（39 頁）[＊]

　＊中学校では，「学校内外を含めた自分の生活行動を見直し，自ら安全に配慮するとともに，危険を予測できる力や的確に行動できる力を高めていくよう日ごろからの注意の喚起や指導が必要である。また，日ごろの備えを含め自然災害等に対しての心構えや適切な行動がとれる力を育てることが大切である。さらに，自己の安全を確保するのみならず，身の回りの人の安全を確保する態度を育むことが重要である」（文部科学省 2008b：36 頁）とされた。

　2017（平成 29）年改訂の『小学校学習指導要領解説　特別活動編』では，「安

全指導」に関する説明に，以下の下線部の文言が付け加えられた。

> 　近年でも，東日本大震災や熊本地震，台風や集中豪雨などをはじめとする様々な自然災害の発生や，情報化やグローバル化等の社会の変化に伴い，児童を取り巻く安全に関する環境も変化している。したがって，安全に関する指導においても，取り上げた内容について，必要な情報を自ら収集し，よりよく判断し行動する力を育むことが重要である。　　　　　　　　　　　　　　　　　　　　（56頁）

　近年，ゲリラ豪雨が頻発し，西日本豪雨（2018年7月）では"特別警報"が広範囲に発令されたほか，東日本大震災後も頻発する地震など，大規模自然災害が相次ぐ。また，急速に進む情報化・グローバル化に付随したプライバシー侵害やネットいじめ等の問題も生じている。多岐にわたる安全上の問題・課題への理解と対処が促されているのである。

2　「学校安全」への関心の高まりとその構造・活動内容

　本節では，まだあまりなじみのない概念である「学校安全」を取り上げ，その構造や学校での具体的な取り組みについて解説する。

　既述のように，2008（平成20）年改訂『学習指導要領』において新たに登場した「学校安全」は，3つの領域，すなわち，「生活安全」「交通安全」「災害安全」からなる。「生活安全」とは，主として学校管理下での事故の防止であり，授業や学校行事中の事故，遊具による事故などを取り扱うとともに，通学路での犯罪・事故などの防止がある。さらに，ネット利用に伴う人間関係，プライバシー，金銭に絡んだ諸問題も含まれる。「交通安全」と「災害安全」は，文字通り，交通ルールや自然災害・人為災害についての知識を得て，どう自分の，そして仲間の身の安全を守るかに関する教育である。

　これら3領域からなる「学校安全」は，「安全教育」「安全管理」「組織活動」の3つの活動から構成される（図14-1）。なかでも，児童生徒が身の回りのさまざまな危険を認知・制御して安全に行動する，他者の安全に貢献できるようにすることをめざす「安全教育」と，児童生徒らを取り巻いている環境を整備

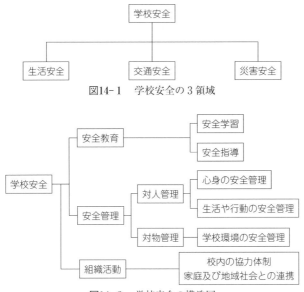

図14- 1　学校安全の3領域

図14- 2　学校安全の構造図

出所：文部科学省（2010：23頁）。

し，安全に制御していく「安全管理」は，「学校安全」の両輪である。これら
を円滑に進めていくために「組織活動」の整備がなされることで，「学校安全」
は十全に機能する（文部科学省 2010：11-12 頁）。

　両輪の1つ「安全教育」は，さらに「安全学習」と「安全指導」に分かれる
（図14-2）。前者の「安全学習」とは，児童生徒が「安全に関する基礎的・基
本的事項を系統的に理解し，思考力，判断力を高めることによって安全につい
て適切な意志決定ができる」（同上：22頁）ようになることをねらいとする。
これに対し「安全指導」は，「当面している，あるいは近い将来当面するであ
ろう安全に関する問題を中心に取り上げ，安全の保持増進に関するより実践的
な能力や態度，さらには望ましい習慣の形成」（同上）を目指すと定義される。
前者は主として教科の授業を通して育まれ，後者が特別活動の内容として割り
振られることもあるが，厳密な区別は難しく，これらは互いに補い合う関係に
ある。

　2017・2018 年の『学習指導要領』改訂で，「学校安全」がよりいっそう強調

されるようになった背景としては，2011（平成23）年に東日本大震災が発生
し，地震とそれに伴う津波等によって児童生徒を含む甚大な犠牲者を出したこ
とがある。特に，宮城県石巻市立大川小学校において全児童108名中74名，
教職員13名中10名が犠牲となったケースは，学校における危機管理，安全指
導を考えるうえで大きなターニングポイントとなった。学校や教員は子どもた
ちの命をどう守り，安全を確保するかだけでなく，教職員や保護者が近くにい
ない場合でも，子どもたち自身がどう情報を集め，判断し，どのような行動を
とるか，互いに助け合えるかが，切実な課題として突き付けられた。

　この惨事を受けて，「学校安全」の取り組みはいっそう本格化し，2012（平
成24）年の閣議決定「学校安全の推進に関する計画」において，向こう5年間
の「学校安全」に関わる基本的な方向と方策を示した（図14-3）。「安全に関す
る教育の充実方策」「学校の施設及び設備の整備充実」「学校における安全に関
する組織的取組の推進」「地域社会，家庭との連携を図った学校安全の推進」
の4つである。児童生徒に対する安全教育の充実方策としては，「主体的に行
動する態度や共助，公助の視点」「避難訓練のあり方」「情報社会への対応」
「原子力災害への対応」，さらに「児童生徒の状況に応じた安全教育」が取り
上げられた。自然災害に際しての避難のみならず，原子力災害や情報社会の進
展に伴う危機への対応を挙げ，そうした状況下における児童生徒の主体的行動

1．安全に関する教育の充実方策	3．学校における安全に関する組織的取組の推進
○安全教育における主体的に行動する態度や共助・公助の視点 ○教育手法の改善 ○安全教育に係る時間の確保 ○避難訓練の在り方 ○児童生徒等の状況に応じた安全教育 ○情報社会への対応 ○原子力災害への対応	○学校安全計画の策定と内容の充実 ○学校における人的体制の整備 ○学校における安全点検 ○学校安全に関する教職員の研修等の推進 ○危険等発生時対処要領の作成と事件・事故災害が生じた場合の対処
2．学校の施設及び設備の整備充実	4．地域社会，家庭との連携を図った学校安全の推進
○学校施設の安全性の確保のための整備 ○学校における非常時の安全に関わる整備の整備充実	○地域社会との連携推進 ○家庭との連携強化

図14-3　学校安全の充実に向けた方策
出所：文部科学省（2012a）概要。

や助け合いが強調されている。

安全教育の一部をなす防災教育については，めざす目標を学校段階ごとに３つに分けて示している。①「知識，思考・判断」，②「危険予測・主体的な行動」，③「社会貢献，支援者の基盤」である（文部科学省 2013：8 -10 頁）。まず「知識，思考・判断」は，安全や災害に関する現状を知り，原因や防止・予防方法を理解することで，的確な思考・判断ができるようになることを目指す。小学校段階では，地域で起こりやすい災害について知ったり，過去における災害について学ぶなど災害時に安全な行動がとれるようになること，中学校段階では災害のメカニズムを知るとともに，情報を活用して安全な行動ができるようにすることである。２つ目の「危険予測・主体的な行動」は，日常の危険を予測し，被災時には自他の安全を確保して，被害の軽減や災害後の生活に備えるようにできること，３つ目の「社会貢献，支援者の基礎」では，自他の命を尊重し，学校・家庭・地域での助け合いを理解して，主体的に動けるようにすることが挙げられている。

もちろん，発達段階に沿って，それぞれのカテゴリーの内容は異なってくる。学年や地域の状況に合わせて，３つの目標を螺旋的に繰り返していくことで，目標とする人間づくりを行おうとするものだ。学級，学校，地域での行動や実践を重視する特別活動は，それら関連事項の"要"として位置づけられる。

3　学校における実践的課題

「健康に関する教育」では，手洗いやうがいによる病気予防，身体や運動に関する知識や運動習慣の獲得，規則正しい生活習慣づくり，食育など，「安全に関する教育」では，自然災害・交通事故・犯罪からの避難・回避，部活動や日常生活（ため池や川遊び，自転車など）における安全管理などがあり，工夫をしながら実践が積み重ねられてきた。近年，ネット利用についての新たな課題も生じており，健康・安全に関する範囲はさらに広がっている。特別活動だけで対応することはできないが，以下では，基本的な課題，高い関心が寄せられている課題を中心に取り上げる。

（1）学校における実践の基礎

① 朝の会・終わりの会を利用した日常での指導

　健康の保持は，生活における一番の基盤であり，小学生においてその習慣づけを行いたい。これは毎日の積み重ねなので，朝の会・終わりの会，給食時など，日常的に行う必要がある。うがいや手洗いの励行，風邪やインフルエンザの予防など，季節や気候に応じて行う必要がある。登下校や不審者への対応などの安全指導も同様で，日頃から発達段階に応じた指導が必要となる。注意したいのは，ただやらされている，教員にチェックをされているから行うというのではなく，児童生徒の日常生活での出来事や教科で学んだ知識等とを結びつけながら，"なぜそうしたことを行う必要があるのか"を実感し，自ら取り組めるような指導が望まれる。

　これらは学校だけで行いうるものではない。一人の生活者として暮らす家庭や地域での日常生活において実行していかねば効果は半減する。学級や学校においては，家庭と十分に連携をとりながら，どの学年段階で，どのような意図で，どんな指導を行っていくか一貫した指導計画を立て，実践するように心がけたい。習慣は一朝一夕に身に付くものではないので，各方面と協力しながら，次の学校段階も含めた長いスパンで取り組むことが肝要である。

② 中学校・高等学校における部活動の指導

　部活動，特に運動部は，健康・安全上の問題や課題が常に指摘されてきた。死亡や重度の障害事故の発生件数では，中学校・高等学校とも，保健体育科の授業中が3割弱（中学校29％，高校26％）であるのに対し，運動部活動中の事故が6割程度（中学校58％，高校61％）を占める（文部科学省 2012b：6頁）。活動中のケガや事故，熱中症など，生徒の健康・安全を脅かす可能性が最も高い活動ともいえる。日常的な活動では，熱中症などによる事故（1990〜2012年の学校管理下での死亡事故80件…学校行事含）も少なくない。2017（平成29）年3月27日，栃木県高校体育連盟春山登山講習会において，県立高校の生徒7名と教員1名が雪崩に巻き込まれて死亡した事故は，安全に対する学校や教員側の認識のあり方，判断の甘さを浮き彫りにした。

　部活動をめぐる変化として，2017 年 4 月，学校教育法施行規則改正により，部活動指導員の名称および職務内容が明確化され，教員以外による部活動の指導がいっそう進むと考えられる。教員の過重な負担を軽減するうえでも歓迎されるが，課題もある。学外者がより専門的な指導を行うにあたっては，学校で行っている安全や健康に関する全体計画や指導の方針を十分に伝え，理解を得たうえで行われているのかという点である。指導者は生徒の健康・安全を第一に考え，生徒や学校と十分にコミュニケーションをとりながら指導することが望まれる。生徒が正しい知識をもって自ら健康・安全について考え，判断し，行動できるようにする，将来にわたって運動を続けていくようになるにはどうすればよいかを考えたい。

（2）学校における実践に関するトピック

① 地元を知る／地域の地名や伝承を知る

　地名にはその土地の特性を表すものが少なくない。あるいは地域の伝承として，洪水や地震，津波の記録が語り継がれ，その出来事が記念碑として刻み込まれていることもある。そうした地域に伝わるものは，地域を知るための大きな手掛かりであり，地域の特性を伝えるための住民の知恵でもある。新たに開発され，もともとの地名が失われた場所もあるが，かつての地名を知ることで，土地の特性がわかることもある。社会科や理科，総合的な学習の時間などと連携しながら，地域の地名や伝承を調べる，災害に関するお年寄りの話などを聞くなどの機会を作りたい。地域を理解し，災害に備える絶好の機会となる。

　地名について具体的に考えてみよう。たとえば，「昔から地元の人が『蛇抜じゃぬけ』と呼ぶ山津波（土石流）に襲われてきた。現在でも蛇抜沢，押出沢，蛇抜橋などの過去の災害を物語る地名が数多く残っており……。同じ沢に山津波が 40 年に 1 度ずつやってくると言う」（「宮澤清治の防災歳時記」消防防災博物館）との説明がある。「赤法花（アカボッケ）」のボッケは崖を意味する崩壊地名，「百目鬼（ドウメキ）」「轟（とどろき）」などは洪水がよく起こる地名（塙 1996：10，137 頁）など。地名はその地域の重要な特性・情報を提供してくれる。

　教員は校区内に住んでいないことも多いが，学校のある地域の地理や特性等について十分に把握しておく必要がある。子どもへの指導のみならず，災害時においては地域拠点として学校施設を運営していくことにもなるので，地域の特性把握と，それに基づく避難計画作成は不可欠となる。

② SNS に関連した健康・安全

　内閣府調査（2018）によると，SNS 利用率は年々上昇をしており，2017 年度において高校生 97.2 ％，中学生 66.7 ％，小学生でも 55.5 ％に及ぶ。中でも中高生ではスマホがそのほとんどを占め，動画視聴やゲーム，LINE（ライン）などを通した情報交換などに利用されている。高校生では，インターネットの 1 日平均利用時間が 213 分，2 時間以上利用する者の割合が 74.2 ％，5 時間上が 26.1 ％である。小中学生でも，SNS 利用率，利用時間ともに高まっている。

　SNS は非常に便利で有用なものではあるが，その利用をめぐってさまざまな課題も指摘される。その一つはネット依存の問題である。厚生労働省研究班が 2017 年に行った中高生対象調査では，ネット依存の疑いが強い中学生 12.4 ％（12 年度 6.0 ％），高校生 16.0 ％（同 9.4 ％）と 5 年前より大きく増え，中学・高校合計では 7 人に 1 人が依存の疑いが強いという結果もある。ネットの過度利用による問題では，成績低下（高校 2 年生で 53.3 ％），居眠り（同 50.5 ％），遅刻（同 13.7 ％），友人とのトラブル（同 10.4 ％）が上位にあがる（朝日新聞 2018 年 9 月 1 日朝刊）。このほか，セクスティング（sexting）＊とそれに伴う脅迫，ネットいじめ（誹謗・中傷），ネット詐欺といった事件も生じている。学校で使用を禁止しても，学校外の教員の眼が届かないところで問題は生じており，保護者とも連携をとり，自制した利用ができるよう指導することが求められる。さらにスマホを見ながら自転車を運転し，歩行者を死亡させる事故も起こっている。SNS をめぐっては，健康と安全の双方で，新たなそして大きな課題であり，早急な対応が求められる。

　　＊ Sex と Texting（携帯で文章や画像を送付すること）を合わせた造語で，モ
　　　バイル端末等を利用して，性的な画像や動画，メッセージなどをやり取りする

こと。自撮りした裸の写真を送付するなどして，その画像が広められたり，それをもとに脅されたりする事件も生じている。

③ 生活弱者への配慮・助け合い

　特別支援学級が併設されたり，学級に特別の支援を要する仲間がいるならば，彼らが学校や街で行動するとき，どのような点に不便や危険を感じ，周りの者は学習活動において，日常生活において，どのような配慮や支援ができるのかを考えたい。目や耳が不自由である場合，あるいは車椅子で移動するといった場合，安全面においてさまざまな制約が生じる。制約があった場合，健常者には見慣れた環境であっても，ハンディキャップをもった者にはどのように感じられるのか，器具等を使用して体感し，そこからどのような配慮や支援をしてほしいか，支援ができるかを，お互いに話し合ってもらいたい。さらにもう一歩進んで，学校や地域でどのような場所が危険であり，危険を軽減させるにはどのような準備，働きかけをすればよいか，災害の場合はどうかと考えていき，安全な学校や街づくりの提案にも広げていきたい。誰もが，生活弱者の視点に立って，生活上の安全を捉え直す機会となる。

4　実践指導の留意点

　健康・安全に関しては，児童生徒への教育のみならず，教職員間での共通理解，施設や設備など学校の環境整備，他機関や地域との組織連携など，その範囲は多岐に及ぶ。最後に本節では，児童生徒を対象とする特別活動の取り組みに絞ってその留意点をいくつか挙げて締めくくりたい。

（1）縦断的な全体計画：学校段階を通して

　健康教育，安全教育ともに，児童生徒の発達に応じて学ぶ内容や目指すところは変化するので，学年段階に応じたものにする必要がある。つまり，6年間，3年間，あるいは小・中学校一貫9年間のトータルで系統立てたプログラムを学校単位で計画し，地域を含めて取り組んでいくことが肝要である。活動の基

本は学級であるものの，学年単位で行うこと，学校全体で行うこと，保護者や地域の人々，警察や消防などの諸機関を交えて行うことなど，時間的，空間的な広がりを考慮して計画を立てる必要がある。まずは，学校を単位とした全体計画をよく練り，学年間の連携，同学年のクラス間の連携を十分に図りながら，クラスでの授業展開を考えていくことが求められる。全体のなかで今行っている教育は，どこに位置し，それ以前に何を学び身に付けており，今回の学習がこれから先に学ぶものにどうつながっていくのかを把握しておきたい。

（2）横断的な学習計画：教科や諸活動と関連させて

　健康・安全教育は，特別活動だけではなく，教科を含めた学校生活全体を通して行われるものである。既述のように，教科や総合的な学習の時間を中心に行う安全教育（知的な理解や思考・判断力の育成）の内容やレベルに対応する形で，実際的な行動を伴う安全指導を行っていき，両者が呼応することで，効果を高めることができる。当該学年において教科で学習する健康や安全に関する内容を理解したうえで，特別活動において実行することにより，さらに高い効果が期待される。教科の学習内容を，学級で行う取り組みのみならず，学校全体で行う取り組みとも関連させて，どう意味づけていくかを検討しておかねばならない。小学校においては学級担任制であるから教科の学習内容を十分把握し，特別活動の健康・安全教育につなげることができるが，中学・高校においては教科担任制なので，健康や安全に関わるどのような内容をいつ頃学習するのかについて，年間計画段階で綿密な連携をとっておきたい。

（3）生活者としての視点：地域に生きる主体

　最初に述べたように，健康や安全は生活者として最も身近で，生涯を通じて生活の基礎となる重要なものである。子どももまた，程度の差こそあれ，さまざまな危機に直面し，その都度，未熟ではあっても自ら判断を下し，行動をしているのであり，一人ひとりが日々学びながら実践している生活者であるという視点を忘れてはならない。

　それぞれの地域において子どもたちの置かれた状況を把握し，日常における

日々の経験を十分に生かした指導を心がけたい。さらに，生活者の視点を重視するとは，自分だけではなく，学校の仲間，さらに地域の人々との連携や助け合いが不可欠であり，「地域コミュニティを構成する一員」としての認識をもつことが求められる。地域のさまざまな支援・環境づくりがあることで，健康で安全に暮らせていることを理解し，自分のためのみならず他者のためにどう動けるか，何ができるかという視点をもてるようにする工夫が求められる。

（4）個と集団の相互作用：学び合い，助け合い

　個々の児童生徒は，その発達段階や能力に応じて知識やルールを得て，生活者として自己の安全を確保し，自ら状況判断をしながら行動できるようになることが求められる。しかし，健康にしても安全にしても，決して一人では保持していくことはできない。友達や教師，家族や地域の人々，諸機関・団体による協力・助け合いと環境整備があってこそ自己の健康や安全は保持できるのである（たとえば，交通安全においても，防災においても）。周囲において健康・安全が保たれなければ，自己の健康・安全も保持することはできない。学校のなかだけ，家族のなかだけではなく，広く地域において助け合い，協力し合うことで望ましい環境をつくり，それを保持できていること，さらには一人ひとりの小さな働きかけが他者に貢献していることを実感として学べるように配慮したい。

学習課題

（1）出身小・中学校がある地域の"ハザードマップ"を役所のHPなどからダウンロードし，どのような災害が予想されるか，災害が生じた場合の避難場所や避難方法について，住居地区ごとに確認してみよう。さらに，災害の種類に応じて，教員として，生活者としてどのような行動をとるのか，何を準備しておけばよいのかについて話し合ってみよう。

（2）部活動の指導を行うとき，開始前，活動中，終了後それぞれにおいて，安全のためになすべきことは何か。また，教員間で，あるいは専門指導者との間でどのような連携を取る必要があるかを具体的に考えてみよう。

引用・参考文献

京都府教育委員会「食に関する指導実践事例集」
　　http://www.kyoto-be.ne.jp/knavi/syokushido/index.html
警視庁（2016）『子供の携帯電話やインターネット利用について──平成 27 年のアンケート調査の結果から』.
　　http://www.keishicho.metro.tokyo.jp/kurashi/higai/kodomo/survey_h26.html
内閣府（2018）「平成 29 年度　青少年のインターネット利用環境実態調査報告書」.
　　http://www8.cao.go.jp/youth/youth-harm/chousa/h29/net-jittai/pdf?index.html
日本スポーツ振興センター・学校災害防止調査研究委員会（2014）『体育活動における熱中症予防調査研究報告書』.
　　http://www.jpnsport.go.jp/anzen/Tabid/1729/Default.aspx
塙静夫（1996）『とちぎの地名を探る』随想社.
文部科学省（2004）「学校安全緊急アピール──子どもの安全を守るために」.
　　http://warp.da.ndl.go.jp/info:ndljp/pid/286184/www.mext.go.jp/b_menu/houdou/16/01/04012002.htm
文部科学省（2008a）『小学校学習指導要領解説　特別活動編』.
文部科学省（2008b）『中学校学習指導要領解説　特別活動編』.
文部科学省（2010）『「生きる力」をはぐくむ学校での安全教育──学校安全参考資料（改定版）』. https://anzenkyouiku.mext.go.jp/mextshiryou/data/seikatsu03.pdf
文部科学省（2012a）「学校安全の推進に関する計画」（平成 24 年 4 月 27 日閣議決定）
　　https://www.mext.go.jp/a_menu/kenko/anzen/1320286.htm
文部科学省・体育活動中の事故に関する調査協力者会議（2012b）『学校における体育活動中の事故防止について（報告書）』.
　　http://www.mext.go.jp/a_menu/sports/jyujitsu/_icsFiles/afieldfile/2016/06/23/1323968_1.pdf
文部科学省（2013）『「生きる力」を育む防災教育の展開──学校防災のための参考資料（改定版）』. https://anzenkyouiku.mext.go.jp/mextshiryou/data/saigai03.pdf
文部科学省（2017a）『小学校学習指導要領（平成 29 年告示）』.
文部科学省（2017b）『小学校学習指導要領解説　特別活動編』.
文部科学省（2017c）『中学校学習指導要領（平成 29 年告示）』.
文部科学省（2017d）『中学校学習指導要領解説　特別活動編』.

〈防災に関するネットサイト〉
稲村の火の館　http://www.town.hirogawa.wakayama.jp/inamuranohi/
消防防災博物館　http://www.bousaihaku.com/cgi-bin/hp/index.cgi
総務省消防庁「全国災害伝承情報」http://www.fdma.go.jp/html/life/saigai_densyo/

内閣府「防災情報」　http://www.bousai.go.jp/index.html

人と防災未来センター　http://www.dri.ne.jp/

防災システム研究所　http://www.bo-sai.co.jp/tunami.htm

＊各 URL については 2018 年 10 月 1 日に再アクセスして確認した。

（安東由則）

資　　料

小学校学習指導要領　第6章　特別活動

中学校学習指導要領　第5章　特別活動

高等学校学習指導要領　第5章　特別活動

第1　目　標

　集団や社会の形成者としての見方・考え方を働かせ，様々な集団活動に自主的，実践的に取り組み，互いのよさや可能性を発揮しながら集団や自己の生活上の課題を解決することを通して，次のとおり資質・能力を育成することを目指す。

⑴　多様な他者と協働する様々な集団活動の意義や活動を行う上で必要となることについて理解し，行動の仕方を身に付けるようにする。

⑵　集団や自己の生活，人間関係の課題を見いだし，解決するために話し合い，合意形成を図ったり，意思決定したりすることができるようにする。

⑶　自主的，実践的な集団活動を通して身に付けたことを生かして，集団や社会における生活及び人間関係をよりよく形成するとともに，自己の生き方についての考えを深め，自己実現を図ろうとする態度を養う。

第2　各活動・学校行事の目標及び内容
〔学級活動〕
1　目　標

　学級や学校での生活をよりよくするための課題を見いだし，解決するために話し合い，合意形成し，役割を分担して協力して実践したり，学級での話合いを生かして自己の課題の解決及び将来の生き方を描くために意思決定して実践したりすることに，自主的，実践的に取り組むことを通して，第1の目標に掲げる資質・能力を育成することを目指す。

2　内　容

　1の資質・能力を育成するため，全ての学年において，次の各活動を通して，それぞれの活動の意義及び活動を行う上で必要となることについて理解し，主体的に考えて実践できるよう指導する。

⑴　学級や学校における生活づくりへの参画
ア　学級や学校における生活上の諸問題の解決
　学級や学校における生活をよりよくするための課題を見いだし，解決するために話し合い，合

意形成を図り，実践すること。
イ　学級内の組織づくりや役割の自覚
　学級生活の充実や向上のため，児童が主体的に組織をつくり，役割を自覚しながら仕事を分担して，協力し合い実践すること。
ウ　学校における多様な集団の生活の向上
　児童会など学級の枠を超えた多様な集団における活動や学校行事を通して学校生活の向上を図るため，学級としての提案や取組を話し合って決めること。

⑵　日常の生活や学習への適応と自己の成長及び健康安全
ア　基本的な生活習慣の形成
　身の回りの整理や挨拶などの基本的な生活習慣を身に付け，節度ある生活にすること。
イ　よりよい人間関係の形成
　学級や学校の生活において互いのよさを見付け，違いを尊重し合い，仲よくしたり信頼し合ったりして生活すること。
ウ　心身ともに健康で安全な生活態度の形成
　現在及び生涯にわたって心身の健康を保持増進することや，事件や事故，災害等から身を守り安全に行動すること。
エ　食育の観点を踏まえた学校給食と望ましい食習慣の形成
　給食の時間を中心としながら，健康によい食事のとり方など，望ましい食習慣の形成を図るとともに，食事を通して人間関係をよりよくすること。

⑶　一人一人のキャリア形成と自己実現
ア　現在や将来に希望や目標をもって生きる意欲や態度の形成
　学級や学校での生活づくりに主体的に関わり，自己を生かそうとするとともに，希望や目標をもち，その実現に向けて日常の生活をよりよくしようとすること。
イ　社会参画意識の醸成や働くことの意義の理解
　清掃などの当番活動や係活動等の自己の役割を自覚して協働することの意義を理解し，社会の一員として役割を果たすために必要となることについて主体的に考えて行動すること。
ウ　主体的な学習態度の形成と学校図書館等の活用

　学ぶことの意義や現在及び将来の学習と自己実現とのつながりを考えたり，自主的に学習する場としての学校図書館等を活用したりしながら，学習の見通しを立て，振り返ること。

3　内容の取扱い

(1)　指導に当たっては，各学年段階で特に次の事項に配慮すること。

〔第1学年及び第2学年〕

　話合いの進め方に沿って，自分の意見を発表したり，他者の意見をよく聞いたりして，合意形成して実践することのよさを理解すること。基本的な生活習慣や，約束やきまりを守ることの大切さを理解して行動し，生活をよくするための目標を決めて実行すること。

〔第3学年及び第4学年〕

　理由を明確にして考えを伝えたり，自分と異なる意見も受け入れたりしながら，集団としての目標や活動内容について合意形成を図り，実践すること。自分のよさや役割を自覚し，よく考えて行動するなど節度ある生活を送ること。

〔第5学年及び第6学年〕

　相手の思いを受け止めて聞いたり，相手の立場や考え方を理解したりして，多様な意見のよさを積極的に生かして合意形成を図り，実践すること。高い目標をもって粘り強く努力し，自他のよさを伸ばし合うようにすること。

(2)　2の(3)の指導に当たっては，学校，家庭及び地域における学習や生活の見通しを立て，学んだことを振り返りながら，新たな学習や生活への意欲につなげたり，将来の生き方を考えたりする活動を行うこと。その際，児童が活動を記録し蓄積する教材等を活用すること。

〔児童会活動〕

1　目　標

　異年齢の児童同士で協力し，学校生活の充実と向上を図るための諸問題の解決に向けて，計画を立て役割を分担し，協力して運営することに自主的，実践的に取り組むことを通して，第1の目標に掲げる資質・能力を育成することを目指す。

2　内　容

　1の資質・能力を育成するため，学校の全児童をもって組織する児童会において，次の各活

動を通して，それぞれの活動の意義及び活動を行う上で必要となることについて理解し，主体的に考えて実践できるよう指導する。

(1)　児童会の組織づくりと児童会活動の計画や運営

　児童が主体的に組織をつくり，役割を分担し，計画を立て，学校生活の課題を見いだし解決するために話し合い，合意形成を図り実践すること。

(2)　異年齢集団による交流

　児童会が計画や運営を行う集会等の活動において，学年や学級が異なる児童と共に楽しく触れ合い，交流を図ること。

(3)　学校行事への協力

　学校行事の特質に応じて，児童会の組織を活用して，計画の一部を担当したり，運営に協力したりすること。

3　内容の取扱い

(1)　児童会の計画や運営は，主として高学年の児童が行うこと。その際，学校の全児童が主体的に活動に参加できるものとなるよう配慮すること。

〔クラブ活動〕

1　目　標

　異年齢の児童同士で協力し，共通の興味・関心を追求する集団活動の計画を立てて運営することに自主的，実践的に取り組むことを通して，個性の伸長を図りながら，第1の目標に掲げる資質・能力を育成することを目指す。

2　内　容

　1の資質・能力を育成するため，主として第4学年以上の同好の児童をもって組織するクラブにおいて，次の各活動を通して，それぞれの活動の意義及び活動を行う上で必要となることについて理解し，主体的に考えて実践できるよう指導する。

(1)　クラブの組織づくりとクラブ活動の計画や運営児童が活動計画を立て，役割を分担し，協力して運営に当たること。

(2)　クラブを楽しむ活動

異なる学年の児童と協力し，創意工夫を生かしながら共通の興味・関心を追求すること。

(3)　クラブの成果の発表

活動の成果について，クラブの成員の発意・発想を生かし，協力して全校の児童や地域の人々に発表すること。

〔学校行事〕
1　目　標
全校又は学年の児童で協力し，よりよい学校生活を築くための体験的な活動を通して，集団への所属感や連帯感を深め，公共の精神を養いながら，第1の目標に掲げる資質・能力を育成することを目指す。
2　内　容
　1の資質・能力を育成するため，全ての学年において，全校又は学年を単位として，次の各行事において，学校生活に秩序と変化を与え，学校生活の充実と発展に資する体験的な活動を行うことを通して，それぞれの学校行事の意義及び活動を行う上で必要となることについて理解し，主体的に考えて実践できるよう指導する。
(1)　儀式的行事
　学校生活に有意義な変化や折り目を付け，厳粛で清新な気分を味わい，新しい生活の展開への動機付けとなるようにすること。
(2)　文化的行事
　平素の学習活動の成果を発表し，自己の向上の意欲を一層高めたり，文化や芸術に親しんだりするようにすること。
(3)　健康安全・体育的行事
　心身の健全な発達や健康の保持増進，事件や事故，災害等から身を守る安全な行動や規律ある集団行動の体得，運動に親しむ態度の育成，責任感や連帯感の涵（かん）養，体力の向上などに資するようにすること。
(4)　遠足・集団宿泊的行事
　自然の中での集団宿泊活動などの平素と異なる生活環境にあって，見聞を広め，自然や文化などに親しむとともに，よりよい人間関係を築くなどの集団生活の在り方や公衆道徳などについての体験を積むことができるようにすること。
(5)　勤労生産・奉仕的行事
　勤労の尊さや生産の喜びを体得するとともに，ボランティア活動などの社会奉仕の精神を養う体験が得られるようにすること。
3　内容の取扱い

(1)　児童や学校，地域の実態に応じて，2に示す行事の種類ごとに，行事及びその内容を重点化するとともに，各行事の趣旨を生かした上で，行事間の関連や統合を図るなど精選して実施すること。また，実施に当たっては，自然体験や社会体験などの体験活動を充実するとともに，体験活動を通して気付いたことなどを振り返り，まとめたり，発表し合ったりするなどの事後の活動を充実すること。

第3　指導計画の作成と内容の取扱い
1　指導計画の作成に当たっては，次の事項に配慮するものとする。
(1)　特別活動の各活動及び学校行事を見通して，その中で育む資質・能力の育成に向けて，児童の主体的・対話的で深い学びの実現を図るようにすること。その際，よりよい人間関係の形成，よりよい集団生活の構築や社会への参画及び自己実現に資するよう，児童が集団や社会の形成者としての見方・考え方を働かせ，様々な集団活動に自主的，実践的に取り組む中で，互いのよさや個性，多様な考えを認め合い，等しく合意形成に関わり役割を担うようにすることを重視すること。
(2)　各学校においては特別活動の全体計画や各活動及び学校行事の年間指導計画を作成すること。その際，学校の創意工夫を生かし，学級や学校，地域の実態，児童の発達の段階などを考慮するとともに，第2に示す内容相互及び各教科，道徳科，外国語活動，総合的な学習の時間などの指導との関連を図り，児童による自主的，実践的な活動が助長されるようにすること。また，家庭や地域の人々との連携，社会教育施設等の活用などを工夫すること。
(3)　学級活動における児童の自発的，自治的な活動を中心として，各活動と学校行事を相互に関連付けながら，個々の児童についての理解を深め，教師と児童，児童相互の信頼関係を育み，学級経営の充実を図ること。その際，特に，いじめの未然防止等を含めた生徒指導との関連を図るようにすること。
(4)　低学年においては，第1章総則の第2の4の(1)を踏まえ，他教科等との関連を積極的に図り，指導の効果を高めるようにするとともに，

幼稚園教育要領等に示す幼児期の終わりまでに育ってほしい姿との関連を考慮すること。特に，小学校入学当初においては，生活科を中心とした関連的な指導や，弾力的な時間割の設定を行うなどの工夫をすること。

(5)　障害のある児童などについては，学習活動を行う場合に生じる困難さに応じた指導内容や指導方法の工夫を計画的，組織的に行うこと。

(6)　第1章総則の第1の2の(2)に示す道徳教育の目標に基づき，道徳科などとの関連を考慮しながら，第3章特別の教科道徳の第2に示す内容について，特別活動の特質に応じて適切な指導をすること。

2　第2の内容の取扱いについては，次の事項に配慮するものとする。

(1)　学級活動，児童会活動及びクラブ活動の指導については，指導内容の特質に応じて，教師の適切な指導の下に，児童の自発的，自治的な活動が効果的に展開されるようにすること。その際，よりよい生活を築くために自分たちできまりをつくって守る活動などを充実するよう工夫すること。

(2)　児童及び学校の実態並びに第1章総則の第6の2に示す道徳教育の重点などを踏まえ，各学年において取り上げる指導内容の重点化を図るとともに，必要に応じて，内容間の関連や統合を図ったり，他の内容を加えたりすることができること。

(3)　学校生活への適応や人間関係の形成などについては，主に集団の場面で必要な指導や援助を行うガイダンスと，個々の児童の多様な実態を踏まえ，一人一人が抱える課題に個別に対応した指導を行うカウンセリング（教育相談を含む。）の双方の趣旨を踏まえて指導を行うこと。特に入学当初や各学年のはじめにおいては，個々の児童が学校生活に適応するとともに，希望や目標をもって生活できるよう工夫すること。あわせて，児童の家庭との連絡を密にすること。

(4)　異年齢集団による交流を重視するとともに，幼児，高齢者，障害のある人々などとの交流や対話，障害のある幼児児童生徒との交流及び共同学習の機会を通して，協働することや，他者の役に立ったり社会に貢献したりすることの喜びを得られる活動を充実すること。

3　入学式や卒業式などにおいては，その意義を踏まえ，国旗を掲揚するとともに，国歌を斉唱するよう指導するものとする。

中学校学習指導要領（平成29年3月）
第5章　特別活動

第1　目標

集団や社会の形成者としての見方・考え方を働かせ，様々な集団活動に自主的，実践的に取り組み，互いのよさや可能性を発揮しながら集団や自己の生活上の課題を解決することを通して，次のとおり資質・能力を育成することを目指す。

(1)　多様な他者と協働する様々な集団活動の意義や活動を行う上で必要となることについて理解し，行動の仕方を身に付けるようにする。

(2)　集団や自己の生活，人間関係の課題を見いだし，解決するために話し合い，合意形成を図ったり，意思決定したりすることができるようにする。

(3)　自主的，実践的な集団活動を通して身に付けたことを生かして，集団や社会における生活及び人間関係をよりよく形成するとともに，人間としての生き方についての考えを深め，自己実現を図ろうとする態度を養う。

第2　各活動・学校行事の目標及び内容
〔学級活動〕

1　目標

学級や学校での生活をよりよくするための課題を見いだし，解決するために話し合い，合意形成し，役割を分担して協力して実践したり，学級での話合いを生かして自己の課題の解決及び将来の生き方を描くために意思決定して実践したりすることに，自主的，実践的に取り組むことを通して，第1の目標に掲げる資質・能力を育成することを目指す。

2　内容

1の資質・能力を育成するため，全ての学年において，次の各活動を通して，それぞれの活動の意義及び活動を行う上で必要となることについて理解し，主体的に考えて実践できるよう指導する。

⑴　学級や学校における生活づくりへの参画

ア　学級や学校における生活上の諸問題の解決

　学級や学校における生活をよりよくするための課題を見いだし，解決するために話し合い，合意形成を図り，実践すること。

イ　学級内の組織づくりや役割の自覚

　学級生活の充実や向上のため，生徒が主体的に組織をつくり，役割を自覚しながら仕事を分担して，協力し合い実践すること。

ウ　学校における多様な集団の生活の向上

　生徒会など学級の枠を超えた多様な集団における活動や学校行事を通して学校生活の向上を図るため，学級としての提案や取組を話し合って決めること。

⑵　日常の生活や学習への適応と自己の成長及び健康安全

ア　自他の個性の理解と尊重，よりよい人間関係の形成自他の個性を理解して尊重し，互いのよさや可能性を発揮しながらよりよい集団生活をつくること。

イ　男女相互の理解と協力

　男女相互について理解するとともに，共に協力し尊重し合い，充実した生活づくりに参画すること。

ウ　思春期の不安や悩みの解決，性的な発達への対応

　心や体に関する正しい理解を基に，適切な行動をとり，悩みや不安に向き合い乗り越えようとすること。

エ　心身ともに健康で安全な生活態度や習慣の形成節度ある生活を送るなど現在及び生涯にわたって心身の健康を保持増進することや，事件や事故，災害等から身を守り安全に行動すること。

オ　食育の観点を踏まえた学校給食と望ましい食習慣の形成給食の時間を中心としながら，成長や健康管理を意識するなど，望ましい食習慣の形成を図るとともに，食事を通して人間関係をよりよくすること。

⑶　一人一人のキャリア形成と自己実現

ア　社会生活，職業生活との接続を踏まえた主体的な学習態度の形成と学校図書館等の活用現在及び将来の学習と自己実現とのつながりを考えたり，自主的に学習する場としての学校図書

館等を活用したりしながら，学ぶことと働くことの意義を意識して学習の見通しを立て，振り返ること。

イ　社会参画意識の醸成や勤労観・職業観の形成社会の一員としての自覚や責任を持ち，社会生活を営む上で必要なマナーやルール，働くことや社会に貢献することについて考えて行動すること。

ウ　主体的な進路の選択と将来設計

　目標をもって，生き方や進路に関する適切な情報を収集・整理し，自己の個性や興味・関心と照らして考えること。

3　内容の取扱い

⑴　2の⑴の指導に当たっては，集団としての意見をまとめる話合い活動など小学校からの積み重ねや経験を生かし，それらを発展させることができるよう工夫すること。

⑵　2の⑶の指導に当たっては，学校，家庭及び地域における学習や生活の見通しを立て，学んだことを振り返りながら，新たな学習や生活への意欲につなげたり，将来の生き方を考えたりする活動を行うこと。その際，生徒が活動を記録し蓄積する教材等を活用すること。

〔生徒会活動〕

1　目　標

　異年齢の生徒同士で協力し，学校生活の充実と向上を図るための諸問題の解決に向けて，計画を立て役割を分担し，協力して運営することに自主的，実践的に取り組むことを通して，第1の目標に掲げる資質・能力を育成することを目指す。

2　内　容

　1の資質・能力を育成するため，学校の全生徒をもって組織する生徒会において，次の各活動を通して，それぞれの活動の意義及び活動を行う上で必要となることについて理解し，主体的に考えて実践できるよう指導する。

⑴　生徒会の組織づくりと生徒会活動の計画や運営生徒が主体的に組織をつくり，役割を分担し，計画を立て，学校生活の課題を見いだし解決するために話し合い，合意形成を図り実践すること。

⑵　学校行事への協力

学校行事の特質に応じて，生徒会の組織を活用して，計画の一部を担当したり，運営に主体的に協力したりすること。
⑶　ボランティア活動などの社会参画地域や社会の課題を見いだし，具体的な対策を考え，実践し，地域や社会に参画できるようにすること。

〔学校行事〕
1　目　標
　全校又は学年の生徒で協力し，よりよい学校生活を築くための体験的な活動を通して，集団への所属感や連帯感を深め，公共の精神を養いながら，第1の目標に掲げる資質・能力を育成することを目指す。
2　内　容
　1の資質・能力を育成するため，全ての学年において，全校又は学年を単位として，次の各行事において，学校生活に秩序と変化を与え，学校生活の充実と発展に資する体験的な活動を行うことを通して，それぞれの学校行事の意義及び活動を行う上で必要となることについて理解し，主体的に考えて実践できるよう指導する。
⑴　儀式的行事
学校生活に有意義な変化や折り目を付け，厳粛で清新な気分を味わい，新しい生活の展開への動機付けとなるようにすること。
⑵　文化的行事
　平素の学習活動の成果を発表し，自己の向上の意欲を一層高めたり，文化や芸術に親しんだりするようにすること。
⑶　健康安全・体育的行事
　心身の健全な発達や健康の保持増進，事件や事故，災害等から身を守る安全な行動や規律ある集団行動の体得，運動に親しむ態度の育成，責任感や連帯感の涵（かん）養，体力の向上などに資するようにすること。
⑷　旅行・集団宿泊的行事平素と異なる生活環境にあって，見聞を広め，自然や文化などに親しむとともに，よりよい人間関係を築くなどの集団生活の在り方や公衆道徳などについての体験を積むことができるようにすること。
⑸　勤労生産・奉仕的行事勤労の尊さや生産の喜びを体得し，職場体験活動などの勤労観・職業観に関わる啓発的な体験が得られるようにす

るとともに，共に助け合って生きることの喜びを体得し，ボランティア活動などの社会奉仕の精神を養う体験が得られるようにすること。
3　内容の取扱い
⑴　生徒や学校，生徒の実態に応じて，2に示す行事の種類ごとに，行事及びその内容を重点化するとともに，各行事の趣旨を生かした上で，行事間の関連や統合を図るなど精選して実施すること。また，実施に当たっては，自然体験や社会体験などの体験活動を充実するとともに，体験活動を通して気付いたことなどを振り返り，まとめたり，発表し合ったりするなどの事後の活動を充実すること。

第3　指導計画の作成と内容の取扱い
1　指導計画の作成に当たっては，次の事項に配慮するものとする。
⑴　特別活動の各活動及び学校行事を見通して，その中で育む資質・能力の育成に向けて，生徒の主体的・対話的で深い学びの実現を図るようにすること。その際，よりよい人間関係の形成，よりよい集団生活の構築や社会への参画及び自己実現に資するよう，生徒が集団や社会の形成者としての見方・考え方を働かせ，様々な集団活動に自主的，実践的に取り組む中で，互いのよさや個性，多様な考えを認め合い，等しく合意形成に関わり役割を担うようにすることを重視すること。
⑵　各学校においては特別活動の全体計画や各活動及び学校行事の年間指導計画を作成すること。その際，学校の創意工夫を生かし，学級や学校，地域の実態，生徒の発達の段階などを考慮するとともに，第2に示す内容相互及び各教科，道徳科，総合的な学習の時間などの指導との関連を図り，生徒による自主的，実践的な活動が助長されるようにすること。また，家庭や地域の人々との連携，社会教育施設等の活用などを工夫すること。
⑶　学級活動における生徒の自発的，自治的な活動を中心として，各活動と学校行事を相互に関連付けながら，個々の生徒についての理解を深め，教師と生徒，生徒相互の信頼関係を育み，学級経営の充実を図ること。その際，特に，いじの未然防止等を含めた生徒指導との関連を図

るようにすること。

(4) 障害のある生徒などについては，学習活動を行う場合に生じる困難さに応じた指導内容や指導方法の工夫を計画的，組織的に行うこと。

(5) 第1章総則の第1の2の(2)に示す道徳教育の目標に基づき，道徳科などとの関連を考慮しながら，第3章特別の教科道徳の第2に示す内容について，特別活動の特質に応じて適切な指導をすること。

2 第2の内容の取扱いについては，次の事項に配慮するものとする。

(1) 学級活動及び生徒会活動の指導については，指導内容の特質に応じて，教師の適切な指導の下に，生徒の自発的，自治的な活動が効果的に展開されるようにすること。その際，よりよい生活を築くために自分たちできまりをつくって守る活動などを充実するよう工夫すること。

(2) 生徒及び学校の実態並びに第1章総則の第6の2に示す道徳教育の重点などを踏まえ，各学年において取り上げる指導内容の重点化を図るとともに，必要に応じて，内容間の関連や統合を図ったり，他の内容を加えたりすることができること。

(3) 学校生活への適応や人間関係の形成，進路の選択などについては，主に集団の場面で必要な指導や援助を行うガイダンスと，個々の生徒の多様な実態を踏まえ，一人一人が抱える課題に個別に対応した指導を行うカウンセリング（教育相談を含む。）の双方の趣旨を踏まえて指導を行うこと。特に入学当初においては，個々の生徒が学校生活に適応するとともに，希望や目標をもって生活をできるよう工夫すること。あわせて，生徒の家庭との連絡を密にすること。

(4) 異年齢集団による交流を重視するとともに，幼児，高齢者，障害のある人々などとの交流や対話，障害のある幼児児童生徒との交流及び共同学習の機会を通して，協働することや，他者の役に立ったり社会に貢献したりすることの喜びを得られる活動を充実すること。

3 入学式や卒業式などにおいては，その意義を踏まえ，国旗を掲揚するとともに，国歌を斉唱するよう指導するものとする。

高等学校学習指導要領
第5章 特別活動

第1 目 標

集団や社会の形成者としての見方・考え方を働かせ，様々な集団活動に自主的，実践的に取り組み，互いのよさや可能性を発揮しながら集団や自己の生活上の課題を解決することを通して，次のとおり資質・能力を育成することを目指す。

(1) 多様な他者と協働する様々な集団活動の意義や活動を行う上で必要となることについて理解し，行動の仕方を身に付けるようにする。

(2) 集団や自己の生活，人間関係の課題を見いだし，解決するために話し合い，合意形成を図ったり，意思決定したりすることができるようにする。

(3) 自主的，実践的な集団活動を通して身に付けたことを生かして，主体的に集団や社会に参画し，生活及び人間関係をよりよく形成するとともに，人間としての在り方生き方についての自覚を深め，自己実現を図ろうとする態度を養う。

第2 各活動・学校行事の目標及び内容
〔ホームルーム活動〕
1 目 標

ホームルームや学校での生活をよりよくするための課題を見いだし，解決するために話し合い，合意形成し，役割を分担して協力して実践したり，ホームルームでの話合いを生かして自己の課題の解決及び将来の生き方を描くために意思決定して実践したりすることに，自主的，実践的に取り組むことを通して，第1の目標に掲げる資質・能力を育成することを目指す。

2 内 容

1の資質・能力を育成するため，全ての学年において，次の各活動を通して，それぞれの活動の意義及び活動を行う上で必要となることについて理解し，主体的に考えて実践できるよう指導する。

(1) ホームルームや学校における生活づくりへの参画

ア ホームルームや学校における生活上の諸問

題の解決ホームルームや学校における生活を向上・充実させるための課題を見いだし，解決するために話し合い，合意形成を図り，実践すること。

イ　ホームルーム内の組織づくりや役割の自覚
ホームルーム生活の充実や向上のため，生徒が主体的に組織をつくり，役割を自覚しながら仕事を分担して，協力し合い実践すること。

ウ　学校における多様な集団の生活の向上生徒会などホームルームの枠を超えた多様な集団における活動や学校行事を通して学校生活の向上を図るため，ホームルームとしての提案や取組を話し合って決めること。

(2)　日常の生活や学習への適応と自己の成長及び健康安全

ア　自他の個性の理解と尊重，よりよい人間関係の形成自他の個性を理解して尊重し，互いのよさや可能性を発揮し，コミュニケーションを図りながらよりよい集団生活をつくること。

イ　男女相互の理解と協力
男女相互について理解するとともに，共に協力し尊重し合い，充実した生活づくりに参画すること。

ウ　国際理解と国際交流の推進
我が国と他国の文化や生活習慣などについて理解し，よりよい交流の在り方を考えるなど，共に尊重し合い，主体的に国際社会に生きる日本人としての在り方生き方を探求しようとすること。

エ　青年期の悩みや課題とその解決
心や体に関する正しい理解を基に，適切な行動をとり，悩みや不安に向き合い乗り越えようとすること。

オ　生命の尊重と心身ともに健康で安全な生活態度や規律ある習慣の確立節度ある健全な生活を送るなど現在及び生涯にわたって心身の健康を保持増進することや，事件や事故，災害等から身を守り安全に行動すること。

(3)　一人一人のキャリア形成と自己実現

ア　学校生活と社会的・職業的自立の意義の理解現在及び将来の生活や学習と自己実現とのつながりを考えたり，社会的・職業的自立の意義を意識したりしながら，学習の見通しを立て，振り返ること。

イ　主体的な学習態度の確立と学校図書館等の活用自主的に学習する場としての学校図書館等を活用し，自分にふさわしい学習方法や学習習慣を身に付けること。

ウ　社会参画意識の醸成や勤労観・職業観の形成
社会の一員としての自覚や責任をもち，社会生活を営む上で必要なマナーやルール，働くことや社会に貢献することについて考えて行動すること。

エ　主体的な進路の選択決定と将来設計
適性やキャリア形成などを踏まえた教科・科目を選択することなどについて，目標をもって，在り方生き方や進路に関する適切な情報を収集・整理し，自己の個性や興味・関心と照らして考えること。

3　内容の取扱い

(1)　内容の(1)の指導に当たっては，集団としての意見をまとめる話合い活動など中学校の積み重ねや経験を生かし，それらを発展させることができるよう工夫すること。

(2)　内容の(3)の指導に当たっては，学校，家庭及び地域における学習や生活の見通しを立て，学んだことを振り返りながら，新たな学習や生活への意欲につなげたり，将来の在り方生き方を考えたりする活動を行うこと。その際，生徒が活動を記録し蓄積する教材等を活用すること。

〔生徒会活動〕

1　目　標

　異年齢の生徒同士で協力し，学校生活の充実と向上を図るための諸問題の解決に向けて，計画を立て役割を分担し，協力して運営することに自主的，実践的に取り組むことを通して，第1の目標に掲げる資質・能力を育成することを目指す。

2　内　容

　1の資質・能力を育成するため，学校の全生徒をもって組織する生徒会において，次の各活動を通して，それぞれの活動の意義及び活動を行う上で必要となることについて理解し，主体的に考えて実践できるよう指導する。

(1)　生徒会の組織づくりと生徒会活動の計画や運営

生徒が主体的に組織をつくり，役割を分担し，計画を立て，学校生活の課題を見いだし解決するために話し合い，合意形成を図り実践すること。

(2) 学校行事への協力

学校行事の特質に応じて，生徒会の組織を活用して，計画の一部を担当したり，運営に主体的に協力したりすること。

(3) ボランティア活動などの社会参画

地域や社会の課題を見いだし，具体的な対策を考え，実践し，地域や社会に参画できるようにすること。

〔学校行事〕

1 目 標

全校若しくは学年又はそれらに準ずる集団で協力し，よりよい学校生活を築くための体験的な活動を通して，集団への所属感や連帯感を深め，公共の精神を養いながら，第1の目標に掲げる資質・能力を育成することを目指す。

2 内 容

1の資質・能力を育成するため，全校若しくは学年又はそれらに準ずる集団を単位として，次の各行事において，学校生活に秩序と変化を与え，学校生活の充実と発展に資する体験的な活動を行うことを通して，それぞれの学校行事の意義及び活動を行う上で必要となることについて理解し，主体的に考えて実践できるよう指導する。

(1) 儀式的行事

学校生活に有意義な変化や折り目を付け，厳粛で清新な気分を味わい，新しい生活の展開への動機付けとなるようにすること。

(2) 文化的行事

平素の学習活動の成果を発表し，自己の向上の意欲を一層高めたり，文化や芸術に親しんだりするようにすること。

(3) 健康安全・体育的行事

心身の健全な発達や健康の保持増進，事件や事故，災害等から身を守る安全な行動や規律ある集団行動の体得，運動に親しむ態度の育成，責任感や連帯感の涵養，体力の向上などに資するようにすること。

(4) 旅行・集団宿泊的行事

平素と異なる生活環境にあって，見聞を広め，自然や文化などに親しむとともに，よりよい人間関係を築くなどの集団生活の在り方や公衆道徳などについての体験を積むことができるようにすること。

(5) 勤労生産・奉仕的行事

勤労の尊さや創造することの喜びを体得し，就業体験活動などの勤労観・職業観の形成や進路の選択決定などに資する体験が得られるようにするとともに，共に助け合って生きることの喜びを体得し，ボランティア活動などの社会奉仕の精神を養う体験が得られるようにすること。

3 内容の取扱い

(1) 生徒や学校，地域の実態に応じて，内容に示す行事の種類ごとに，行事及びその内容を重点化するとともに，各行事の趣旨を生かした上で，行事間の関連や統合を図るなど精選して実施すること。また，実施に当たっては，自然体験や社会体験などの体験活動を充実するとともに，体験活動を通して気付いたことなどを振り返り，まとめたり，発表し合ったりするなどの事後の活動を充実すること。

第3 指導計画の作成と内容の取扱い

1 指導計画の作成に当たっては，次の事項に配慮するものとする。

(1) 特別活動の各活動及び学校行事を見通して，その中で育む資質・能力の育成に向けて，生徒の主体的・対話的で深い学びの実現を図るようにすること。その際，よりよい人間関係の形成，よりよい集団生活の構築や社会への参画及び自己実現に資するよう，生徒が集団や社会の形成者としての見方・考え方を働かせ，様々な集団活動に自主的，実践的に取り組む中で，互いのよさや個性，多様な考えを認め合い，等しく合意形成に関わり役割を担うようにすることを重視すること。

(2) 各学校においては，次の事項を踏まえて特別活動の全体計画や各活動及び学校行事の年間指導計画を作成すること。

ア 学校の創意工夫を生かし，ホームルームや学校，地域の実態，生徒の発達の段階などを考慮すること。

イ 第2に示す内容相互及び各教科・科目，総

合的な探究の時間などの指導との関連を図り，生徒による自主的，実践的な活動が助長されるようにすること。特に社会において自立的に生きることができるようにするため，社会の一員としての自己の生き方を探求するなど，人間としての在り方生き方の指導が行われるようにすること。

ウ　家庭や地域の人々との連携，社会教育施設等の活用などを工夫すること。その際，ボランティア活動などの社会奉仕の精神を養う体験的な活動や就業体験活動などの勤労に関わる体験的な活動の機会をできるだけ取り入れること。

(3)　ホームルーム活動における生徒の自発的，自治的な活動を中心として，各活動と学校行事を相互に関連付けながら，個々の生徒についての理解を深め，教師と生徒，生徒相互の信頼関係を育み，ホームルーム経営の充実を図ること。その際，特に，いじめの未然防止等を含めた生徒指導との関連を図るようにすること。

(4)　障害のある生徒などについては，学習活動を行う場合に生じる困難さに応じた指導内容や指導方法の工夫を計画的，組織的に行うこと。

(5)　第1章第1款の2の(2)に示す道徳教育の目標に基づき，特別活動の特質に応じて適切な指導をすること。

(6)　ホームルーム活動については，主としてホームルームごとにホームルーム担任の教師が指導することを原則とし，活動の内容によっては他の教師などの協力を得ること。

2　内容の取扱いに当たっては，次の事項に配慮するものとする。

(1)　ホームルーム活動及び生徒会活動の指導については，指導内容の特質に応じて，教師の適切な指導の下に，生徒の自発的，自治的な活動が効果的に展開されるようにすること。その際，よりよい生活を築くために自分たちできまりをつくって守る活動などを充実するよう工夫すること。

(2)　生徒及び学校の実態並びに第1章第7款の1に示す道徳教育の重点などを踏まえ，各学年において取り上げる指導内容の重点化を図るとともに，必要に応じて，内容間の関連や統合を図ったり，他の内容を加えたりすることができること。

(3)　学校生活への適応や人間関係の形成，教科・科目や進路の選択などについては，主に集団の場面で必要な指導や援助を行うガイダンスと，個々の生徒の多様な実態を踏まえ，一人一人が抱える課題に個別に対応した指導を行うカウンセリング（教育相談を含む。）の双方の趣旨を踏まえて指導を行うこと。特に入学当初においては，個々の生徒が学校生活に適応するとともに，希望や目標をもって生活をできるよう工夫すること。あわせて，生徒の家庭との連絡を密にすること。

(4)　異年齢集団による交流を重視するとともに，幼児，高齢者，障害のある人々などとの交流や対話，障害のある幼児児童生徒との交流及び共同学習の機会を通して，協働することや，他者の役に立ったり社会に貢献したりすることの喜びを得られる活動を充実すること。

(5)　特別活動の一環として学校給食を実施する場合には，食育の観点を踏まえた適切な指導を行うこと。

3　入学式や卒業式などにおいては，その意義を踏まえ，国旗を掲揚するとともに，国歌を斉唱するよう指導するものとする。

索　引 （＊は人名）

ア行

赤ちゃんふれあい体験教室　209

アクティブ・ラーニング　8, 13, 14

あこがれ　80

朝読書　25

朝の会　25

新しい学力観　44

安全学習　217

安全教育　207, 217, 223

安全指導　217, 218

委員会活動　76

＊五百住満　201

生きて働く道徳性　124

生きる力　3, 10, 12, 13, 28, 144, 181

意思決定　22, 90, 100, 129, 161, 176, 177, 195

石巻市立大川小学校　218

いじめ　5, 152, 197, 206

いじめの防止等のための基本的な方針　206

一往復半の関係　115

逸脱　167

異年齢集団活動　74, 79

命の関連性・連続性　202

命（いのち）の教育　197, 199, 200

命の有限性・不可逆性　202

インターネットへの依存　214

＊植村直己　97

運動会　3, 37, 88, 96, 100

運動部活動中の事故　220

栄養教諭　214

SNS　222

大阪教育大学附属池田小学校事件　215

おとなしく教えられる客体　112, 114

カ行

開放性　8

開放性の方法原理　11

帰りの会　25

係活動　57, 59, 68

各活動　20

各教科以外の教育活動　43

学業指導　107, 108

学芸会　38, 41

学芸的行事　43

学習カウンセラーとしての教師　116

学習規律　117

学習指導　165

学習指導要領　40, 59, 88, 92, 136, 148

学習指導要領　総則　120

学習指導力　116

学習集団　4, 14, 115

　課題解決型の――　105

学習の基盤としての集団づくり　105, 106

隠れたカリキュラム　112

重ね合う／重ね合わせる話し合い　29, 112

課題対応能力　186

価値ある体験　11

価値理解　131

学級活動　3, 7, 8, 11, 19, 20, 44, 52, 55, 69, 71, 91, 104, 144

学級活動(1)　22, 56, 68, 130, 159, 174

学級活動(2)　22, 62, 131, 160, 174, 176

学級活動(3)　11, 64, 108, 132, 160, 174

学級経営　151, 155

　――の要　106

学級指導　107, 108

学級づくり　155

学級目標づくり　66

学校安全　213, 216

学校運営協議会　208

学校行事　3, 20, 23, 42, 71, 73, 79, 88, 104, 144, 149

学校防災マニュアル　96

学校保健安全法　95, 214, 215

活動あって学びなし　29

活動の必然性　7, 11

カリキュラム・マネジメント　13, 14, 120, 137, 158

感動　3, 7, 8, 205

危機管理　215, 218

儀式的行事　36, 92

基礎的・汎用的能力　184, 189

逆コース　41

キャリア　183

キャリア教育　45, 81, 167, 180

キャリア形成　11, 32, 45, 53, 62, 64, 130, 144,
　　149, 180

キャリア・パスポート　65

キャリアプランニング能力　186

給食指導　25

教育基本法　119

教育勅語奉読　36

教育の目標　197

教育の論理　2, 4, 5, 15

教科指導力　116

教科の論理　2, 4, 11, 15

共感性　8

　　──の方法原理　9

共感的理解　10

教材の主体化　7, 11

教師の後ろ姿　210

協働　90, 194

協同　3, 4, 13, 27, 45

共有体験　200

協力　89, 100

勤労・奉仕的行事　92

勤労観・職業観　98

クラブ活動　3, 20, 24, 41, 71, 83, 91, 104, 144

クラブへの配慮　85

形成的評価　32

系統的　78

健康安全・体育的行事　92, 95

合意形成　22, 90, 129, 160, 175

校歌　93

公共の精神　88, 89, 100

交通安全　96

行動の仕方　100

個が生きる集団活動　14, 177

個性　7, 13, 15, 81, 114

個性重視の教育　6

個性の伸長　26, 84

国歌（「君が代」）　93

個と集団　6, 14

子どもから出発する　10

個を活かす　6, 14

＊近藤卓　200

サ行

災害安全　96

再非行少年率　170, 171

自己　101

思考力・判断力・表現力　13, 33, 52, 106, 139

自己開示　5

自己課題　132

自己形成　132, 133, 134

自己肯定感　5, 197, 200

自己効力感　10, 200

自己実現　11, 12, 45, 54, 60, 91, 100, 105, 129,
　　144, 149

自己実現力　130, 132

自己指導能力　130, 166, 167

自己内対話　114

自己の生き方　121

自己有用感　5, 10, 80

自己理解・自己管理能力　185

自己を見つめる　123

資質・能力　2, 3, 10, 12, 13, 14, 18, 72, 90, 106

　　育成をめざす──　138

　　特別活動を通して育成すべき──　105

支持的風土（supportive climate）　4, 6, 14,
　　27, 28, 105, 115, 157

支持的風土づくり　4

自主的・実践的　129, 140

自制心　124

自然愛護　205

自然災害　216, 218

自尊感情　4, 9, 202

自治的（な）活動　55, 67, 78, 157, 163

自治的能力　73, 130

実感　202, 204

児童会　41, 71

児童会活動　3, 20, 22, 72, 91, 104, 144

児童会集会活動　76

児童会・生徒会活動　20, 22, 24, 71, 73, 79, 81, 202

児童会の組織づくり　76

社会参加　12, 14

社会参画　11, 14, 22, 54, 67, 73, 99, 105

社会人基礎力　184

社会性の発達　128

社会に開かれた教育課程　11, 52

集会活動　57

修学旅行　3, 37

自由研究　40, 41

就職基礎力　184

収束的思考　29, 30

集団活動　17, 26, 106, 127, 128, 143, 146

　　方法としての――　26

集団の一員としての自覚　128

集団の要件　26

収斂的思考　29, 30

授業における「気がかりな子」　110

主体性　176

主体性・自発性　8

　　――の原理　11

　　――の方法原理　10

主体的・実践的　128, 130

主体的・対話的で深い学び　8, 11, 14, 70, 104, 112, 116, 187, 204

　　特別活動と――　33

　　――の実現　152

主体的な学習態度　108

主体的な学び　33

主体的に判断して行動できる　121

準拠集団　4, 26

＊昇地三郎　7

小集団編成の技法　30

小中連携　78

ショートホームルーム　25

食育　62, 176, 212, 213, 219

所属感　89, 100, 104

所属集団　4, 26, 143

所属集団の準拠集団化　26

自律性　176

自立性　8

自律的な道徳的実践　125

自律的に道徳的実践ができる　121, 128

「知る」と「識る」　9

人格形成　133, 144

診断的な評価　31

進路指導　165, 167

崇高な理想　121

捨てさせる話し合い　29, 112

生活安全　96

生活共同体　174

生活者　220, 224

生活弱者　223

生活習慣　214

　　――づくり　219

生活習慣病　213

生産的思考　29

生徒会活動　3, 20, 22, 71, 91, 104, 144

生徒会の組織づくり　77

生徒会役員　75

生徒指導　154, 165, 167

『生徒指導提要』　148, 166

生徒総会　77

生命に対する畏敬の念　122

生命の尊さ　204

セクスティング　222

全員参加　13, 31

総括的評価　32

総合的な学習の時間　24, 44, 94, 140

総合的な学習（探究）の時間の実施による特別活動の代替　25, 149

組織連携　223

卒業式　36

「尊在」　4

尊在感と損在感　5

タ行

体験活動　17, 28, 29, 106, 120

　　方法としての――　28

体験的（な）活動　88, 100

対象的世界　101

代表委員会　22, 75, 76

対立や葛藤　28, 55

対話的な学び　33
高め合い　105
他者　101
地域学校協働活動　209
地域コミュニティ　225
地域の伝承　221
知識・技能　13
知識伝達型の一斉授業形式　110
地名　221
適材適所　31
＊デューイ, J.　3
＊デュルケーム, É.　101
道徳教育　119, 154
道徳的環境づくり　135
道徳的事象についての追求方法　125
道徳的実践　121, 134
道徳的実践意欲・態度　124
道徳的実践方法　125
道徳的実践力　134
道徳的諸評価の理解　123
道徳的心情　124
道徳的知識　125
道徳的判断力　124
道徳的風土　125, 135
特色を生かす　86
特別活動に含まない活動　25
特別活動の授業時数　23, 24
特別活動の制度化　46
特別活動の評価　31
特別教育活動　40
特別の教科 道徳　119, 198
閉じた個　5
栃木県高校体育連盟春山登山講習会　220
トラベラーズづくり　8, 9

ナ行
仲間づくり　4
仲間集団　79
なかよし集団　105
なすことによって学ぶ　3, 8, 28, 81, 106, 127, 143, 175
納豆づくり　14, 15

日本国憲法　121
入学式　36
人間関係形成／人間関係づくり　53, 86, 105
人間関係形成・社会形成能力　184
人間関係形成力　12
人間関係の育成　106, 128
人間形成　106, 134, 163
人間尊重の精神　122
人間としての生き方　121
人間としての自己の生き方　121
人間としての自分らしい生き方についての考えを深める　123
人間理解　131
人間力　184
ねうちづくり　4
ネットいじめ　208, 216
ネット依存／ネット中毒　214, 222
望ましい集団活動　10, 27, 28, 127, 128
望ましくない集団活動　27

ハ行
排除　173
発散的思考　29
発達段階　204
話合い活動　17, 29, 33, 57
＊バンデューラ, A.　200
東日本大震災　216
非行　167
一人一役　31
拓く・拡げる　11, 12
深い学び　11, 14, 34
部活動　46
部活動指導員　221
不適切な活動　85
不登校　170
文化創造　157, 163
文化的行事　92, 94
ペアサポート　109
防災教育　207
包摂　172, 173
ポートフォリオ　32, 65, 188
ホームルーム活動　19, 20, 52, 91, 104, 144

ほどよい不親切　115

ボランティア活動　10, 22, 73, 80, 100

＊本郷一夫　201

マ行

まとめる話し合い　29

学び方の学習　108

学び方の個性　114

学びに向かう力　4, 13, 33, 140, 142

見えない指導性　28

見方・考え方　137

自ら学ぶ主体　112

＊宮城まり子　5

もう一つの教育　2

物事を多面的・多角的に考える　123

＊森有礼　37

問題解決　157

問題行動　167

ヤ行

＊山田洋次　6, 8

やりぬく力　159

ゆとり教育　44, 45

幼児期の終わりにまでに育ってほしい10の姿
　205

よさ　6, 10, 54

4つのかかわり　126

4つの視点　126

よりどころ　26

よりよい学校生活　100

ラ行

旅行・集団宿泊的行事　92, 149

林間学校　97

ルーブリック　32

レジリエンス　124

連帯感　8, 89, 100, 104

執筆者紹介（執筆順，執筆担当）

新 富 康 央（しんとみ・やすひさ，編著者，國學院大學・佐賀大学名誉教授）　第 1 章

髙 旗 浩 志（たかはた・ひろし，編著者，岡山大学教師教育開発センター教授）　第 2 章・第 7 章

山 田 浩 之（やまだ・ひろゆき，広島大学教育学部教授）　第 3 章

椙 田 崇 晴（すぎた・たかはる，防府市立勝間小学校校長，執筆時）　第 4 章

中 村 尚 志（なかむら・ひさし，佐賀大学教育学部附属教育実践総合センター准教授，執筆時）　第 5 章

須 田 康 之（すだ・やすゆき，編著者，兵庫教育大学理事・副学長）　第 6 章

押 谷 由 夫（おしたに・よしお，武庫川女子大学教育研究所教授）　第 8 章

久保田真功（くぼた・まこと，関西学院大学教職教育研究センター教授）　第 9 章

白 松　　賢（しらまつ・さとし，愛媛大学大学院教育学研究科教授）　第 10 章

長谷川祐介（はせがわ・ゆうすけ，大分大学教育学部准教授）　第 11 章

梶 原 康 裕（かじわら・やすひろ，佐賀県教育庁東部教育事務所指導主事）　第 12 章

伊 藤 一 統（いとう・かずのり，宇部フロンティア大学短期大学部教授）　第 13 章

安 東 由 則（あんどう・よしのり，武庫川女子大学教育学部教授）　第 14 章

生きる力を育む特別活動
―個が生きる集団活動を創造する―

2020年4月20日　初版第1刷発行　　　　　　　〈検印省略〉

定価はカバーに
表示しています

　　　　　　　　　新　富　康　央
編 著 者　　　　　須　田　康　之
　　　　　　　　　髙　旗　浩　志
発 行 者　　　　　杉　田　啓　三
印 刷 者　　　　　大　道　成　則

発行所　株式会社　ミネルヴァ書房
607-8494 京都市山科区日ノ岡堤谷町1
電話　(075)581-5191／振替 01020-0-8076

ISBN978-4-623-08430-2
Printed in Japan

事例で学ぶ学校の安全と事故防止

—————添田久美子・石井拓児編著　Ｂ５判　156頁　本体2400円

●「事故は起こるもの」と考えるべき。授業中，登下校時，部活の最中，給食で…，児童・生徒が巻き込まれる事故が起こったとき，あなたは——。学校の内外での多様な事故について，何をどのように考えるのか，防止のためのポイントは何か，指導者が配慮すべき点は何か，を具体的にわかりやすく，裁判例も用いながら解説する。学校関係者必携の一冊。

すぐ実践できる情報スキル50——学校図書館を活用して育む基礎力

—————塩谷京子編著　Ｂ５判　212頁　本体2200円

●小・中学校９年間を見通した各教科等に埋め込まれている情報スキル50を考案。学校図書館を活用することを通して育成したいスキルの内容を，読んで理解し，授業のすすめ方もイメージできる。子どもが主体的に学ぶための現場ですぐに役立つ一冊。

探究の過程における すぐ実践できる情報活用スキル55
—単元シートを活用した授業づくり

—————塩谷京子著　Ｂ５判　210頁　本体2400円

●小学校１年生から中学校３年生まで，学年ごとに配列し，情報活用スキル55を習得・活用している子どもの姿をレポート。教師をめざす人，小・中・高の教諭，学校司書，司書教諭にすぐに役立つ書。

教育実践研究の方法——SPSS と Amos を用いた統計分析入門

—————篠原正典著　Ａ５判　220頁　本体2400円

●分析したい内容項目と分析手法のマッチングについて，知りたい内容や結果から，それを導き出すための分統計析方法がわかるように構成した。統計に関する基礎知識がない人，SPSS や Amos を使ったことがない人でも理解できるよう，その考え方と手順を平易に解説した。

————ミネルヴァ書房————

http://www.minervashobo.co.jp/